北大中文文库

岑麒祥文选

岑麒祥 著／岑运强 编选

北京大学出版社
PEKING UNIVERSITY PRESS

图书在版编目(CIP)数据

岑麒祥文选/岑麒祥著;岑运强编选. —北京:北京大学出版社,2010.10
(北大中文文库)
ISBN 978-7-301-17813-3

Ⅰ.岑… Ⅱ.①岑… ②岑… Ⅲ.语言学-文集 Ⅳ.H0-53

中国版本图书馆 CIP 数据核字(2010)第 183134 号

书　　　名:岑麒祥文选
著作责任者:岑麒祥　著　岑运强　编选
责 任 编 辑:白　雪　孙　娴
标 准 书 号:ISBN 978-7-301-17813-3/H・2646
出 版 发 行:北京大学出版社
地　　　址:北京市海淀区成府路 205 号　　100871
网　　　址:http://www.pup.cn
电 子 邮 箱:zpup@pup.pku.edu.cn
电　　　话:邮购部 62752015　发行部 62750672　编辑部 62754144
　　　　　　出版部 62754962
印 　刷 　者:三河市北燕印装有限公司
经 　销 　者:新华书店
　　　　　　650mm×980mm　16 开本　15 印张　223 千字
　　　　　　2010 年 10 月第 1 版　2010 年 10 月第 1 次印刷
定　　　价:30.00 元

目 录

那些日渐清晰的足迹(代序)⋯⋯⋯⋯⋯⋯⋯⋯⋯⋯ (1)

前言⋯⋯⋯⋯⋯⋯⋯⋯⋯⋯⋯⋯⋯⋯⋯⋯⋯⋯⋯⋯ (1)

怎样学习语言学⋯⋯⋯⋯⋯⋯⋯⋯⋯⋯⋯⋯⋯⋯⋯ (1)

音节论⋯⋯⋯⋯⋯⋯⋯⋯⋯⋯⋯⋯⋯⋯⋯⋯⋯⋯⋯ (6)

论词义的性质及其与概念的关系 ⋯⋯⋯⋯⋯⋯⋯ (17)

关于汉语构词法的几个问题 ⋯⋯⋯⋯⋯⋯⋯⋯⋯ (24)

语法理论基本知识 ⋯⋯⋯⋯⋯⋯⋯⋯⋯⋯⋯⋯⋯ (30)

风格论发凡 ⋯⋯⋯⋯⋯⋯⋯⋯⋯⋯⋯⋯⋯⋯⋯⋯ (55)

语言与文学 ⋯⋯⋯⋯⋯⋯⋯⋯⋯⋯⋯⋯⋯⋯⋯⋯ (61)

入声非声说 ⋯⋯⋯⋯⋯⋯⋯⋯⋯⋯⋯⋯⋯⋯⋯⋯ (65)

我国古音研究之回顾与展望 ⋯⋯⋯⋯⋯⋯⋯⋯⋯ (70)

古代汉语语词的词性和词序 ⋯⋯⋯⋯⋯⋯⋯⋯⋯ (81)

古书倒文释例 ⋯⋯⋯⋯⋯⋯⋯⋯⋯⋯⋯⋯⋯⋯⋯ (92)

我国的民族政策和语文问题⋯⋯⋯⋯⋯⋯⋯⋯⋯ (106)

调查语言,创立文字,是发展少数民族文化的先决条件⋯⋯⋯ (115)

关于华南少数民族的语言文字问题⋯⋯⋯⋯⋯⋯⋯⋯ (118)

从广东方言中体察语言的交流和发展⋯⋯⋯⋯⋯⋯ (122)

广州音系概述⋯⋯⋯⋯⋯⋯⋯⋯⋯⋯⋯⋯⋯⋯⋯ (131)

历史比较法及其在语言研究中的运用…………………………（149）

心理学和哲学对语言研究的贡献……………………………（154）

瑞士著名语言学家索绪尔和他的名著《普通语言学教程》………（172）
法国著名语言学家房德里耶斯和他的杰作《语言》……………（181）
马迪内和他的《普通语言学纲要》……………………………（186）
雅可布逊和他对语言学研究的贡献…………………………（197）
维尔纳和"维尔纳定律"………………………………………（207）

岑麒祥先生生平与学术活动年表……………………………（211）
岑麒祥先生著作目录…………………………………………（213）

那些日渐清晰的足迹（代序）

随着时光流逝，前辈们渐行渐远，其足迹本该日渐模糊才是；可实际上并非如此。因为有心人的不断追忆与阐释，加上学术史眼光的烛照，那些上下求索、坚定前行的身影与足迹，不但没有泯灭，反而变得日渐清晰。

为什么？道理很简单，距离太近，难辨清浊与高低；大风扬尘，剩下来的，方才是"真金子"。今日活跃在舞台中心的，二十年后、五十年后、一百年后，是否还能常被学界记忆，很难说。作为读者，或许眼前浮云太厚，遮蔽了你我的视线；或许观察角度不对，限制了你我的眼光。借用鲁迅的话，"伟大也要有人懂"。就像今天学界纷纷传诵王国维、陈寅恪，二十年前可不是这样。在这个意义上，时间是最好的裁判，不管多厚的油彩，总会有剥落的时候，那时，什么是"生命之真"，何者为学术史上的"关键时刻"，方才一目了然。

当然，这里有个前提，那就是，对于那些曾经作出若干贡献的先行者，后人须保有足够的敬意与同情。十五年前，我写《与学者结缘》，提及"并非每个文人都经得起'阅读'，学者自然也不例外。在觅到一本绝妙好书的同时，遭遇值得再三品味的学者，实在是一种幸运"。所谓"结缘"，除了讨论学理是非，更希望兼及人格魅力。在我看来，与第一流学者——尤其是有思想家气质的学者"结缘"，是一种提高自己趣味与境界的"捷径"。举例来说，从事现代文学或现代思想研究的，多愿意与鲁迅"结缘"，就因其有助于心灵的净化与精神的提升。

对于学生来说，与第一流学者的"结缘"是在课堂。他们直接面对、且日后追怀不已的，并非那些枯燥无味的"课程表"，而是曾生气勃勃地活跃在讲台上的教授们——20世纪中国的"大历史"、此时此地的"小环境"，讲授者个人的学识与才情，与作为听众的学生们共同酿造了诸多充满灵气、变化莫测、让后世读者追怀不已的"文学课堂"。

如此说来，后人论及某某教授，只谈"学问"大小，而不关心其"教学"好坏，这其实是偏颇的。没有录音录像设备，所谓北大课堂上黄侃如何狂放，黄节怎么深沉，还有鲁迅的借题发挥等，所有这些，都只能借助当事人或旁观者的"言说"。即便穷尽所有存世史料，也无法完整地"重建现场"；但搜集、稽考并解读这些零星史料，还是有助于我们"进入历史"。

时人谈论大学，喜欢引梅贻琦半个多世纪前的名言："所谓大学者，非谓有大楼之谓也，有大师之谓也。"何为大师，除了学问渊深，还有人格魅力。记得鲁迅《关于太炎先生二三事》中有这么一句话："先生的音容笑貌，还在目前，而所讲的《说文解字》，却一句也不记得了。"其实，对于很多老学生来说，走出校门，让你获益无穷、一辈子无法忘怀的，不是具体的专业知识，而是教授们的言谈举止，即所谓"先生的音容笑貌"是也。在我看来，那些课堂内外的朗朗笑声，那些师生间真诚的精神对话，才是最最要紧的。

除了井然有序、正襟危坐的"学术史"，那些隽永的学人"侧影"与学界"闲话"，同样值得珍惜。前者见其学养，后者显出精神，长短厚薄间，互相呼应，方能显示百年老系的"英雄本色"。老北大的中国文学门（系），有灿若繁星的名教授，若姚永朴、黄节、鲁迅、刘师培、吴梅、周作人、黄侃、钱玄同、沈兼士、刘文典、杨振声、胡适、刘半农、废名、孙楷第、罗常培、俞平伯、罗庸、唐兰、沈从文等（按生年排列，下同），这回就不说了，因其业绩广为人知；需要表彰的，是1952年院系调整后，长期执教于北大中文系的诸多先生。因为，正是他们的努力，奠定了今日北大中文系的根基。

有鉴于此，我们将推出"北大中文文库"，选择二十位已去世的北大中文系名教授（游国恩、杨晦、王力、魏建功、袁家骅、岑麒祥、浦江清、吴组缃、林庚、高名凯、季镇淮、王瑶、周祖谟、阴法鲁、朱德熙、林焘、陈贻焮、徐通锵、金开诚、褚斌杰），为其编纂适合于大学生/研究生阅读的"文选"，让其与年轻一辈展开持久且深入的"对话"。此外，还将刊行《我们的师长》、《我们的学友》、《我们的五院》、《我们的青春》、《我们的园地》、《我们的诗文》等散文随笔集,献给北大中文系百年庆典。也就是说,除了著述,还有课堂;除了教授,还有学生;除了学问,还有心情;除了大师之登高一呼,还有同事之配合默契;除了风和日丽时之引吭高歌,还有风雨如晦时的相濡以沫——这才是值得我们永远追怀的"大学生活"。

没错,学问乃天下之公器,可有了"师承",有了"同窗之谊",阅读传世佳作,以及这些书籍背后透露出来的或灿烂或惨淡的人生,则另有一番滋味在心头。正因此,长久凝视着百年间那些歪歪斜斜、时深时浅,但却永远向前的前辈们的足迹,有一种说不出的感动。

作为弟子、作为后学、作为读者,有机会与曾在北大中文系传道授业解惑的诸多先贤们"结缘",实在幸福。

陈平原

2010 年 3 月 5 日于京西圆明园花园

前　言

岑麒祥先生(1903—1989)是我国普通语言学学科的先驱者与奠基人之一。他年轻时在法国跟随名师专攻语言学。学成归国后在中山大学工作了 20 年(1934—1954)。自从 1954 年院系调整后便一直在北京大学任教,前后共达 35 年(1954—1989),期间除了曾两次应方光焘先生之邀到南京大学讲学一年多外,基本没有离开北大中文系。2010 年是北京大学中文系成立 100 周年,系领导决定开展一系列的庆祝活动,其中一个重要的项目就是编辑出版一套"中文文库",即为长期在北大中文系工作过的已故著名的教授各出一本文选,岑先生是当之无愧的人选。

岑先生是搞普通语言学的,所谓普通语言学就是对全人类的语言共性侧重进行理论的研究。从事该学科研究,要求研究者掌握先进的普通语言学理论,同时要求研究者掌握具体的语言越多越好。当然,研究普通语言学首先要求研究者对自己的母语以及本国的方言、少数民族语言从历史与现状不同方面有扎扎实实的了解,只有这样才可能避免空谈理论。岑先生在以上诸方面都下了很大的工夫。他在语言学学术上的建树是多方面的。本文选试图从不同方面反映岑先生从事普通语言学的经历与成绩。

在《怎样学习语言学》一文中岑先生指出:

> 语言学是以人类语言为研究对象的,而人类语言只表现为各种具体语言。这些具体语言就是语言学赖以建立的原料。

> 世界上任何人都至少会说一种话。有些人还学会了不止一种语言或方言。作为一个语言学家,他应该懂得尽可能多的语言,这样才能把它们互相比较,丰富研究的内容。初学语言学的人不妨以他懂得的语言或方言为基础,然后逐渐扩大它的深度和广度。

但是这里有一个必不可缺少的条件：对咱们汉族人来说必须懂得现代汉语，包括普通话、汉语拼音字母和当前通用的文字。没有这个基础，那么，一切设想都会落空。

掌握语言材料是学习语言学所必不可少的条件，但光是有语言材料是不够的，还必须具备驾御这些材料的方法和指导整个语言学研究的原理和原则。

岑先生十分强调理论要联系实际，同时也强调理论方法。

"方法有一般的方法，也有特殊的方法。一般的方法是指哲学上的方法论，特殊的方法是决定于它的研究对象的性质和各种具体任务的。就语言学来说，其中最重要的就是静态分析法、一般历史法和历史比较法。"[①]从语言学史上看，语言和言语、静态与动态、历时与共时、内部与外部、单一与比较——都是重要的，在不同的历史阶段有不同的重点。现代语言学之父索绪尔在他不朽的著作《普通语言学教程》中曾全面划分了语言学以上的不同领域，他认为这些不同的领域都是重要的："语言现象总有两个方面，这两个方面是互相对应的，而且其中一个要有另一个才能有它的价值。"但在当时他更强调语言内部共时的、静态的研究。[②] 作为索绪尔以及法兰西学派的再传弟子，岑先生继承其学说是自然的。我们不能因为后来动态研究的趋势而否定静态研究（而且在岑先生的研究里也不乏动态研究的例子）。那么什么是静态方法呢？"静态分析法是描写语言学所采用的，其目的是就某一种语言或方言于它发展过程中某一时期的状态，把它的结构要素加以分析描写。任何一种语言或方言，它的结构要素都分属于语音、语法和词汇这三部分，它们之间有密切的联系，又各不相同。"[③]接下来，岑先生分别从语音、语法和词汇三方面深入介绍了学习的方法，特别对读者有益的是介绍了三个领域的代表作品，今天看来仍然具有重要的参考价值。最后岑先生对初学者提出希望："有意学习的最好先找一两本有关普通语言学的书看看，略知其全貌，然后按照自己的兴趣、需要和条件，选定一两方

---

①③　参看岑麒祥《怎样学习语言学》，原载《文字改革》，1962 年 4 月号。

②　参看岑运强著《言语的语言学导论》，北京大学出版社 2006 年 11 月。

面去从事研究。例如在方言区做语文教学工作最好能了解当地方言，把它跟普通话相比较，找出它们的对应关系和对应规律，这样对自己的工作当可以有很大帮助。如果要研究古典文学，那就要注意它所用语言跟现代汉语有什么不同，每个作家于遣词造句各方面有些什么样的特点，如此等等。总之，语言学的范围是很广的，方面是很多的。只要不怕麻烦，不避艰辛，广泛搜集材料，有系统地加以整理，日积月累，经过一定时间定能有所收获。"①岑先生在这里强调了应用，本身就是一种动态的号召。

《音节论》、《论词义的性质及其与概念的关系》、《关于汉语构词法的几个问题》、《语法理论基本知识》是作者有关语音、词汇、语法等语言三要素的代表论文，这三要素是存在于任何一个语言系统中的，属于语言的语言学范畴。

在《音节论》里岑先生指出：语音按照"物理特点和生理特点仔细加以分析，那么所得的最小单位是音素。就一般经验，分析音素是比较困难的。我们平常听人家说话，最先分辨出来的只是一小组一小组声音。这一小组一小组声音就是音节。凭听觉印象，分辨音节比分辨音素容易，所以世界上造字的程序，音节字常先于音素字。我国汉字属音节字之一种，那就是说，一个汉字就代表一个音节。"音节虽然比较容易感知，但"给音节下一个确切的、一般的定义却不是一件很简单的事情"。岑先生在这篇论文里详细介绍了各国语言学家的音节理论："不可划分说"、"呼气次数和强弱说"、"发音器官开度说"——岑先生认为它们都有一定道理，但并没有抓住根本。"这是什么缘故呢？看来就是忽视了声带在语言发音中的重要作用。"接着，岑先生详细介绍法国语言学家格拉蒙的"紧张度说"，认为"紧张度说"真正可以解决音节的划分问题，例如汉语普通话的"piao"有两种念法：一种把"pi"念成增强音，"ao"念成减弱音，只有一个音节，那就是"飘"；一种把"p"念成增强音，"i"念成减弱音，共构成一音节，"a"念成增强音，"o"念成减弱音，共同构成另一个音节，那就是"皮袄"。岑先生这篇论文在我国较早、较系统地介绍各

---

① 　参看岑麒祥《怎样学习语言学》，原载《文字改革》，1962 年 4 月号。

国的音节理论,他推崇的"紧张度说"已经成为划分音节普遍接受的方法。

《论词义的性质及其与概念的关系》一文一开始就提出"词义是什么? 它的性质怎样? 这是语言学中一个最复杂、最困难、同时又是意见最分歧的问题。有些人把它看成一种模糊的观念或主观的东西……另外有些人虽然知道词义和客观现实有关,但是认为词义就是词所代表的事物或现象。这同样是不正确的。因为有些词,比方'上帝、魔鬼、菩萨、夜叉、西王母、孙悟空'等等,并不代表任何事物可是都有固定的意义。……词义是这些事物或现象在人们意识中的一定反映。没有这些事物或现象在人们意识中的正确的或错误的反映,那么,这些形象的产生就是不可能的了。"作者认为:"词义所代表的其实并不是某种事物或现象,而是这些事物或现象在人们意识中的一定反映。这种反映就构成我们所说的概念。一切概念都是一种概括的、一般的东西。"接着作者进一步指出:"词义和概念有直接的联系,可见它们之间的关系是很密切的;但它们不是同一的东西。"作者认为词义和概念的区别主要表现在三方面:第一,概念和词义的关系并不完全是一对一的;第二,概念是单一性的,而词义却往往有各种表情色彩;第三,概念属于思维形式的范畴,它是逻辑学上的一个术语;词义属于语言的范畴,它是语言学上的一个术语。文章的第三部分,作者给词义划分了类型,认为词义可以构成系统叫词义系统。在一种语言的整个词义系统中,最容易分出的是那些直接的指名意义。词的直接指名意义可以分基本的和派生的两种。作者进一步讨论词的派生意义和词的比喻用法都是以词的基本意义为基础的,但它们的性质也不相同。词的派生意义是得到社会公认,并且在语言中已固定下来的,而词的比喻用法则不然。最后,作者探讨同义词的用法,认为同义词的意义绝大多数都不直接指向现实,它们的"核心词"的直接指名意义才是直接指向现实的。它们的意义范围和习用范围上常受到一定的限制。另有一种意义是在句法作用上受限制的。再有一种意义是要受它的搭配方式限制的。不受任何限制的,可以叫做自由意义,而有的是受意义范围、习用范围、句法作用或搭配方式限制的,都可以叫做非自由意义。所有这些,我们都要密切联系社会发展的历史去进行研究，才能得到正确的认识。本文在《中国语文》发表后引起语言界学者的热烈讨论，大家除了对词义能否直接反映客观事物持有不同意见外，对作者的多数观点表示赞同。

如果说《论词义的性质及其与概念的关系》是从普通语言学角度探讨词义的性质，那么《关于汉语构词法的几个问题》则是直接联系个别语言学——现代汉语对词的划分进行讨论的论文。汉语构词法在当时是一个非常重要的问题。它不仅牵涉到语法研究的问题，而且牵涉到汉字改革拼音文字书写的问题。作者认为：就一般理论来说，形态学（词法）是研究词的构成和词形变化的一种学问，其中应该包括构词法和构形法两部分。构词法是研究怎样由一个词根加上各种成分来构成不同的词的，所表示的是词汇意义；构形法是研究怎样把词形加以变化的，所表示的是语法意义。在西方语言里，这两部分的区别是非常明显的。汉语里有表示词汇意义的构词法，例如怎样就"读"这个词根加上"者"这个后缀构成"读者"。汉语有没有构形法？"依我看来，现代汉语不仅有构词形式，而且有词形变化形式。例如'我们'、'你们'、'他们'、'同志们'等的'们'，都是表示代词和一部分与人有关的名词的复数的；'看过'的'过'，'看了'的'了'，'看着'的'着'以至'看起来'的'起来'，'干下去'的'下去'，'想来想去'的'来'和'去'，'表白表白'的第二个'表白'，'温习温习'的第二个'温习'等等，都是表示动词的各种'时'和'体'（又称'情貌'）的附加成分。这些都是表示不同语法意义的词形变化。当然，汉语的这些词形变化跟西方许多屈折语的词形变化是不相同的。比方英语动词后面加个 s 可以表示'人称'、'数'、'时'几种语法意义；俄语的名词同一个词根可以加上各种词尾表示不同的'格'。汉语里显然没有这种词形变化。汉语的词形变化颇近于黏着语（例如蒙古语或土耳其语）的词尾，一个形式只表示一种语法意义，并且它的使用范围是有限制的。例如我们可以说'学生们'，但是不能说'三个学生们'或者'许多学生们'，前面有了表示复数的词语就得把这词尾'们'去掉。这些都是汉语所特有的现象。"

岑先生从共性的角度出发，认为现代汉语的有些词尾，如"的"、"地"等等，它们可以加在一个词的后面，也可以加在一个词组或句子的后面,其功能是相同的,因此有人认为这些只能算是"助词",而不是词尾。"无可否认,汉语里确有这种现象。但是,另一方面,我们也要知道,许多语言的词尾都是由实词或其他虚词发展而来的,只要它加在一个词的后面,互相结合得很紧,能够表示一定的语法意义,我们就有权利把它叫做词尾,其他加在词组或句子后面的,与其不分青红皂白笼统地叫做'助词',不如按照它们的功能叫做介词或其他虚词。同一个成分,在某种情况下已经发展成为词尾;在另一种情况下仍然是介词或其他虚词,其间并不存在什么矛盾。""任何语言的成分都是不断地起变化的。例如现代汉语的'们'这个词尾,很可能是从古代汉语的'辈'发展而来的。"岑先生的主张虽然在学界可能会引起某些异议,但有一点是不容置疑的,即:观察语言总的出发点应该是语言的共性与个性的对立与统一,任何语言都是人的语言,都具有共性,我们不应该片面强调个性而否定共同点;任何语言都具有个性,我们也不能片面强调共性而否定不同点。岑先生关于汉语有构形法的观点虽然不一定被汉语语法界全部认同,但他关于汉语构词法的看法则是大家乐于接受并普遍赞同的。构词法和构形法是两个不同的概念,我们研究词汇学和语法学的时候应该分别处理。"构词法,我们可以把它分成形态构词法和'造句'构词法两大类('造句'在这里应该理解为'组合'的意思)。什么叫做形态构词法呢?那就是就一个词根加上各个形态词素,即词缀,如前缀、后缀、中缀等构成不同的词的,例如'第一'、'初三'、'老虎'等都是加前缀的,'桌子'、'亮儿'、'石头'等都是加后缀的,'非本质的'、'无条件地'等是既加前缀,又加后缀的,如此等等。这一类词我们都叫做派生词。它们跟许多单纯的词如'天'、'地'、'人'、'蝴蝶'、'玫瑰'等显然是不同的。什么叫做"造句"构词法呢?那就是利用"造句"的手段把两个或两个以上的词根结合起来构成不同的词的,如'意义'、'是非'、'铁路'、'香蕉'、'扩大'、'缩小'、'头痛'、'眼红'、'动员'、'出差'、'收音机'、'写字台'等等。这一类词我们都叫做复合词。复合词和词组甚至句子有许多很相近的地方,其中成分有些是并列关系的,如'意义'、'是非'等等;有些是有修饰和被修饰的关系的,如'铁路'、'香蕉'等等;有些是有动补关系的,如'扩大'、'缩小'等等;有些是有主谓关系的,如

'眼红'、'头痛'等等；有些是有动宾关系的，如'动员'、'出差'等等；也有一些是有混合的关系的，如'收音机'和'写字台'等既有动宾关系，又有修饰和被修饰的关系。但是它们跟词组或句子的性质不同，因为在这些词里面，各个成分已经结合得很紧密，失去了单词的作用而变成词素了。"论文的后部分岑先生讨论词与非词、复合词与词组的区别。抓住了词的"独立性"区分词与词素；抓住了"扩展"与"插入"，实际上是词是"最小可独立运用"的"最小"区分词与词组，特别有意义的是现在被称为离合词的"洗澡"、"看见"等词的看法，先生的看法可以说与现在普遍看法基本一致。

《语法理论基本知识》更是把上几篇论文的基本精神，即考察语言要把共性与个性紧密结合的精神扩大到整个语法研究中。什么是语法学？语法很像几何学，"语法（词法、句法）是词的变化规则和句中词的组合的规则的汇集。……描写语法对于历史语法是不可少的出发点……，必须同时采用历史方法，忽视了它的历史发展，那么对于现存语法体系中的某些现象就无法加以适当的估量。"

岑先生在语法的词法部分，善于汉外比较。例如形态问题。用来表示同一句子里词与词之间的关系的词形变化都叫做形态单位，外语有大量的形态单位。词的次序（即词序）和虚词（如前置词、后置词和连词等等）算不算是形态单位呢？各家对这一点的看法很不一致。岑先生认为："我们可以把它们叫做语法形式，但不是形态单位。"一般的形态单位有词根、词缀、内部屈折、重音和声调、词根重叠五种。这五种形式，汉语有的有，有的没有。汉语"广泛采用词序和虚词，但是与词的构成和词形变化无关，不属于形态学（词法）的范围。各种语言的语法构造各有它的特点，因此它们的形态单位也就各不相同"。"形态学的基本概念就是语法形式、语法意义和语法范畴。……形态单位的类型，一般地说来，在各种语言中的差别是不大的。语法中主要的区别是在于：在有些语言中，词与词间的关系和词的各种用法，多用词的内部屈折和各种词缀来表示，有些却用各种附加部分、虚词和词序来表示；有些语言表示词汇意义的部分和表示语法意义的部分结合起来构成一个一个的词，有些却分开来构成个别的词。……汉语绝大部分的词都只有表示词汇意义的部分而没有表示语法意义的部分。""语法范畴是语法学中的一个重要概念。语法范畴和语法形式的研究常占着语法学的中心地位。""就形态学方面说,凡用形态单位表达出来的各种不同语法关系的概括性的意义,就叫做语法范畴。各种语言都有它自己所固有的、特殊的、可以作为它的特征的语法范畴。就这个意义上说,凡有语法形式包括词的变化形式和用词造句的方法表达出来的各种语法关系的意义都可以叫做语法范畴。"岑先生讨论了"格"、"数"、"性""人称"、"时间"、"体"、"式"、"态"等八种语法范畴,一一进行中外对比。在"体"中特别指出汉语的"着"、"了"等是表体而不是表时的。在讨论词类时,岑先生认为和外语一样汉语是可以划分出词类的。"词的最简单的分类是分成实词和虚词两大类。实词表示实际意义,即词汇意义;虚词表示语法意义,即语法关系的意义。另有一种只表示情感的叹词,一般也把它归入虚词。"岑先生认为汉语副词属于实词并为汉语划分词类的标准提出看法:"不能单纯以语义为标准,汉语语法无论在形态上或句法上都有许多可供我们利用来作为划分词类的标准。划分词类虽然不能单纯以语义为标准,但是又不能完全不考虑以词义为分类的基础。"在句法中,岑先生对句子的成分和句子的类型做了明确的分类。实践证明,岑先生的论述基本是符合语言理论和语言实际的。

如果说上面四篇论文是着重语言结构的描写,属于静态的语言的语言学范畴,那么,《风格论发凡》和《语言与文学》则可属于动态的言语的语言学范畴了。

《风格论发凡》发表的时间较早,岑先生用半文言文的形式探讨了作家个人对语言系统工具的运用所形成的风格。他认为:"表示情感之语言,与表示思想之语言不同。前者称为表情语言,而后者称为逻辑语言。顾表情语言与逻辑语言之不同,乃相对的,而非绝对的。二者且常有极密切之关系。同一词语,若只用以表达思想,则平铺直叙,只求其显豁;若杂以情感,则常须加以润饰,或故意扭曲以达其情。科学家所用之语言,为逻辑之语言;而文学家所用之语言,则多为表情语言,口语又比笔语多表情之成分。其中之区别,皆极显而易见,若将此区别理而董之,成为有系统之研究,是谓风格论。从来研究风格之方法有二:一在将一种语言与他种语言互相比较,以寻出其表情之特点;——在将一种语言内表示情感之方法与表示纯粹思想之方法比较,探求其特异之处。前者谓之外部的研究,后者谓之内部的研究。二者皆有极大功用,不可偏废也。"接着先生从语音、语法、词汇语言系统三方面分别列举大量事例后认为:"逻辑语言表示思想,表情语言表示情感,上已言之矣。顾此二者并非绝无关系,故其间互相影响之处乃极多,在历史语言学中尤为常见。例如汉语语词,因无特殊形态表示其功用,故在句中之位置本甚固定。古书中之疑问句及否定句常将代词宾语倒置于动词之前,初或只系一种表现风格之手法,后因用之者日众,寝假遂成一定例,后来凡用文言写作者,皆一反口头上之习惯而遵用之矣。"充分说明了由个人到集体,言语到语言的过程。在西方近代语中也是这样,"初皆只出于主观上之表情,但若用之者众,则主观之色彩渐失,而变为一般范例矣。"语言和言语的矛盾斗争是语言变化的根本原因之一:"语法学家之理想常欲于语言中之每一概念,每一用法,各定出一确定之公式以约束之。惟语言之公式与代数或几何之公式不同。由于表情语言及逻辑语言之互相影响极易起变化,此语法之所以有变迁也。"《风格论发凡》是我国较早研究言语风格的论文。应该特别指出的是,本书收入了岑先生翻译的瑞典语言学家马尔姆贝格的《心理学和哲学对语言研究的贡献》,文章明确谈到:"风格学是'个人对于语言使用的语言学',这跟语言的普通语言学和特别是语言系统的普通语言学相对立。后者是,'语言的语言学',前者是'言语的语言学'。"

在《语言与文学》一文里先生首先给两个概念下定义:"语言就是我们用来表情达意的一种工具。"文学"此词本有广狭二义。就其广义言之,凡一切思想的表现而以文字记录的,都可以叫做文学。就其狭义言之,则文学专指偏重于情感和想像的艺术作品,如诗歌、小说、戏剧及小品文等。这种文学又称纯文学。我们现在所要讨论的就是这种纯文学""文学与非文学的区别就在于看它除思想之外是否兼含有表情的成分。单表现思想而绝不含有任何情感的,只能算是科学的作品或非文学的作品。它所用的语言,只求其明畅显豁,适合于达意便行。……文学作品则不然。因为所谓文学,除表现思想之外,必搀杂有情感,而情感这东西,却多是迂回委婉,刚愎诡诈,总而言之,是很难绳之以规律的。为要应付这个喜怒无常的怪物,我们非用一种非常的手段不可,这用在语言方面,就叫做表情的语言或文学的语言。"岑先生仍然从语音、词汇、语法等三方面列举大量有趣的例子探讨作家文学作品,因为作家的言语(所说、所写)是离不开语言工具的,应该说这是一篇关于言语的语言学的范例论文。

开头我们说过,岑先生是搞普通语言学的。岑先生深知,要搞好普通语言学必须立足汉语,放眼中外;要搞好普通语言学还要立足现实,回顾历史。在接下来的一组里我们选择先生关于古汉语的四篇论文:《入声非声说》《我国古音研究之回顾与展望》《古代汉语语词的词性和词序》《古书倒文释例》。

《入声非声说》是一篇关于我国古代及方言中入声音韵性质的著名的论文。该论文的精彩之处是运用了现代语音学原理,令人信服地指出我国古代四声的入声实际并不能与平、上、去相提并论。"窃考乐音本有四要素:一为音之高低,或简称音高;一为音之强弱,或简称音强;一为音之长短,或简称音量;一为音之本质,或简称音色或音质。音之高低由于该音每秒钟振动次数之多寡,此即构成语音学上之声调;音之强弱由于该音振幅之大小,此即构成语音学上之重音与轻音;音之长短由于该音发音时间之久暂,此即构成语音学上之长音与短音;音色由于该音基音中所附陪音之不同,此即构成语音学上之各种音素。汉语四声之中,平、上、去三声皆由于音高之高低升降,纯属声调问题,只入声由于音量较短及收音之不同,与其他三声绝不相侔,实不能混为一谈也。""若纯以音高之高低升降为准,则所谓阴入实同于阴平,阳入实同于阳去,中入实同于阴去。广州话基本声调只有阴平、阴上、阴去、阳平、阳上、阳去等六个;入声自成一类,吾人可读之如阴平、阴上、阴去,亦可读之如阳平、阳上、阳去。明乎此,则广州话之所谓九声,或其他方言之有更多之声,实皆由入声变化而来,其基本声调则不出上述六种。故吾曰'入声非声。'若勉强以声类视之,则极其量只能与阴声类、阳声类相配,而不能与平、上、去三声等量齐观,实彰彰明甚。"广州话的 9 个声调其实可以归为 6 个,这已经是广为认同的事实。现在无论大陆还是香港,给广州话标音的字典都趋于统一,先生之功不可抹杀也。据唐作藩先生说,他在音韵学讲课时常常提到《入声非声说》,可见该文影响非同一般。

《我国古音研究之回顾与展望》本文首先引用钱玄同研究古韵六期说,归为三段:声母为标准;韵书为标准;音标为标准。"鄙意古音当有广狭二义。自其广义言之,凡现代以前之音均可谓之古音,自其狭义言之,则古音专指周秦两汉之音。兹篇所论,乃就其狭义以言。"文中重点介绍了陈第、顾炎武、段玉裁、戴震、王念孙、江有诰、钱大昕、章炳麟、黄侃等大家的学说。并总结:"上述诸家对于我国古音之研究,多仅能拟出一个系统,而每部或每个韵之音值如何,多无从推测,甚或只知其然而不知其所以然……直至近人汪荣宝于民国十二年在北京大学《国学季刊》第一卷第二号发表《歌、戈、鱼、虞、模古读考》一文,从外国译音中证明凡歌、戈韵之字,唐宋以上皆读 a 音,不读 o 音;凡鱼、虞、模韵之字,魏晋以上亦皆读 a 音,不读 u 音或 ü 音,从此古音音值之问题始渐为人所注意。当时继起参加讨论者,如钱玄同、唐钺、林语堂、李方桂、罗常培、王力等等,颇不乏人。类皆能运用新方法以作学术上之讨论。查汉语原属汉藏系语言中之一重要成员。内如古今各种方言,外如西藏语、缅甸语、壮语、泰语以至侗语、黎语等等,皆与之有亲属关系。苟能广泛从事搜集,进而采用各种近代语文学上及语言学上之先进方法加以分析比较,则其前途实未可限量也。试拭目以俟之。"本文不少内容后来载入岑先生的名著《语言学史概要》。这充分说明,搞普通语言学、搞语言学史必须重视研究自己国家的古代的和现代的语言学史。

《古代汉语语词的词性和词序》是研究古人如何活用语言(实际是言语)。"汉语语词,可大别之为实、虚二类。何谓实词?何谓虚词?自古人人言殊,莫衷一是。""古代汉语的实词有一个特点,就是一个词往往兼有名词、动词、形容词和副词等四个词性。例如'人'本来是名词,但是在'人其人'(韩愈《原道》)一语里,上人字却是动词,'人熊'、'人鱼'里却是形容词,'豕人立而啼'(《左传》)里却是副词。从前德国柏林大学教授格鲁伯(Grube)曾设一妙喻,说汉文中的词类恰如代数中的未知数 x,我们要解方程式才能知道它的价值。这都是就实词方面来说的。实词原有的词性我们叫做本性，其他来自假借的叫做变性。"作者较为详细地把变性作了分类："名变动"、"名变形"、"名变副"、"动变名"、"动变形"、"动变副"、"形变名"、"形变动"、"形变副"、"副变名"、"副变动"、"副变形"。虽然定义有可再推敲之处，但对"变性"如此全面的考察，在同类论文中并不多见，"上面所说的，都是一些词类变性的例子。词类中何以会有这种变性呢？那绝大多数都是出于一种修辞上的要求。一句话平铺直叙，往往使人觉得平淡无奇；但是如果采用一种迂回曲折的手法，就会使人感到新颖奇拔，耐人寻味。词类的变性就是这样的一种手法。至于词序，世界语言中本分自由的和固定的两种。……汉语的词没有性、格等变化，所以它们在句子中的次序多极固定。"词类的变性就是一种手法，是古人运用语言进行言语时的需要，也可以归入言语的语言学。文章最后部分谈到主语、宾语、形容词、副词的活用也都是同一道理。《古书倒文释例》道理同上，说明岑先生是很注意古人如何动态地运用语言文字的。

接下来的一组是关于我国少数民族语言和广州方言的论文：《我国的民族政策和语文问题》、《调查语言，创立文字，是发展少数民族文化的先决条件》、《关于华南少数民族的语言文字问题》是作者在解放初期的文章，反映了作者对少数民族语言研究的关心与重视。虽然历史已经有很大的变化，但这些文章仍然有它们的价值。

《从广东方言中体察语言的交流和发展》是作者一篇影响较大的论文。作者先把广东方言分为三大类。它们是：广府话（包括四个小系）、客家话（包括三个小系）和福佬话（包括两个小系）三大类。由于民族迁移和混杂的结果，"有些个别地区几乎一乡有一乡的乡音，一镇有一镇的土谈，有些甚至只隔一条溪水，一座小山，言语便不能相通。"岑先生结合秦晋到唐宋元社会动荡与人民迁徙的历史，回顾了三大类话语的形成。作者从几个方面考察广东话形成的原因。首先是壮语方面，壮语是广东原始居民的语言，至今广东话仍然存有壮语的底层。岑先生不但从语音、词汇、语法三要素，还从地名这一社会因素方面揭示了这些壮语的底层，结论令人信服；其次是北方话的影响方面，影响之一是语言，由于种种原因，语音和语法方面是比较少的，受影响最深的还是在词汇方面。影响之二是文字——方块汉字。无论生活借用词语还是学术借用词语，广东话不少都是从北方话借来的。关于特点，广东方言词汇具有音韵接近古音，词汇多古语的特点。此外特殊环境产生了特殊的词语，受香港影响，多英译词也是一大特点。本文结合人文、历史、社会从内到外、从静到动地即从语言的接触以考察广东方言的现状和发展，其内容和方法多年来一直被众多学者所提及。

《广州音系概述》是早期描写广州音系的权威之作。"广州话共有声母十九个，内单纯辅音十五个，塞擦音两个，结合辅音两个；韵母共有五十三个，内阴声韵十七个，阳声韵十九个（包括声化韵母两个），入声韵十七个。阳声韵的收声有-m,-n,-ŋ 三个，入声韵的收声有-p,-t,-k 三个；声调传统习惯上认为有九个，平、上、去各分上、下二类，入声分上、中、下三类。但若只论其音之高低升降，不管其长短及收声，那么上入实等于上平，中入实等于上去，下入实等于下去。因此广州话实只有上平、下平、上上、下上、上去、下去等六个声调，分属阴声、阳声、入声等三类。"至今完全适用。特别应该指出的是岑先生用[a]—[ɐ]的对立代替一些权威教材[a:]—[a]的对立是完全正确的。

岑先生是法国历史比较语言学大师梅耶的学生，他翻译梅耶的《历史语言学中的比较方法》被誉为历史比较语言学最优秀的著作。1981年岑先生在湖北人民出版社出版了我国第一本关于历史比较语言学的专著《历史比较语言学讲话》。岑先生关于历史比较语言学的论文和译文也有不少篇，由于篇幅所限，我们这里只选了《历史比较法及其在语言研究中的运用》一文。作者在本文解决了三大问题：1. 首先作者回顾语言比较的历史，明确了什么叫历史比较法。"历史比较法就是语言科学中利用各种不同手段搜集材料，进行分析比较，确定各种语言的亲属关系及其历史发展的科学方法。"2. 历史比较法的原则是什么？"任何语言或方言都是由语音、语法和词汇等三部分构成的。按理说，凡有亲属关系的语言或方言，这三部分中的任何部分或多或少有一些共同点。可是我们要确定语言的亲属关系必须从它们的整体来考虑，不能把这三部分割裂开来比较。任何语言的声音都是自成系统，语言构造也各自构成一个完整的体系，但是我们不能只根据语言的语音系统和语法构造的类型来断定它们是否有亲属关系。例如汉语和非洲的某些苏丹语言,如埃维语、瓦伊语等。就它们的有些语音特点和语法特点看很相近似。比如说都有声调,单音节词占很大的一部分,主要以虚词和词序表示语法关系。但是我们不能因此断定它们是亲属语言……"3.如何进行语言的历史比较?岑先生结合汉语北方话、广州方言、上海方言、福建方言、太原方言,从词的古音韵的声、韵、调不同角度进行对比,指出它们的对应规律,令人信服地找到它们最古老的形式并拟构其原始语的面貌。大家知道,历史比较语言学最成熟的是印欧语,如何在汉藏语、我国汉语方言及少数民族语言中运用其科学的方法,是一重大的现实问题,岑先生把历史比较语言学的方法介绍进来并亲自尝试进行对比,在我国是十分有意义的。这方面岑先生的论著在语言研究历史上无疑占有一个显要的地位。

《心理学和哲学对语言研究的贡献》是一篇具有交叉性、边缘性的论文。说明岑先生十分重视语言学和其他学科的关系。而交叉科学逐渐成为主流的今天,语言学理所当然地进入交叉语言学的时代。该论文还明确提到语言和言语,语言的语言学和言语的语言学,认为风格学属于言语的语言学,这对今天推动普通语言学研究具有重大意义。

岑先生一生最骄人的成绩还是语言学史的建树。他的《语言学史概要》因首次在世界语言学史中叙述了中国语言学的成绩而蜚声海内外。最后一组是对国外语言学家的介绍,有些内容出现在《语言学史概要》里,大部分是对该书的补充。索绪尔、房德里耶斯、马迪内是三代法兰西学派的代表人物,雅可布逊、维尔纳都是语言学史不可或缺的语言学大家。我们可以从岑先生的介绍中获得大量语言学的营养,由于篇幅所限不再一一展开。

岑运强

怎样学习语言学

语言学是以人类语言为研究对象的，而人类语言只表现为各种具体语言。这些具体语言就是语言学赖以建立的原料。

世界上任何人都至少会说一种话。有些人还学会了不止一种语言或方言。作为一个语言学家，他应该懂得尽可能多的语言，这样才能把它们互相比较，丰富研究的内容。初学语言学的人不妨以他懂得的语言或方言为基础，然后逐渐扩大它的深度和广度。但是这里有一个必不可缺少的条件：对咱们汉族人来说必须懂得现代汉语，包括普通话、汉语拼音字母和当前通用的文字。没有这个基础，那么，一切设想都会落空的。

掌握语言材料是学习语言学所必不可少的条件，但光是有语言材料是不够的，还必须具备驾驭这些材料的方法和指导整个语言学研究的原理和原则。

方法有一般的方法，也有特殊的方法。一般的方法是指哲学上的方法论，特殊的方法是决定于它的研究对象的性质和各种具体任务的。就语言学来说，其中最重要的就是静态分析法，一般历史法和历史比较法。

静态分析法是描写语言学所采用的，其目的是就某一种语言或方言于它发展过程中某一时期的状态，把它的结构要素加以分析描写。任何一种语言或方言，它的结构要素都分属于语音、语法和词汇这三部分，它们之间有密切的联系，又各不相同。

语音是语言的物质外壳。它既贯穿在语法方面，也贯穿在词汇方面，所以我们研究语言首先要懂得怎样分析描写它的语音结构。

语言的声音是由人们的发音器官发出的物理现象。我们要研究语音，必须对人类发音器官的构造和作用有相当认识。语言的声音具有其他一切声音的特性，所以研究语音又要对物理学中的声学有必不可少的常识。

研究语音不能没有一种记音符号，把分出的语音单位标记下来。在这方面，汉语拼音字母可以解决一部分问题。但是作为语音学的记音符号，那是不够的，因为汉语拼音字母只是为了标记现代汉语普通话的音位的。音位在语音结构中往往会起变化成为音位变体，即音素。为了标记这些音素和其他普通话所缺少的声音，必须加以补充，或者采用国际音标。国际音标在我国有相当基础，直到现在，好些有关语言学的著作都是采用它来做记音符号的。

语音学本属口耳之学，有好些地方需要当面传授，但是如果已经懂得汉语拼音字母的发音，可以此为基础，互相比较加以揣摩。关于这方面的书籍，可以参看史存直的《语音》（上海新知识出版社），董少文的《语音常识》（文化教育出版社），罗常培、王均的《普通语音学纲要》（科学出版社），岑麒祥的《语音学概论》（同上）。前两种取材只限于汉语，后两种都属于普通语音学的性质。

语音只是语言的一个组成部分。光是语音不能表示意义，要把语音结合起来构成词素才能表示意义。词素分词根词素、词缀词素（前缀、中缀、后缀）和词尾词素等几种。词根词素是一个词的中心。有些词是只由词根词素构成的，如汉语"天"、"地"、"人"等等，但也有不少的词是由两个或两个以上的词素结合起来构成的。结合的方式不外复合法和加缀法两种。复合法又分联合式和偏正式等类型，分别构成复合词和派生词，如"城市"、"是非"、"黑板"、"铁路"、"老鼠"、"桌子"、"收音机"、"图书馆"等等。这些都属形态学或词法的范围。

词只能表示一个个单独的概念，不能表示完整的意思，要把词组织起来构成句子才能表示完整的意思。句子就其结构可以分成主语、谓语、宾语、补语、定语、状语等句子成分。在语言中，有些句子是由一个句子成分构成的，如汉语"来！""走！""胡说！"等等。这只属少数。更多的句子是由两个以上的句子成分构成的。句子成分可以由一个单词充当，也可以由一个词组或分句充当，其结构也可以是联合式的或偏正式的等等。句子的结构之所以区别于词的结构是因为它是以词为单位的,而不是以词素为单位的。这些都属于句法的范围。

词法和句法构成我们一般所说的语法。我国近年来出版了许多有关语法的书,在这里没法一一加以介绍。与汉语语法有关的可以酌量参看吕叔湘、朱德熙的《语法修辞讲话》(开明书店),张志公的《汉语语法常识》(中国青年出版社),王了一的《汉语语法纲要》(上海新知识出版社),黎锦熙的《中国语法教材》(商务印书馆),丁声树等的《现代汉语语法讲话》(同上),龙果夫的《现代汉语语法研究》(科学出版社);关于一般语法理论的可以参看岑麒祥的《语法理论基本知识》(时代出版社),高名凯的《语法理论》(商务印书馆)等等。

词和固定词组的总汇叫做词汇。一种语言的词汇是很复杂的,其中有基本词汇,也有一般词汇;有古词语、新词语,也有外来词语。词语是声音和意义的结合物,但是在一种语言的词汇中,声音的结合同意义的关系并不永远都是一对一的,因而有同音词、同义词和反义词等现象。

词的意义是以概念为基础的,并且通过概念与客观世界的事物和现象等相联系。但是词的意义并不就等于概念。词义的内容要比概念广泛得多,因为它除概念外还包含着对概念的附加说明,说话者对客观事物的态度和词的各种风格色彩。此外,词义还有本义和转义之分和各种比喻用法。

词汇学不仅要研究各种各样的词,而且要研究作用与词相等的固定词组,比方成语。固定词组和自由词组不同,因为它虽然也由几个词组成,但是这些词在意义上已失去它们的独立性,在形式上也不能随便用其他的词代替。它们在意义上和形式上构成了一个不可分割的整体,各个成分在句子中不能成为独立的句子成分,而是整个词组共同构成一个句子成分。所以自由词组属句法的范围,而固定词组属词汇学的范围。

我国关于词汇学的著作还不很多,需要时可以酌量参看周祖谟的《汉语词汇讲话》(人民教育出版社),费多鲁克的《现代俄语词汇学》(商务印书馆),伏尔诺的《英语词汇学》(同上)等。

我们对于语言的研究也可以用一般历史法研究它于不同时期的状

态,整理出它的发展过程和发展规律。这叫做历史语言学。

用一般历史法研究语言的历史不能不依靠有关人民于不同时期遗留下来的各种文物和文献,从这些文物和文献中整理出它在各方面的状态和结构要素。在这方面,过去许多有关语文学的著作如各种字书、韵书、训诂书以及历代学者有关文字学、训诂学和音韵学的各种专著,对我们都可以有很大用处。当然,由于时代限制,缺乏科学的方法和正确的观点,其中有许多地方需要爬梳整理,尤其是因为汉字不是拼音文字,过去许多音韵学家费了九牛二虎之力,对于古音只能整理出一个抽象的分类和系统,需要用现代语言学理论作科学解释的地方还有很多。关于这方面的著作无法一一介绍,读者可以酌量参看罗常培的《汉语音韵学导论》(中华书局),李荣的《切韵音系》(科学出版社),王力的《汉语史稿》(科学出版社)等书。

历史比较法是历史比较语言学所用的方法。这种方法和一般历史法的不同,是在于它不仅利用有关语言于不同时期的文物和文献,而且广泛利用各亲属语言和方言的材料,把它们互相比较,确定这些语言的发展过程和发展规律。做这种工作的除有关语言的材料外,常需要借助社会发展史、有关人民的历史和各民族文化史的资料来互相印证。我国过去对这方面的工作做得不多。近年来大家在各方面搜集了许多汉语方言和少数民族语言的材料,为这种工作提供了一些有利的条件,但是在许多地方还有待于我们有系统地、有计划地进一步去补充和整理。关于这方面的著作可以参看梅耶的《历史语言学中的比较方法》(科学出版社),捷斯尼切卡娅的《印欧语亲属关系研究中的问题》(同上)。

以上所说的是语言研究中所最常用的三种方法,分别构成描写语言学、历史语言学和历史比较语言学。此外还有一种普通语言学,那是语言学的理论部分,牵涉到语言学的一般理论问题和实际研究的方法论问题。我国近年来出版了好些这方面的著作,如契科巴瓦的《语言学概论》第一编(高等教育出版社),布达哥夫的《语言学概论》(时代出版社),上海外国语学院和哈尔滨外国语学院合编的《语言学引论》(时代出版社),北京大学中文系语言学教研室编的《语言学基础》(高等教育出版社），高名凯的《普通语言学》（上海新知识出版社），岑麒祥的《普通语言学》（科学出版社）等等。至于与语言学史有关的可以参看汤姆逊的《十九世纪末以前的语言学史》（科学出版社），裴特生的《十九世纪欧洲语言学史》（同上），岑麒祥的《语言学史概要》（同上）。

我国语言学是在新旧交接发展过程中，好些著作不仅体系不一致，所用术语也相当混乱，这不免为初学者带来不少困难，但在目前情况下也是很难避免的。有意学习的最好先找一两本有关普通语言学的书看看，略知其全貌，然后按照自己的兴趣、需要和条件，选定一两方面去从事研究。例如在方言区做语文教学工作最好能了解当地方言，把它跟普通话相对比，找出它们的对应关系和对应规律，这样对自己的工作当可以有很大帮助。如果要研究古典文学，那就要注意它所用语言跟现代汉语有什么不同，每个作家于遣词造句各方面有些什么样的特点，如此等等。总之，语言学的范围是很广的，方面是很多的。只要不怕麻烦，不避艰辛，广泛搜集材料，有系统地加以整理，日积月累，经过一定时间定能有所收获。

原载《文字改革》1962 年 4 月号。后载入《语言学学习与研究》，中州书画社，1983 年 8 月。

音 节 论

一

我们说话，音从口出。语言的声音总是互相连贯着的。我们如果按它们的物理特点和生理特点仔细加以分析，那么所得的最小单位是音素。就一般经验，分析音素是比较困难的。我们平常听人家说话，最先分辨出来的只是一小组一小组声音。这一小组一小组声音就是音节。凭听觉印象，分辨音节比分辨音素容易，所以世界上造字的程序，音节字常先于音素字。

我国汉字属音节字之一种，那就是说，一个汉字就代表一个音节。一个音节有多少个音素，从字体上是看不出来的。传统的分析法是利用字的双声叠韵把一个字音分成声、韵两部分。双声是指字音前一部分相同，如"鸳鸯"。于是把它们归成一类，用一个字做标目叫做声母，古代又称字母，如唐朝守温分三十字母，宋人改为三十六个字母。叠韵是指字音后一部分相同，如"螳螂"。于是把它们归成一类，用一个字做标目叫做韵母，如《广韵》分为二百零六个韵母。韵母中有因高低升降等不同而加以区别的叫做声调。

汉字字音的构成比较简单，最复杂的也只有四个成分，例如"庄"这个字音只由 zh-u-a-ng 四个音素构成。汉字字音的这四个成分，唐钺称为"起"、"舒"、"纵"、"收"[1]；刘复称为"头"、"颈"、"腹"、"尾"[2]；罗常培称为"声母"、"介音"、"元音"、"韵尾"[3]；另外有些音韵学家称为"声

① 唐钺《论声韵组成字音的通则》,《国故新探》,上海商务印书馆,1925 年版,第 37 页。

② 刘复《北京方音析数表》,见北京大学《国学季刊》第 3 卷、第 3 号。

③ 罗常培《汉语音韵学导论》,中华书局 1956 年版,第 91 页。

母"、"韵头"、"韵腹"、"韵尾",名称虽然不同,其实是一样的。

汉字字音的这四个成分,不是每一个字都具备的。例如"王"这个字音由 u-a-ng 三个成分构成,按唐钺的说法,u 是"舒",a 是"纵",ng 是"收",缺"起";"哀"这个字音由 a-i 两个成分构成,a 是"纵",i 是"收",缺"起"和"舒";唐钺因此认定一个字音可以缺"起"、缺"舒",而"纵"和"收"却必不可少,甚至像"阿"这样的一个字音,他也认为有"纵"和"收"两个成分,"纵"是 o(按应该是 a),"收"是一个稍合的 o,他用一个小一点的字母表示标成 ᵒ。其实这个字音只有一个成分,唐钺硬说它有"纵"和"收"两个成分是不能成立的,但"纵"确实是一切字音所不能缺少的部分,唐先生把它叫做"领音",并且断言:"每一个字音或音缀(按即音节)总有一个领音,没有领音就不能成音缀。"[①]这倒是完全正确的。

二

分辨音节虽然比较容易,几乎任何人都能分辨出来;但是要给音节下一个确切的、一般的定义却不是一件很简单的事情。古希腊人把语音分成元音(phōnēénta)、半元音(hēmíphōna)和哑音(áphōna)三大类。元音如 ē,ĕ,ō,ŏ,a,i,u 等可以自成音节或跟其他的音联合构成音节;半元音如 ks,ps,dz,s,l,r,m,n 和哑音 p,t,k,b,d,g,ph,th,kh 等合称辅音(súmphōna),必须跟元音联合才能构成音节。因此他们给音节下的定义是:"音节就是一个元音或一个元音跟一个或几个辅音联合构成的语音单位。"古印度人对语音的分类比较精密,但因为他把 l 和 r 列为元音,所以也认为"有多少个元音就有多少个音节"。这定义的缺点是只顾到音节的构成,分不清音节的性质和界限。

19 世纪的语言学家由于各种语言比较研究的结果,对于人类语言的发音有了进一步的认识,有些并且采用生理学和物理学原理研究语言的发音,企图建立普通语音学的一般理论。他们在研究实践中发现,

---

① 唐钺《论声韵组成字音的通则》,《国故新探》,上海商务印书馆,1925 年版,第 35 页。

许多古代的和现代的语言的音节里不独没有元音,有些连古印度人认为可以视为元音的 l 和 r 也没有,因此对古希腊人和印度人给音节所下的定义采取了否定的态度,有些甚至怀疑音节是否存在。例如德国语音学家卡尔齐亚(G. Panconcelli-Calzia)在他所著的《实验语音学》中说:"音节就语音学观点看是不存在的;那只是一种错觉。……因为(语言中)只有一些或长或短的只凭呼气来决.定的音组。这些音组所由构成的声音是分不开的,因为它们都结合得很紧密,要想在语音中找出音节,那无异是一个乌托邦。"①丹麦叶斯泊森(Otto Jespersen)曾从英国斯维特(Henry Sweet)学习语音学。他在一本早期的著作《语音学初阶》里也说:"要想知道两个音节的确切界限,那跟要想在自然界山谷中找出两个山峰的确切分界线一样无聊。"②

三

话虽这样说,可是大多数语音学家并不这样悲观。他们还是千方百计想尽办法来解决这个疑难的问题。由于观点不同,他们所想的办法也就不一样。

首先,奥国斯托尔姆(J. Storm)想就语言发音时呼气的次数和呼气力的强弱来确定音节的性质和界限。他在《英语语文学》一书中说:"音节就是一组用一次呼气发出的声音。所以我们说话时用多少次呼气就有多少个音节。呼气力最弱的地方就是音节的分界线。"③是的,无可否认,有时我们可以按呼气的次数来确定音节的多少。例如我们用一次呼气发一个 a 音,无论时间多长,它还只是一个音节;但是假如我们发这个音的时候中间停顿一下,它就变成了两个音节,各包含着一个 α。又比如我们发 a,i,a 这三个音,假如每发完一个之后停顿一下,它们就会成为三个音节;但是假如发完 a 之后停顿一下再连续发出 i,

---

① G. Panconcelli-Calzia：*Experimentelle Phonetik*，Berlin，1921，p.119.

② Otto Jespersen：*Elementar buch der Phonetik*，Berlin，1912，p.153.

③ J. Storm：*Englische Philologie*，Wien，1912，p.9.

a,或者连续发完 a,i 之后停顿一下再发 a,那么这三个音就会分别成为两个音节:a-ia 或 ai-a。这是毫无疑问的。但是我们也不能否认,我们可以用一次呼气连续发出一连串声音如 aia,asa,ata 等等中间不停顿,这些声音也各自构成两个音节而不是一个音节。由此可见,按呼气的次数我们只能划出句子或句子中停顿的界限,而不能划出音节的界限,只有不连续的音节,我们才能按呼气的次数划出音节的界限,不过这种音节在语言中是非常少见的。

再说,斯托尔姆认为在一个句子里,呼气力最弱的地方就是音节的分界线,也是靠不住的。当然,在像比方 ata 这样的一个音组里,t 是呼气力最弱的地方,那是不成问题的。但是这只能说明这个音组有两个音节,而 t 究竟是属于前一个音节还是属于后一个音节,还是没法断定。再有,在比方 sta 这个音组里(例如英语的 star"星星",stay"停留"等等),t 也是呼气力最弱的地方,但不是音节的分界线,不然的话,这个音组就应该成为两个音节了,但实际上只是一个音节。

四

叶斯泊森在《语音学初阶》里虽然说过,要想知道两个音节的确切界限是一件无聊的事儿,可是他在另一本著作《语音学教本》①里,却也定出了一个划分音节的办法。依他说,语言中的各种声音,由于它们的洪亮度不同,所以在听者的耳中所引起的听感也有大小的差别。那就是说,不同的语音,由于它们的洪亮度不同,虽然用同一强度发出(即发得同一样轻重),但是有些我们离得远一些也能听得见,有些却要近一些才能听得见,或者在相同的距离上,有些听得清楚些,有些却听得并不那么清楚。叶斯泊森根据这一点把各种语音分成以下八类:

(1)清塞音 p,t,k 和清擦音 h,f,s⋯⋯⋯⋯⋯洪亮度或听感点 1

(2)浊塞音 b,d,g 和浊擦音 v,z,ʒ⋯⋯⋯⋯⋯洪亮度或听感点 2

---

① Otto Jespersen:*Lehrbuch der Phonetik*, Berlin, p. 191.

（3）鼻音 m,n,ŋ······················· 洪亮度或听感点 3

（4）边音 l,ɭ······························· 洪亮度或听感点 4

（5）颤音 r,ʀ································· 洪亮度或听感点 5

（6）关元音 i,u,y························· 洪亮度或听感点 6

（7）半关元音 e,o,œ····················· 洪亮度或听感点 7

（8）开元音 a······························· 洪亮度或听感点 8

在一句话里，各种语音洪亮度或听感点最高的地方是音节的中心，最低的地方是音节的分界线。例如我们发 tap 和 tapi 这两个音组：

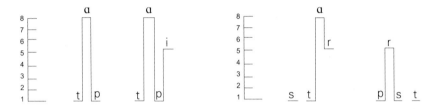

a 和 i 的洪亮度或听感点最高，所以是音节的中心；t 和 p 的洪亮度或听感点最低，所以是音节的分界线。tap 只有一个音节的中心，所以只有一个音节；tapi 有两个音节的中心，所以有两个音节。（见上图左）我们试再用这个办法来鉴定英语的 star（星星）和捷克语的 prst（手指）这两个词，所得结果也是一样。这两个词都只有一个音节的中心（a 和 r），所以各只有一个音节，其余的音都是音节的分界线。（见上图右）

可是这个办法也有它的困难，就是洪亮度或听感点难以决定。叶斯泊森的出发点是用同一强度发音的。各种语音的洪亮度和听感点当然有所不同。但是同一个语音在不同的条件下是会起变化的。例如英语的 civil（公民的）这个词有两个 i，头一个念重音，它的洪亮度或听感点就比后一个的强。再有，他把清塞音和清擦音同列入第 1 类也是不符合实际情况的。在发音上，清擦音的洪亮度或听感点无论如何比清塞音的大。但如承认这一点，在比方 sta 这个音组里就也应该有两个音节了。

五

瑞士语言学家索绪尔(Ferdinand de Saussure)是主张按照各语音发音时发音器官开度的大小来划分音节的。他在《普通语言学教程》一书中,根据这个原则把各种语音分成以下七类:

(1) 开度 0:塞音,如 p,b,t,d,k,g;

(2) 开度 1:擦音,如 f,v,θ,ð,s,z,ʃ,ʒ,x,ɤ,h,ɦ;

(3) 开度 2:鼻音,如 m,n,ŋ;

(4) 开度 3:流音,包括边音 l,ɫ,和颤音 r,ʀ;

(5) 开度 4:关元音,如 i,u,y;

(6) 开度 5:半关元音,如 e,o,φ 和半开元音,如 ɛ,ɔ,œ,ɛ̃,ɔ̃,œ̃;

(7) 开度 6:开元音,如 a,ɑ,ɑ̃。[①]

在一连串发音中,凡遇到像 appa 这样的音组,我们可以看到其中的两个 p 是有区别的;头一个发音时发音器官由开而闭,一般叫做"内破音"(implosif),我们可以把它叫做闭音(son fermant);后一个发音时发音器官由闭而开,一般叫做"外破音"(explosif),我们可以把它叫做开音(son ouvrant)。这并不只限于塞音,其他如擦音 affa,鼻音 amma,流音 alla,以至元音 aooa 也可以适用。假如我们用＞来表示闭音,用＜来表示开音,那么上述的几个音组可以分别标成 ap̄pa,af̄fa,am̄ma al̄la,aōoa等等。一个音的开度的大小是会影响到它的"内破"和"外破"的:开度越大的,这两种动作的区别就越模糊。在比方 aiia,auua,aɤɤa 这些音组里,前一个是闭音,后一个是开音,还可以分辨得出来,习惯上把后一个写成另一个字母,如德语的 j(ja"是"),英语的 w(war"战争"),法语的 y(yeux"眼睛")等等;但是在开度更大的语音如aeea,aooa 等,这种区别实际上就很难分辨出来;在开度最大的 a,那就压根儿没有这种区别了。

---

① Ferdinand de Saussure:*Cours de linguistgue gènérale*,Paris. 1922, pp. 63—95.

在一连串发音中,他认为"开音"和"闭音"的连接可以有四种不同的方式:(1) 开闭组(＜＞),即一个"开音"接上一个"闭音",如法语的[kjte](quitter"离开");(2) 闭开组(＞＜),即一个闭音接上一个开音,如法语的[aktif](actif"活泼的");(3) 开开连组(＜＜),即一个开音接上一个开音,如英语的[plei](play"游戏");(4) 闭闭连组(＞＞),即一个闭音接上一个闭音,如法语的[kar](car"因为")。在开开连组中,后一个音的开度必须比前一个的大,否则就破坏了发音的连续性;在闭闭连组中,后一个音的开度必须比前一个的小,否则也就破坏了发音的连续性。所以像比方[pa]、[ti]这样的两个音只能列入开闭组,像[-rt-]、[-ik-]这样的两个音只能列入闭开组,因为它们都缺乏发音的连续性。按照这个办法,假如我们把法语 particulièrement(特别地)这个词加以分析,那么所得结果应该是[partikyljermã]。在一连串发音中,凡遇到一个"闭音"和一个"开音"相连接如(＞|＜)这样的,那就是音节的分界线;"闭音"或闭闭连组的第一个成分,索绪尔称为"元音点"(point vocalique),那就是音节的中心。

索绪尔把音节中"元音点"这个单位叫做"响音"(sonante),其余的音叫做"辅响音"(consonate),以示别于语音学上的元音(voyelle)和辅音(consonne)。"响音"和"辅响音"不是指的语音的种类,而是指的语音在音节中的功能。"响音"不一定要以元音充当,如在捷克语的prst(手指),法语的pst(呸)等词中,辅音也可以做"响音";"辅响音"也不一定要以辅音充当,如法语 fidèle(忠实的)和 pied(脚)这两个词里都各有一个元音 i,而 fidèle 里的 i 是"响音",pied 里 i 却是"辅响音"。一切"响音"都是"闭音",而"辅音音"有时是"闭音"(如希腊语 haima 的 i),有时是"开音"(如法语 pied 里的 i)。在上述七类语音中,第一类的开度最小,只能做"辅响音";第六、第七类的开度最大,只能做"响音";第二类擦音,第三类鼻音,第四类流音和第五类关元音,可以做"辅响音",也可以做"响音",那要看它们的环境和发音的性质如何。

索绪尔的这个区分法的特点是处处顾到语音在音节构成中的功能,而不是把它们孤立起来去考虑。但是这种理论在实践中也解决不了关于音节的一切问题。例如法语[ai](haïs)"憎恨")和[ebai](ébahi

"瞠目结舌")等词中的[i],就开度的大小和它的环境来说应该是一个闭闭连组的第二个成分,可是实际上这个音是独自构成音节的;[sta]这个音组,按照索绪尔的理论,其中的[st]应该划入闭开组([sta]),因为[s]的开度比[t]的大,不可能构成开开连组,可是这样一来,其中就有了一个音节的分界线[st],这个音组也就成了两个音节,可是实际上它只有一个音节。像这样的问题,索绪尔是没法自圆其说的。

六

由上面所说的我们可以看到,西方语言学家和语音学家,自 19 世纪以来对于解决音节和划分音节的界限这个问题曾做过不少努力,有的要依据发音时呼气的次数和呼气力的强弱,有的主张要看各种语音的洪亮度及其在听者的耳中所引起的听感点的大小,有的着眼于各种语音发音时发音器官的开度及其在音节构成中的功能,结果都不能完满地解决语音学上的这个重要的问题。这是什么缘故呢? 看来就是忽视了声带在语言发音中的重要作用。

声带是人类发音的一个主要来源。没有声带任何人都发不出声音。其他器官的作用只在于构成各式各样的共鸣器,把由声带发出的声音或由声门输送出来的气息加以调节,使成为各种不同的语音。任何发音,没有声带的活动,是没法构成音节的。所以我们考虑音节的问题,声带的活动是非常重要的。

根据语言发音时声带的作用研究音节的问题。法国格拉蒙(Maurice Grammont)在他于 1895 年出版的《印欧系语言和罗曼族语言中的辅音异化》[1]一书中早就已经显露出端倪了。他在这书里说过:"开音节的辅音有一个增强的紧张(tension croissante),收音节的辅音有一个减弱的紧张(tension décroissante)。他这里所说的紧张就是指的我们发音时把声带拉紧或放松。例如我们试用浪纹计录出[pa]和

---

[1]　Maurice Grammont: *La dissimilation consonantique dans les Langues indo-européennes et dans les langues romanes*. Dijon, 1895.

[ap]这两个音组发音时的浪纹(见下图)。

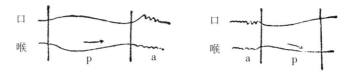

从这里我们可以看出,在[pa]这个音组里,[p-]是开音节的辅音,所以它的喉线上有一个增强的紧张,在[ap]这个音组里,[-p]是收音节的辅音,所以它的喉线上有一个减弱的紧张。这是很容易理解的。因为[p]是一个清辅音,发音时声门是张开的,声带不颤动,[a]是一个元音,发音时声门闭拢,声带颤动,所以发[pa]这个音组时,声门由张开而闭拢,声带由不颤动而颤动,它的紧张是逐渐增强的;反过来,发[ap]这个音组时,声门由闭拢而张开,声带由颤动而不颤动,所以它的紧张是逐渐减弱的。此外,比方发[ba]、[ab]、[ma]、[am]等音组时,[b]和[m]都是浊辅音,发音时声门虽然闭拢,声带也颤动,但是颤动的幅度究竟没有发[a]音时的那么大,所以声带的紧张还是逐渐增强或减弱的。

所谓开音节的辅音和收音节的辅音并不只限于一个音,或者在一个音节中非有这种辅音不可。我曾做过如下的一些实验。例如:

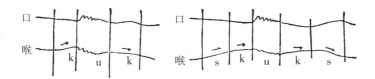

在[kuk]这个音组里,[k-]是开音节的辅音,所以在它的喉线上有一个增强的紧张,[-k]是一个收音节的辅音,所以在它的喉线上有一个减弱的紧张。同样,在[skuks]这个音组里,[sk-]都是开音节的辅音,所以共同有一个增强的紧张,[-ks]都是收音节的辅音,所以共同有一个减弱的紧张。根据这个道理,哪怕既没有开音节的辅音,也没有收音节辅音,而只有一个"领音"构成的音节,如汉语普通话的[a](阿)、[ɤ](鹅),广州方言的[m](唔=不),[ŋ](五),金华方言的[n](儿),杭州方言的[l](儿)等等,它们的喉线上也是先有一个渐增的紧张,然后来一个渐减的紧张,我们根据这些紧张就可以找出音节的中心和音节的分界线。这个办法可以说是普遍适用的。

1933 年,格拉蒙在他的新著《语音学纲要》中对这一点又有了新的补充①。他在这书里把音节中一切有增强紧张的音都叫做增强音,一切有减弱紧张的音都叫做减弱音,例如在[appa]这个音组里,第一个[p]是减弱音,第二个[p]是增强音。假如我们用/表示增强音,用\表示减弱音,那么凡由\到/的地方就是音节的分界线,由/到\的地方就是音节的中心。这些增强音或减弱音并不只限于一个音,有时可以包括好几个音;不管它们的呼气力大小、洪亮度高低或发音时发音器官的开度如何,凡声带逐渐紧张都是增强音,紧张程度逐渐减弱的都是减弱音。这一说不独可以补救前三说的缺陷,而且可以用来做划分音节界限的一个最可靠的手段。例如拉丁语 stare(站立)一词,我们无论是采用呼气说、洪亮说或器官开度说都是很难解决的,但是假如我们把它发音时声带活动的情况画成下图:

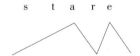

那么哪是音节的中心,哪是音节的分界线,这个词有几个音节,就都可以一目了然了。

在各种语言中,我们常常碰到有些词语发音很相近,只是音节不同,音节划错了就会影响到意义的不同。例如英语"a tall man"(高个子)里的"a tall"和"not at all"(一点不)里的"at all",它们发音上的分别在哪儿呢?那是因为"a tall"中的"t"是一个增强音,跟后面的"all"构成一个音节,而"at all"的"t"是一个减弱音,跟前面的"a"构成一个音节。这是完全不同的。同样,汉语普通话的"piao"有两种念法:一种把"pi"念成增强音,"ao"念成减弱音,只有一个音节,那就是"飘";一种把"p"念成增强音,"i"念成减弱音,共同构成一音节,"a"念成增强音,"o"

① Maurice Grammont: *Traité de Phonétique*. Paris,1933, pp. 97—104.

念成减弱音,共同构成另一个音节,那就是"皮袄"。可见音节的正确区分,在有些情况下是非常重要的。

原载中山大学《文史学研究所月刊》第 3 卷第 1 期,1934 年。

后载入《语言学学习与研究》,中州书画社,1983 年 8 月。

论词义的性质及其与概念的关系

一

任何语言都有许多词。词，就其内容来说是各种各样的。有的只表示说话者的情感，如叹词；有的表示各种语法意义，如各种虚词；有的表示各种词汇意义，如各种实词。在不同的语言中，词汇意义和语法意义结合的方式是不相同的。有的把这两种意义结合起来构成单独的词，如西方各种语言的许多词。有的把它们分开，分别构成不同的词，如汉语的大多数的词。这没有关系。总之，这里所说的词义是指词汇意义，而不是语法意义。

词义是什么？它的性质怎样？这是语言学中一个最复杂、最困难、同时又是意见最分歧的问题。有些人把它看成一种模糊的观念或主观的东西。如埃尔德曼（K. O. Erdmann）在《词的意义》（*Die Bedeutung des Wortes*）中说："词只是表示或多或少联系着的一些模糊不清的观念的符号和表示不同的情感的符号。"又如斯特恩（G. Stern）在《意义和意义的演变》（*Meaning and Change of Meaning*）中说："词义基本上是主观的。"有些人把它看成"说话者说出语言单位时的情况和它在听话者方面所引起的反应"[1]。有些人干脆认为"词义是一个没法解决的秘密"[2]。所有这些都是把词义看成是与思维脱离、与客观现实脱离的一种看法。

另外有些人虽然知道词义和客观现实有关，但是认为词义就是词

---

[1] 参看布龙菲尔德（L. Bloomfield）的《语言》（*Language*），1933 年，第 139 页。

[2] 参看格拉夫（W. L. Graff）的《语言学引论》（*Language and Languages：An Introduction to Linguistics*），1922 年，第 128 页。

所代表的事物或现象。这同样是不正确的。因为有些词，比方"上帝、魔鬼、菩萨、夜叉、西王母、孙悟空"等等，并不代表任何事物，可是都有固定的意义。可见我们不能把词义简单地理解为词所代表的事物或现象。词义所代表的其实并不是某种事物或现象，而是这些事物或现象在人们意识中的一定反映，那就是说，词的意义跟某种事物或现象没有直接的关系，而只是跟这些事物或现象在人们意识中的一定反映发生联系。

这样说来，有些词，如上面所说的"上帝、魔鬼"等等，并不代表任何事物或现象，而各有固定的意义，我们怎能说词的意义是代表某种事物或现象在人们意识中的一定反映呢？或者进一步说，这些能不能算是词呢？大家知道，现实生活的各种因素在人们意识中的反映并不都是很简单的、直接的。人们的意识把这些因素从现实中抽取出来，在反映的过程中很可能把这些因素的反映结合起来，使成为不和任何真实的事物完全符合的形象。列宁说过："智慧（人的）对待个别事物，对个别事物的摹写（＝概念），不是简单的、直接的、照镜子那样死板的动作，而是复杂的、二重化的、曲折的、有可能使幻想脱离生活的活动；不仅如此，它还有可能使抽象的概念、观念向幻想（最后＝神）（而且是不知不觉的，人们意识不到的转变）转变。因为即使在最简单的概括中，在最基本的一般概念（一般'桌子'）中都有一定成分的幻想。"①正因为这样，所以在某种情况下（例如由于艺术家的造形），使成为一些不和任何真实的事物或现象完全符合的形象。但是另一方面，我们也要知道，这些形象虽然不和任何真实的事物或现象完全符合，但都是真实的事物或现象及其属性的一定反映。没有这些事物或现象在人们意识中的正确的或错误的反映，那么，这些形象的产生就是不可能的了。

二

前面已经说过，词义所代表的其实不是某种事物或现象，而是这些

---

① 《哲学笔记》，《列宁全集》第38卷，人民出版社1959年，第421页。

事物或现象在人们意识中的一定反映。这种反映就构成我们所说的概念。一切概念都是一种概括的、一般的东西。列宁说过："任何词（言语）都已经是在概括。"又说："感觉表明实在；思想和词表明一般的东西。"①词义所代表的就是这种一般的东西。世界上有千千万万的人，而"人"这个词所表明的不是这个或那个具体的人，而是一般的人。因此"人"这个词的意义所代表的就是"人"这个概念。概念有真实的，也有虚假的。"人、马、房子、桌子、物质、理智"这些词所表达的都是真实的概念，而像"上帝、魔鬼、报应、轮回"这些词所表达的却都是虚假的概念。虚假的概念是由人们的思维歪曲反映客观现实造成的。有些科学上的概念是否真实，往往要通过人们的全部社会实践来加以检验。

　　词义和概念直接发生联系，而不是和概念所反映的事物或现象直接发生联系。这本来是一个无可否认的事实。可是有些语言学家却利用这一点来对语言的意义任意加以歪曲。例如奥格登（C. K. Ogden）和瑞恰慈（J. A. Richards）在他们所著的《意义的意义》（*Meaning of Meaning*）一书中说："词实际上是思想的符号，而不是事物的符号。"这是什么意思呢？他的目的不是要说明词义和客观事物虽然没有直接的联系，可是有间接的联系，而是要把概念和客观现实割裂开来。在他们看来，语言的表达中普遍存在着主观因素，这些主观因素妨碍语言反映客观真理。菲尔勃里克（E. A. Philbrick）在《通晓英语——语义学引论》（*Understanding English : An Introduction to Semantics*）中特别指出，语言中有许多"偏颇的词"（bias words），"把人引入歧途的短语"（betraying phrases）。这可以证明语言在反映客观现实上有严重的缺陷，也就是说，语言不能正确地反映客观现实。他们就是要这样歪曲事实，为抹杀客观真理寻找借口的。

　　词义和概念有直接的联系，可见它们之间的关系是很密切的；但它们不是同一的东西。词义和概念的相互关系问题，是跟语言和思维的相互关系问题紧密地联系在一起的。马克思列宁主义哲学认为语言和思维有不可分割的联系，但它们不是同一的东西；同样，语义和概念虽

---

① 《哲学笔记》，《列宁全集》第 38 卷，人民出版社 1959 年，第 303 页。

然有极其密切的联系,但它们毕竟是有区别的。

词义和概念的区别主要表现在以下三方面:

第一,概念是一种思维的形式。它是有感觉、知觉、表象概括而成的。概念必须有语言材料为其表现形式。但是同一个概念有时可以用一个词来表示,有时也可以用一个词组来表示。例如汉语的"考虑"有时可以说成"予以考虑";英语的 serve(服务)有时也可以说成"render service"。概念是相同的,但是我们很难说这些词和词组的意义都是完全一样的。可见概念和词义的关系并不完全是一对一的。

第二,概念是单一性的,而词义却往往有各种表情色彩。例如汉语的"死"和"逝世"表示同一个概念,而"死"有中立的修辞色彩,"逝世"有庄严的修辞色彩;"父亲"和"爸爸"也表示同一个概念,而"父亲"是一般的说法,而"爸爸"却带有亲昵的意味。

第三,概念属于思维形式的范畴,它是逻辑学上的一个术语;词义属于语言的范畴,它是语言学上的一个术语。它们的本质和特征都是各不相同的。

词义和概念属于不同的范畴。这就是它们的最基本的区别。我们研究词义时,一方面固然不能忽视词义和概念的联系,因为词义是以概念为基础的;但是另一方面也应该知道词义并不就等于概念,因为词义是以某种语言系统的手段来体现概念的。词义固然与概念有极其密切的联系,但语言毕竟是人们的交际工具,它有它自己的专门特点和发展规律。如果我们只就概念、概念的性质等方面去考虑词义,那就会混淆了作为语义学研究对象的词义和作为逻辑学研究对象的概念之间的界限。

三

研究词义及其演变的规律是语义学的任务,其中牵涉的问题很多,我们不准备在这里多谈。现在只想就词义和概念的关系这方面谈谈词义的几个类型。

大家知道,在每种语言中,全部词义构成一个系统,我们可以管它叫"词义系统"。每个词都有固定的意义,但它绝不是脱离那语言的词义系统而孤立地表示意义,而是作为词义系统的一个有机组成部分来表示意义的。

在一种语言的整个词义系统中,最容易分出的是那些直接的指名意义。各种词的直接的指名意义是直接指向现实中各种事物、现象、行为、性质等等的,并且同时反映出有关社会对这些事物、现象、行为、性质等等的理解。这些词的直接指名意义就是有关词的其他意义和用法的基础。

词的直接指名意义可以分基本的和派生的两种。

词(尤其是基本词汇中的词)的基本的直接指名意义在语言中是非常稳固的。它们的使用范围和联系范围大致和现实中各种事物、现象、行为、性质等的相当,例如:"树、树叶、树枝、树根……","喝、喝茶、喝酒、喝水……","红、红花、红叶、红纸……"等等。

一个词可能有不只一个基本的直接指名意义。例如"杜鹃"可以指一种花,也可以指一种鸟;"词"可以指文学中的一种文体,如"诗词",也可以指语言中的一种单位,如"词句"。这些都是语言中的同音异义词。

派生的直接指名意义是由基本的直接指名意义派生出来的。由于现实中的各种事物或现象有许多特征是相同或相近似的,所以人们常把表示某一事物或现象的概念的词用来表示另一事物或现象的概念。例如,"口"本来指人体的一种器官,是食物的进口处,根据这一点,于是一条街道的进口处叫做"街口",一口井的进口处也叫做"井口"。"脚"本来指人或其他动物的下肢,把这个意义加以引申,于是山有"山脚",墙也有"墙脚"。所有这些原有的意义叫做基本意义,由基本意义派生出来的意义都叫做派生意义。

派生意义的产生可以使一个词成为多义词或词素。多义词和同音异义词都是用一个词,表示几个意义,但是它们的性质不同。多义词的各个意义之间是互有联系的,而同音异义词的各个意义之间却没有这种联系。

词的派生意义和词的比喻用法都是以词的基本意义为基础的,但它们的性质也不相同。词的派生意义是得到社会公认,并且在语言中已固定下来的，而词的比喻用法则不然。例如王安石的《木末诗》："缲成白雪桑重绿，割尽黄云稻正青。"用"白雪"来指"丝"，"黄云"来指"麦"，这些都是暂时的比喻用法，我们不能说"白雪"就是"丝"的意思，"黄云"就是"麦"的意思。

除基本的直接指名意义和派生的直接指名意义之外，每个词还可能有一系列的同义词。这些同义词在意义上或用法上都带有一些细微的不同色彩。例如"生日、寿辰、诞辰"在某一方面都具有相同的意义，可是"生日"用于一般的场合，具有中立的修辞色彩；"寿辰"和"诞辰"用于庄严的场合，具有庄严的修辞色彩，而且"寿辰"只用于年纪大的人，"诞辰"只用于所尊敬的人，各不相同。这些同义词往往都没有直接的指名意义。它们不是直接表示自己的基本意义，而是通过它们在语义上的"核心词"来表示它们的基本意义的。因此这些同义词的意义绝大多数都不直接指向现实。它们的"核心词"的直接指名意义才是直接指向现实的。它们的意义范围常受到一定的限制。

此外，还有一种习用范围上受限制的意义。大家知道，任何语言都是随着时代而起变化的。经过历史的演变，有些词的意义不断发生变化，它们原有的意义只有在某些复合词或固定词组中才被保存下来。于是这些词语在现代语言系统中就失去了它们所原有的直接指名意义，我们要通过用同义词代替的办法才能把它们分辨出来。例如"落"在古代汉语中原有"始"的意义。《尔雅·释诂》："初、哉、首、基、肇、祖、元、胎、俶、落、权舆，始也。"这个意义在现代汉语中已经消失，但是在像"落成"或"落成典礼"这样的复合词或词组中还保存着。"落"的这个意义在现代汉语中决不是它的一般的直接指名意义，而是要受它的习用范围限制的。

词的这种习用范围上受限制的意义往往见于各种各样的成语。例如"兵"在古代汉语原是"兵器"的意思。这个意义在现代汉语中已经消失，但是在"坚甲利兵"这个成语中还可以找到。"兵"的这个意义也是要受习用范围限制的。

习用范围上受限制的意义也有来自各地方言的。例如"打他一记耳光"，"一记"就是"一下"的意思，它来自上海方言。但是"一记"的这个特殊的意义只限于这个熟语，在其他地方不能随便使用。所以这个意义也是要受习用范围限制的。

另有一种意义是在句法作用上受限制的。例如在古代汉语，一个词在句法作用上变了，它的意义也常常跟着改变。例如"妻"原是"妻子"的意思，而《论语》"以其子妻之"的"妻"却是"嫁"的意思；"惧"原是"害怕"的意思，而《老子》"民不畏死，奈何以死惧之"的"惧"却是"恐吓"的意思。这样的意义也是要受它的句法作用限制的。

再有一种意义是要受它的搭配方式限制的。同一个词，它的搭配方式不同，因此它的意义也跟着改变。例如"禁"原有"禁止"的意思，而跟否定词"不"搭配成为"不禁"或"禁不住"，却有"不能制止"的意思，如"情不自禁"、"禁不住放声大哭"等等。这些都是受它的搭配方式限制的。

汉语里有些动词和形容词常跟"于"搭配而表示一种特殊的意义，如"急于、乐于、懔于、怵于、有利于、有助于"等等。没有这个"于"字搭配，这种意义是表达不出来的。有的因为习用已久，如"至于、对于、关于"等等，实际上已经变成介词了。

以上我们分析了好几种词义，有的是不受任何限制的，我们可以叫做自由意义，有的是受意义范围、习用范围、句法作用或搭配方式限制的，都可以叫做非自由意义。所有这些意义中，只有自由意义是直接指向客观现实的，其他各种意义都要通过有关"核心词"的直接指名意义才能指向客观现实。概念可以做自由的直接指名意义的基础，可是在某一具体语言中，随着社会的发展，已经按照它的内部发展规律，在这些人类所共有的概念周围，积聚了各种各样为该民族所创造的细微色彩和独特形式。所有这些，我们都要密切联系社会发展的历史去进行研究，才能得到正确的认识。

原载《中国语文》，1961年，第5期。后载入《语言学学习与研究》，中州书画社，1983年8月。

关于汉语构词法的几个问题

汉语构词法在目前是一个非常重要的问题。它不仅牵涉到语法研究的问题,而且牵涉到汉字改革拼音文字书写的问题。近年来大家在这方面做了许多研究工作,解决了不少问题,但是无可否认也还或多或少存在着一些疑问。我现在想就这些疑问提出一些个人的看法,一方面希望能给大家做个参考,另一方面也想趁这个机会向大家请教。

一、汉语里有没有构词法和构形法

就一般理论来说,形态学(词法)是研究词的构成和词形变化的一种学问,其中应该包括构词法和构形法两部分。构词法是研究怎样由一个词根加上各种成分来构成不同的词的,所表示的是词汇意义;构形法是研究怎样把词形加以变化的,所表示的是语法意义。在西方语言里,这两部分的区别是非常明显的。汉语里有表示词汇意义的构词法,例如怎样就"读"这个词根加上"者"这个后缀构成"读者",怎样就"机械"这个词根加上"化"这个后缀构成"机械化"等等,现在是很少有人怀疑的了。但是除此之外,现代汉语的词有没有表示不同语法意义的词形变化呢? 这一点可就直到现在还有各种不同的看法。

依我看来,现代汉语不仅有构词形式,而且有词形变化形式。例如"我们"、"你们"、"他们"、"同志们"等的"们",都是表示代词和一部分与人有关的名词的复数的;"看过"的"过","看了"的"了","看着"的"着"以至"看起来"的"起来","干下去"的"下去","想来想去"的"来"和"去","表白表白"的第二个"表白","温习温习"的第二个"温习"等等,都是表示动词的各种"时"和"体"(又称"情貌")的附加成分。这些都是表示不同语法意义的词形变化。

当然,汉语的这些词形变化跟西方许多屈折语的词形变化是不相同的。比方英语动词后面加个 s 可以表示"人称"、"数"、"时"几种语法意义;俄语的名词同一个词根可以加上各种词尾表示不同的"格"。汉语里显然没有这种词形变化。汉语的词形变化颇近于黏着语(例如蒙古语或土耳其语)的词尾,一个形式只表示一种语法意义,并且它的使用范围是有限制的。例如我们可以说"学生们",但是不能说"三个学生们"或者"许多学生们",前面有了表示复数的词语就得把这词尾"们"去掉。这些都是汉语所特有的现象。

此外还有一点。现代汉语的有些词尾,如"的"、"地"等等,它们可以加在一个词的后面,也可以加在一个词组或句子的后面,其功能是相同的,因此有人认为这些只能算是"助词",而不是词尾。无可否认,汉语里确有这种现象。但是,另一方面,我们也要知道,许多语言的词尾都是由实词或其他虚词发展而来的,只要它加在一个词的后面,互相结合得很紧,能够表示一定的语法意义,我们就有权利把它叫做词尾,其他加在词组或句子后面的,与其不分青红皂白笼统地叫做"助词",不如按照它们的功能叫做介词或其他虚词。同一个成分,在某种情况下已经发展成为词尾;在另一种情况下仍然是介词或其他虚词,其间并不存在什么矛盾。[①]

在这里我还想指出一点:任何语言的成分都是不断地起变化的。例如现代汉语的"们"这个词尾,很可能是从古代汉语的"辈"发展来的。古代汉语的"吾"、"尔"等没有单复数的分别,有时后面加上一个"辈"(或"侪",或"曹",或"等")只表示类及的意思,而没有表示复数的功能,因为没有这个词,"吾"、"尔"等同样可以表示单数或复数。[②] 可是到了现代汉语,"们"却成了复数代词所必不可少的词尾(只有带文言成分的"我国"、"你校"等是例外)。这一点,我们是要分别清楚的。

---

① 正如俄语 в(在……内)是介词,而 входить(进内)的 в-,是前缀,不能因为 в 是介词而否认 входить 的 в-是前缀。这种例子,在西方语言里是很常见的。

② 例如《论语·公冶长》"赐也,非尔所及也"的"尔"表示单数,《述而》"二三子,以我为隐乎?吾无隐乎尔"的"乎"表示复数。这样的例子可以举出许多来。

二、形态构词法和"造句"构词法

构词法和构形法是两个不同的概念,我们研究词汇学和语法学的时候应该分别处理。现在专来谈一谈构词法。

构词法,我们可以把它分成形态构词法和"造句"构词法两大类("造句"在这里应该理解为"组合"的意思)。

什么叫做形态构词法呢?那就是就一个词根加上各个形态词素,即词缀,如前缀、后缀、中缀等构成不同的词的,例如"第一"、"初三"、"老虎"等都是加前缀的,"桌子"、"亮儿"、"石头"等都是加后缀的,"非本质的"、"无条件地"等都是既加前缀,又加后缀的,如此等等。这一类词我们都叫做派生词。它们跟许多单纯的词如"天"、"地"、"人"、"蝴蝶"、"玫瑰"等显然是不同的。

什么叫做"造句"构词法呢?那就是利用"造句"的手段把两个或两个以上的词根结合起来构成不同的词的,如"意义"、"是非"、"铁路"、"香蕉"、"扩大"、"缩小"、"头痛"、"眼红"、"动员"、"出差"、"收音机"、"写字台"等等。这一类词我们都叫做复合词。

复合词和词组甚至句子有许多很相近似的地方,其中成分有些是有并列关系的,如"意义"、"是非"等等;有些是有修饰和被修饰的关系的,如"铁路"、"香蕉"等等;有些是有动补关系的,如"扩大"、"缩小"等等;有些是有主谓关系的,如"眼红"、"头痛"等等;有些是有动宾关系的,如"动员"、"出差"等等;也有一些是有混合的关系的,如"收音机"和"写字台"等既有动宾关系,又有修饰和被修饰的关系。但是它们跟词组或句子的性质不同,因为在这些词里面,各个成分已经结合得很紧,失去了单词的作用而变成词素了。

三、词与非词,复合词与词组的界限

在一种语言里,什么是词,什么不是词,什么是复合词,什么是词组,其间的界限有时是相当难定的。但是假如我们明白了上面所说的几个原则,那也不是完全没有标准的。

在汉语里,许多单纯的词或非派生词,如"天"、"地"、"人"、"树"、"蝴蝶"、"蜘蛛"、"玫瑰"、"茉莉"等等,无论是单音的或复音的,所表示的都是单纯的意义,在造句法上是可以独立运用的,所以都应该认为是词。这是不会发生什么问题的。

在有词形变化的各个词中,词形变化的形式只表示各该词的语法意义。这些形式不是词,也不必与各该词结合起来构成独立的词,只是用来说明它的某种用法。例如在"学生们"里,"学生"是词,"们"不是词,"学生们"也不能看做一个独立的词,"们"只是用来说明"学生"的某种用法。在"表白表白"里,"表白"是词,"表白表白"不是词,也不是词组,第二个"表白"只是用来说明第一个"表白"的某种用法。

在派生词中,词根可以构成词,前缀、后缀等一般不能构成独立的词,它们要和词根结合起来构成另一个词。

在复合词中,各个词素不能独立运用,要结合起来才能构成一个词,如"木房"(试比较"木头房子")。有些词素虽然可以独立运用,但是结合起来意思改变了的,也只能算是复合词,如"水手"。

有些可以独立运用的词结合起来意思没有改变,应该算是复合词还是词组呢?这在各种语言里处理的方法是不同的。例如"斯达汉诺夫运动"和"斯大林奖金获得者",德语把它们写成 Stachanowbewegung 和 Stalinpreisträger,认为是复合词,英语却写成 Stakhanov movement 和 Stalin prize-winner,认为是词组,这一点往往决定于他们的传统习惯。我们用方块汉字书写,没有把词分写的习惯,将来采用拼音文字的时候,我认为可以把它们写成词组。至于像"中华人民共和国"这一类很长的词,也不妨当作固定词组分别写成三个词。

四、一个词的各个词素间是否可以拆开或省略的问题

我们在上面,除单纯的非派生词以外,还谈到了三个类型的词:有些是于词干之外加上表示语法意义的词形变化形式的,有些是于词根之外加上前缀、后缀来构成派生词的,有些是把不同的词根结合起来构

成复合词的。这些不同的成分我们都叫做词素。一个词的各个词素之间是否可以拆开而仍然是一个词呢？大家对这个问题可以有各种不同的看法。

有些人认为一个词的各个词素之间不能拆开，能够拆开的就不只是一个词。

可是这是为的什么呢？他们的很自然的回答就是，因为英语和俄语里没有把一个词的词素拆开的。

我们研究各种语言的时候，我个人并不反对把不同的语言加以对比，从而找出它们之间的相同点和相异点，但是我不同意拿某些语言做标准而抹杀了另一些语言的特点。

无可否认，英语和俄语，一般地说来，是没有把一个词的各个词素拆开的，但是这不能证明任何语言的词的词素都是不能拆开的。

就我所知，德语有许多动词就是常常把一个词的词素拆开的，有些拆开后，连它们的位置也改变了，有些并且于它们中间插入其他的成分来表示某种特殊的语法意义。例如 aufstehen 是"站起来"的意思，它是一个由前缀 auf 和词根 stehen 构成的派生词。这个词的不定式是 aufzustehen，要在前缀和词根之间插入一个虚词 zu。用这个词说"我站起来"是 ich stehe auf，不仅前缀和词根拆开了，连它们的位置也调动了；"我已经站起来了"是 ich bin aufgestanden，前缀和已经起变化的词根之间又插入了一个 ge。aufstehen 尽管有这种种变化，但是并不妨碍它是一个词。

现在汉语里有没有类似这样的现象呢？我看是有的，例如"看见"、"听到"、"想起来"、"干下去"等等，我们都可以在各个词素之间插入一个"得"或"不"变成"看得见"、"看不见"、"听得到"、"听不到"、"想得起来"、"想不起来"、"干得下去"、"干不下去"等等来改变它们的语气。我们不能说这样一来它们就不是一个词。"洗澡"是一个词，我们不能因为可以说成"洗了一个澡"或者"洗了一个痛痛快快的澡"就否认它是一个词。[①] 同伴，"黑的"是一个词，我们也不能因为可以说成"黑咕隆咚

---

① 在现代汉语里，"澡"是不能独立运用的，只能说成"洗澡"或"澡堂"等等。

的"，就说它不是一个词，如此等等。

为了证明现代汉语的"们"不是词尾，曾有人举出"北京大学的学生和老师们"做例子，认为这句话的最后六个汉字用拉丁字母拼写只能写成 shiuesheng ho laush men，①而不能写成 shiuesheng ho laushmen，因为这样容易令人误会北京大学只有一个学生，可是有很多老师。其实，这段话假如是指北京大学的许多学生和许多老师，也不是没有办法表示的。德文中凡遇到有两个词的后一个词素相同的，就常把第一个词的后一词素省略而用一个短横来表示。例如德语"文学"叫做Literaturwissenschaft，"语言学"叫做 Sprachwissenschaft，可是"文学和语言学"却写成 Literatur- und Sprachwissenschaft。假如上面所说的"学生和老师们"确实是指许多学生和许多老师，我们为什么不也可以写成 shiuesheng-ho laushmen 呢②？

末了，我同意许多先生所说的各种不同的语言中有许多不同的地方。但是作为人类的语言，我们也得承认，它们之间也必有许多类似的地方。这就是语言学里面对比研究法之所以能够成立的理由。可是我们研究一种语言的时候，如果要从其他语言里找根据，那必须从多方面去联系。若只拿一两种语言的现象做标准去判断另一种语言，那是难免要闹出笑话的。

原载《中国语文》1956 年 12 月号。后载入《语言学学习与研究》，中州书画社，1983 年 8 月。

---

① 用《汉语拼音方案》的字母应该写成 xuesheng he laoshi men。

② 曾有人举出"他哭笑了一阵"和"他就这么天天的吃喝着"做例子来否定"了"和"着"是词尾，情况也与此相同。

语法理论基本知识

一、语法、语法的种类

语法这个术语,在语言学上有两种意义:一是指某种语言的语法构造,二是指语法科学。

任何语言都有它的语法构造。斯大林说:"语言是手段、工具,人们利用它来彼此交际,交流思想,达到互相了解。"[①]要达到这个目的,只有词是不够的。词只表示个别的概念。它好像建筑业中的建筑材料,虽然是建筑房屋所必不可少的,但只有建筑材料并不等于有了房屋。我们有了词,还要依照各种语言所特有的规则给以确定的形式,即词的变化,或加以特别的词(前置词、后置词、连词等),把各个词或各个句子联系起来,这样才能表达明确的、完备的思想。"当语言的词汇受着语言语法的支配的时候,就会获得极大的意义。"[②]因此,任何语言不但要有词,而且要有语法。"语法规定词的变化规则,词组合成句的规则,这样就赋予语言一种有条理、有含义的性质。"[③]

"语法(词法、句法)是词的变化规则和句中词的组合的规则的汇集。"[④]它是各种语言的语法构造的科学研究的结果。概括性就是它的特点。"语法的特点在于,它得出词的变化的规则,而这不是指具体的词,而是指没有任何具体性的一般的词;它得出造句的规则,而这不是指某些具体的句子,例如具体的主语、具体的谓语等等,而是指任何的句子,不管某个句子的具体形式如何。因此语法从词和句的个别和具体的东西中抽象出来,研究作为词的变化和句中词的组合的基础的一

---

①②③　斯大林《马克思主义和语言学问题》,《斯大林选集》下卷,第 501 页。

④　同上,第 515—516 页。

般的东西,并且以此构成语法规则、语法规律。"①例如汉语"张三给我一本书","我给李四两管笔","王先生给我的弟弟一个苹果",在这些句子里,谁给谁什么东西都不关重要,在语法上重要的是用怎样的格式把它表达出来。在这一方面,语法很像几何学。"几何学从具体对象中抽象出来,把各种对象看成没有具体性的物体,从而得出自己的定理,它所规定的不是某些具体对象之间的具体关系,而是没有任何具体性的一般物体之间的相互关系。"②

　　语法可以是历史的、比较的或描写的。历史语法研究各种语言语法构造的发展(例如汉语的历史语法、英语的历史语法、俄语的历史语法等等)。比较语法用比较的方法研究各种亲属语言的语法构造中的历史现象,并进一步探讨各种亲属语言(如汉藏系语、印欧系语等)的产生和发展的历史过程。此外,我们对于一种语言的语法构造,也可以就它发展中的某一时期来加以研究,不必顾到它在语言发展的历史中或与各亲属语言的语法构造的关系中占怎样的地位。这就是描写语法。描写语法对于历史语法是不可少的出发点,所以在科学上是正当的。但是必须指出,对于语言的语法构造做分析研究,必须同时采用历史方法;忽视了它的历史发展,那么,对于现存语法体系中的某些现象就无法加以适当的估量。现代的描写语法,因为已有历史语法存在,它跟没有历史语法时期(即科学前时期)的那些描写语法(如语文学语法和唯理语法)自然有本质上的不同。科学前时期的描写语法只研究书面语言,现代科学的描写语法研究书面语言,也研究非书面语言。其次,科学前时期的描写语法研究书面语言缺乏历史观点,目的只在建立"其然"和"其所当然";现代科学的描写语法同时采用历史方法,目的是要理解"其然"和"其所以然",并正确地判断文学语言里面各种现象纷歧的原因,保证有可能对这些问题做最适当的解决。此外,在科学前时期,语言学各部门的性质及其相互关系还没有弄清楚;现代科学的描写语法,由于语言学建立了新的部门,它的内容就与以前不大相同。总起来说,现代科学的描写语法,无论按研究的对象说,按观点或内容说,都

①②　斯大林《马克思主义和语言学问题》,《斯大林选集》下卷,第516页。

与科学前的描写语法有本质上的差别。

二、形态单位及其表现方式

我们普通说话总是以句子做单位的。一个句子里词与词之间就建立起各种关系。为了表示这些关系,各种语言都有它的一套特殊的办法。比方我们说"鸟飞","鸟"与"飞"都各自代表具体的概念,也就是我们所称的词。在这个句子里,"鸟"与"飞"这两个词就建立起一种关系——主体和动作的关系。汉语表示这种关系的办法是用词序,即"鸟"必须放在"飞"之前,"飞"必须放在"鸟"之后,否则这种关系就表示不出来。同是这个句子,俄语是 Птѝца летит,英语是 A bird flies 或 The bird flies。在俄语里,Птѝца 要用单数主格的形式,летит 要用现在时、单数、第三人称的形式;在英语里,除冠词 a 或 the 之外,bird 要用单数的形式,flies 要用现在时、单数、第三人称的形式,都要经过一定的词形变化。这种用来表示同一句子里词与词之间的关系的词形变化都叫做形态单位。

形态单位这个概念,就语法方面说,专指那些用来表示同一句子里词与词之间的关系的词形变化,如俄语的 рук-á(手,单数、主格)、рук-ѝ(手,复数、主格)、читá-ть(读,不定式)、чита-ю(我读)、читá-ешь(你读)、читá-ет(他读);英语的 hand-s(手,复数)、look-ed(看,过去时)、look-ing(看,进行式);汉语的"朋友—们"、"看—着"、"来—了",等等。但是这个术语的真正意义还不止此。它应该包括一切词的构成部分,如前辍(又称前加部分)、词根、中缀(又称中加部分)、后缀(又称后加部分)和词尾等等。例如俄语的 перелéски(小树林)这个词就含有前缀 пере-,词根 лес,后缀-к 和词尾-и 四部分;英语的 mistrustfully(不信任地)含有前辍 mis-,词根 trust,后缀 ful 和词尾-ly 四部分;汉语的"无条件地",含有前缀"无",词根"条件"和词尾"地"三部分。这些都是形态单位。其中表示句子中词与词之间的关系的只有词尾这一部分,其余的都是表示词的基本意义或用来构成新词的成分。换句话说,形态单位不只可以表示语法意义,而且可以表示词汇意义。

在一个句子里,词的次序(即词序)和虚词(如前置词、后置词和连词等等)算不算是形态单位呢?各家对这一点的看法很不一致。有些人把形态单位跟语法形式看做同一样东西。词序和虚词既然也是用来表示一个句子里词与词之间的关系的,所以应该算是形态单位。但是若照我们上面所说,形态单位只指词的变化形式和词的构成部分,那么词序就不应该属于形态学(词法)的范围;虚词属词之一种,本身没有变化,也应该属于词汇学的范围,可是它们与语法都有极其密切的关系。我们可以把它们叫做语法形式,但不是形态单位。

各种语言的形态单位表现方式各不相同。主要有以下五种:

(一) 词根 即表示词的基本意义的部分,又称词根形态单位。

(二) 词缀 又称附加部分,即在词根之外加上来表示不同意义或语法关系的部分。计分以下四种:

1. 前缀 又称前加部分,即附加在词根前面的部分,如英语reconstruction(重建)的 re-,impossible(不可能的)的 im-;俄语безгопóсый(无声的)的 без-,написал(写完了)的 на-;汉语"无条件地"的"无","反科学的"的"反","第一"、"第二"等的"第"。

2. 中缀 又称中加部分,即附加在词根中间的部分,如西藏语kazgur 是"驼背"的意思,加中辍-sa-成 ka-sa-zgur 是"弄弯"的意思;满洲语 alhombi 是"小心"的意思,加中缀-so-成 alho-so-mbi 是"谨慎"的意思。

3. 后缀 又称后加部分,即附加在词根后面的部分,如英语teacher(教师)的-er,ceaseless(不停)的-less;俄语 домик(小房子)的-ик,учйтель(教师)的-тель;汉语"作家"、"画家"的"家","人民性"、"稳固性"的"性"等。

4. 词尾 即词的最后的可变的部分,如英语teacher's(教师的)的's,looked(看,过去时)的-ed;俄语 стола(桌子,单数、主格)的-a,читаю(我读)的-ю;汉语"同志们"的"们","来了"的"了"等等。

(三) 内部屈折 指词根中元音或辅音的交替变换。元音起变化的如英语的 foot(脚,单数)-feet(脚,复数),goose(鹅,单数)-geese(鹅,复数),see(看,现在时)-saw(看,过去时)-seen(看,过去分词);辅音起

变化的如俄语 избегáть（避免，未完成体）-избежáть（避免，完成体）。

（四）重音和声调　在有些语言里，重音和声调也可以用来做形态单位。例如英语的 contrast（对照，对比），第一个音节念重音时是名词，第二个音节念重音时是动词；俄语的 сбегáть（跑开）第二个音节念重音是未完成体，сбéгать（跑一趟）第一个音节念重音是完成体。古代汉语的"春风风人"、"夏雨雨人"、"解衣衣我"、"推食食我"，其中两个词相同的，上一个是名词，下一个是动词，声调不同。

（五）词根重叠　有些语言还用词根重叠来做形态单位，表示不同的语法意义，如汉语的"天天"、"人人"、"高高兴兴"、"高兴高兴"等。马来语的 orang 原是"人"的意思，而 orang-orang 是"人们"的意思，用词根重叠表示复数。

（六）异根同义词　此外，还有些语言是用异根同义词来表示不同的语法意义的，例如俄语的 челóвек（人）表示单数，лю́ди（人们）表示复数；говори́ть（说话）表示未完成体，сказáть（说过）表示完成体。那已经是两个完全不同的词了。

总起来说，形态单位是表示词的最小意义的组成部分。它不只是指表示语法关系的词形变化，而且指一切词的构成形式，表示语法关系的也并不限于形态单位，有些语言，例如汉语，并且广泛采用词序和虚词，但是与词的构成和词形变化无关，不属于形态学（词法）的范围。各种语言的语法构造各有它的特点，因此它们的形态单位也就各不相同。

三、形态学和构词法

形态学这个术语有两个意义：一是指语言中在历史上形成的词形变化系统；一是指研究语法科学中词形变化的系统，即指研究词的构造和词形变化的那个部门。它与造句法同是语法中的两个重要部门，其间有非常密切的联系，但又各不相同，因为形态学的范围只限于研究词的构造和词形变化；至于如何用词构成句子或词组，那就属于造句法的范围了。

形态学的基本概念就是语法形式、语法意义和语法范畴。在语言学中,各家给语法形式下的定义是不同的。它通常是指语法意义的外部表现法。词的语法形式就是指某一具体形式中表示一定语法意义的部分,如词尾、前缀或词根的内部屈折,但也可以指整个词,如虚词、以及词序。

我们在上面已经简单地讲过了形态单位,其中包括词根、前缀、中缀、后缀和词尾等等。研究由一个词根构成不同的词的方法叫做构词法。各语言学家对于构词法在语言学中的地位存在着不同的看法。有的认为构词法是研究构成新词,丰富语言词汇的方法的,所以应该属于词汇学的一部分。应该承认,构词法是语言学中在语法学和词汇学之间占有特殊地位的一个部门。它不仅与词汇学有关,而且跟语法学或形态学也有密切联系,因为我们研究构造新词就要同时研究表示不同语法意义的形态单位。形态单位可以用来表示不同的词汇意义,例如俄语的 дом(房子)—дóм-ик(小房子),汉语的"化学"—"化学-家";也可以用来表示不同的语法意义,例如俄语的 дом(房子,单数、主格)—дóм-а(房子,单数、属格),汉语的"朋友"(单数)—"朋友-们"(复数)等等。前一种由同一种词根构成不同的词的叫做构词法形式,后一种由一个词根构成表示不同语法意义的形式的叫做构形法形式。划清构词法形式和构形法形式的界限,对于任何语言来说都是非常重要的。

形态单位的类型,一般地说来,在各种语言中的差别是不大的。语法中主要的区别是在于:在有些语言中,词与词间的关系和词的各种用法,多用词的内部屈折和各种词缀来表示。有些却用各种附加部分、虚词和词序来表示;有些语言表示词汇意义的部分和表示语法意义的部分结合起来构成一个一个的词,有些却分开来构成个别的词。我们试拿俄语的 книга 和汉语的"书"来比较。这两个词都表示同一个概念"书",可是俄语的 книга 不只有词汇意义即实际意义,而且有表示阴性、单数和主格等的语法意义。换句话说,俄语的 книга 含有词根 книг-和词尾-а 两部分,词根表示词汇意义,词尾表示语法意义,这两部分结合起来构成一个词。而汉语的"书"却只有词汇意义,没有语法意义,要表示它的语法关系要靠它在句子中的次序和其他词的帮助,如

"我有一本书"，"我有许多书"，"这本书是我的"等等。

语言中表示词汇意义的部分和表示语法意义的部分结合成词的，以欧洲一些古代的语言和阿拉伯语为最典型。例如拉丁语的 ros-a（玫瑰，阴性、单数、主格），am-o（我爱，第一人称、单数、现在时），其中表示词汇意义的词根 ros- 和 am- 必须跟表示语法意义的词尾-a 和-o 结合起来才能构成一个词。阿拉伯语的 kataba（他从前写，第三人称、阳性、单数、过去时），katabat（她从前写，第三人称、阴性、单数、过去时），katib（写者，即作家），kitab（被写者，即书），其中表示词汇意义的只有 k-t-b 几个辅音，其他元音和辅音都是用来表示语法意义的。这两部分要结合起来才能构成一个词，不能分离。

汉语绝大多数的词都只有表示词汇意义的部分而没有表示语法意义的部分，如："天"、"地"、"人"、"树"、"蝴蝶"、"玫瑰"等等。现代汉语的构词法虽有一些前缀和后缀，如"第一"、"第二"的"第"，"初一"、"初二"的"初"，"老虎"、"老鼠"的"老"，"桌子"、"椅子"的"子"，"石头"、"苦头"的"头"，"花儿"、"亮儿"的"儿"等等，那都是表示词汇意义的，而不是表示语法意义的。只有"我们"、"孩子们"的"们"，"等着"、"看着"的"着"，"吃了"、"写了"的"了"，"吃过"、"看过"的"过"等，可以说是表示语法意义的词尾。但是这些附加部分和词根的结合都没有像拉丁语和阿拉伯语的那么紧密。

俄语中构造最复杂的词可以同时包括前缀、词根、后缀和词尾四部分，如 за-щи́т-ник-и（保卫者们）和 вы-дел-я́-ю（我分出）等等。其中前缀、词根、后缀大都表示词汇意义的不变部分，总起来构成词干；只有词尾-и 和-ю 是表示语法意义的可变部分。可见词尾的性质显然和其他部分不同。俄语的词表示语法意义的以词尾为主，但是有些前缀如 на-писа́ть（写完）的 на-，про-чита́ть（念完）的 про- 等也可以用来表示动词的体。

语言中的词有单纯词、派生词和复合词之分。单纯词是由单一个词根组成的，如上面所举汉语的"天"、"地"、"人"、"树"、"蝴蝶"、"玫瑰"等等。这一类词一般地说来都是语言中主要的词。有些词可以因意义的演变丧失了语义上的联系，由一个词变成了两个同音词，例如汉语的

"月"本来是"月亮"的意思,后来也可以用来指"一个月""两个月"的"月"。俄语的 месяц 也是一样。这种构词法我们可以管它叫"语义学构词法"。派生词是由一个词根加前缀或后缀等构成的,如上面所举汉语的"第一"、"初二"、"老虎"、"苦头"、"亮儿"、"化学家",俄语的 учи́тель(教师)、до́мик(小房子)、英语的 rebuild(再建)、writer(作家)等等。这一种词与形态学有密切联系,我们可以管它叫"形态学构词法"。复合词是由两个或两个以上的词结合构成的,但是它们的意义往往已起了一定变化。例如汉语的"黑板"是由"黑"和"板"构成的,但它所指的并不是一般黑色的板,而是指我们用来写字的"黑板"。同样,英语的 black-bird 是由 black(黑)和 bird(鸟)构成的,但它所指的也不是一般黑色的鸟,而是指一种善鸣的山鸟。其他如俄语的 морепла́вание(航海),мировоззре́ние(世界观)等也属复合词。这一类词常跟句法有关,我们可以管它叫"句法构词法"。

现代汉语的复合词很多,而且发展得很快。其构成方式主要有以下两种:

（一）并列结构 即把两个同义词或反义词并列起来构成。由同义词构成的如"事物"、"情况"、"喜欢"、"爱好"、"悲哀"等等;由反义词构成的如"是非"、"呼吸"、"买卖"、"开关"等等。这些词在整个复合词中的地位是平等的,它们之间只有一种并列关系。

（二）主从结构 即构成复合词的各个词中,有一个是主要的,另一个是从属的,其间关系又可以分为以下几类:

1. 修饰关系 即其中一个词是修饰另一个词的,例如"楼梯"、"铁路"、"电灯"、"电话"(名词修饰名词);"香蕉"、"臭虫"、"红枣"、"白果"(形容词修饰名词);"飞机"、"笑话"、"打手"、"绷带"(动词修饰名词);"难受"、"好看"、"畅销"、"迟到"(副词修饰动词)等等。

2. 支配关系 即其中一个词是受另一个词支配的,例如"办公"、"动员"、"投资"、"存款"、"出版"等等,支配的往往是表示动作的动词,被支配的是它的宾语。

3. 补充关系 即其中一个词是补充另一个词的意义的,例如"说明"、"改进"、"提高"、"降低"、"扩大"、"缩小"等等;被补充的往往是表示动作的动词,补充的是它的补语。

4. 表述关系 即其中一个词是表述另一个词的性质或特点的。例如"年轻"、"嘴硬"、"眼红"等等;被表述的往往是名词,表述的是形容词。

5. 混合关系 另外一些复合词是由两个以上的词构成的;其中有些有支配关系,对另一些来说又有修饰关系,例如"播音机"、"扩音器"、"办公厅"、"写字台"等等;另一些有补充关系,对另一些说来又有修饰关系,例如"放大镜"、"说明书"等等。

复合词的各个组成部分之间的关系,表面上看来好像是句法关系(参看第六节句法),其实本质不同,它们是由构词法的特性决定的。

复合词处在词和词组的分界线上。其中哪些是复合词,哪些是词组,往往存在可以争论的地方,各种语言的传统习惯也不尽相同。一般地说,这是跟音节的多少有关的。就汉语来说,在四个音节以上的往往把它看做词组,例如"语言学—教研室";四个音节和四个音节以下的往往看做复合词,例如"课堂讨论"。另一方面也要看词义的结合程度如何,例如"红花",假如是指一般红色的花,那只能说是由两个词构成的词组,两个词都念重音;但假如是指西藏特产的一种药材,那就是复合词,后一个成分要念轻音。

词组分固定词组和非固定词组两种。有些固定词组往往可以缩减为复合词,例如我们常说的"教研组"本来是由"教学研究指导组"缩减而成的,现在已经成了一个复合词。俄语的 профсоюз(工会)本来是由 професиона́льный союз 缩减成的,колхо́з(集体农庄)是由 коллекти́вное хозя́йство 缩减成的,现在都已分别成了复合词了。

四、语法范畴

语法范畴是语法学中的一个重要概念。语法范畴和语法形式的研究常占着语法学的中心地位。

什么叫做语法范畴呢?我们在上面说过,语言的形态单位有两种功用,即表示各种不同的词汇意义和语法意义。所谓语法意义,即语法关系的意思,其中包括句子里词与词之间的关系,说话内容对于时间的关系以及对于说话者的关系等等。就形态学方面说,凡用形态单位表达出来的各种不同语法关系的概括性的意义,就叫做语法范畴。

例如英语 The dog barks(狗吠)一句,barks 的-s 是一个表示语法意义的形态单位。它在这一句子里表示三种关系:(一)就所说及的事物对说话者来说,它是第三人称的;(二)就所说及的事物的数目来说,它是单数的;(三)就说话的内容对说话的时间来说,它是现在的。第三人称和第一人称、第二人称相配成为人称;单数和复数相配成为数;现在时和过去时、将来时等相配成为时间,而人称、数、时间都是英语动词的语法范畴。

又如俄语 книга брáта лежúт на столе(兄弟的书放在桌子上)一句,книга 的-a,брáта 的-a,和 столе 的-e 都是表示语法意义的形态单位。книга 的-a 表示阴性、单数、主格,брáта 的-a 表示阳性、单数、属格,столе 的-e 表阳性、单数、前置格(第六格)。阴性、阳性和中性相配成为性,单数和复数相配成为数,主格、属格、前置格、与格、宾格、造格相配成为格,而性、数、格都是俄语名词的语法范畴。

各种语言都有它自己所固有的、特殊的、可以作为它的特征的语法范畴。以上所举的这些语法范畴都是就形态学方面来说的,所以又叫做形态学的语法范畴。可是世界上各种语言的语法构造的类型是各种各样的。同一种语法关系,这种语言用形态单位来表示,另一种语言却可以用句法的手段来表示。就是在同一种语言里,各种语法关系的表达方式也不是完全相同的。例如说话内容对于时间的关系,就形态方面说,许多语言都只有现在时的形式和过去时的形式,如英语的 I love(我现在爱)和 I loved(我从前爱),将来时却要用辅助词加不定式动词来表示,如英语的 I shall love(我将来爱)。就这个意义上说,凡用语法形式,包括词的变化形式和用词造句的方法表达出来的各种语法关系的意义都可以叫做语法范畴。

一切语法范畴都是由各种语言的各个词的具体意义抽象出来的具有概括性的语法意义的总合。世界上各种语言总共有多少种语法范畴,现在还不很容易确定,因为有许多语言还有待研究。我们现在只能把几种最普通、最基本的提出来加以分析讨论。

（一）**格**　现代俄语的名词、形容词、代名词和数词都有格的语法范畴。每种分主格、属格、与格、宾格、造格和前置格等六个。每个格都有一定的形态单位把它表示出来，没有特殊的形态单位表示的叫零形态单位。英语的名词有主格、所有格和宾格三种，但实际上，主格和宾格并没有词形变化上的表示，只有一部分有生命的名词用's来表示所有格。代名词用特别的形式表示它们的格，如 I，my，me（我，第一人称，单数），you，your，you（你或你们，第二人称，单数或复数），he，his，him（他，第三人称，单数，阳性），she，her，her（她，第三人称，单数，阴性），it，its，it（它，第三人称，单数，中性），we，our，us（我们，第一人称，复数），they，their，them（他们，第三人称，复数）。德语的名词、形容词和代名词有主格、属格、与格和宾格四种，形态单位比较简单，有些要用冠词来区分。法语只有代名词有变格，只分主格、属格和宾格等三种，名词和形容词在形态上已经完全没有格的变化。

汉语的名词没有格的变化。古书中有时用"吾"做第一人称单数代名词的主格，"我"做宾格，如《论语》："如有复我者，则吾必在汶上矣。"（雍也）"如有用我者，吾其为东周乎？"（阳货）《庄子》："今者吾丧我。"用"汝"做第二人称单数代名词的主格，"尔"做属格，如《礼记·檀弓》："丧尔子，丧尔明，尔罪三也；而曰汝无罪欤？"因此有人认为古代汉语代名词有格的分别。①其实这也不是很严格的。据统计，《论语》一书中"吾"用做主格的有九十五次，属格的有十五次，宾格的有二十六次。"汝"、"尔"两个词的用法也很不一致。如果古代汉语的代名词真有格的分别，那么在同一书中不会有这样多的例外。第三人称代名词"其"用做属格，"之"用做宾格比较确定，而"彼"的用法也很不一致。我们至少可以说，古代汉语代名词的格在很早的时候就被破坏得很厉害。至于现代汉语的代名词在形态上已经完全没有格的分别了。

（二）**数**　许多现代的语言，关于数的语法范畴，都只有单数和复数两种。表示"一"的叫做单数，表示"一"以上的叫做复数。有些语言不只

---

① 参看高本汉《原始中国语为变化语说》，汉译文载《东方杂志》26 卷 5 期，1929 年。

名词、代名词有数的分别,形容词和动词也要和与它们有关的名词或代名词取得一致,例如俄语、德语、法语等都是这样。英语只名词、代名词和动词有数的分别,形容词已没有这种分别了。

古代印欧系语言,如梵语,除单数和复数外,还有一个双数,表示"二"的数目,希腊语的一部分名词和动词还保存着,但拉丁语已完全消失。古代俄语和波斯语都有双数,现代俄语已没有这种数。另外有些欧洲的古代语言,如高卢语,还有一个集体数,并且有特殊的形态把它表示出来。

古代汉语没有数的范畴。有些代名词和与人有关的名词有时可以用一些特殊的词如"辈"、"侪"、"等"等来表示复数,但那都是为了加重语气用的,不能算做语法形式。现代汉语的代名词用词尾"们"来表示复数。如"我们"、"你们"、"他们"等,指人的名词也用"们"表示复数,如"朋友们"、"同志们"等,但是如果前面有了表示复数的字眼就不能再用这个词尾,例如"三个朋友"不能说成"三个朋友们","诸位同志"不能说成"诸位同志们"。指示词用"些"表示复数,如"这些"、"那些"等等。

(三)性　欧洲的许多语言都有性的分别,有些分为阴、阳、中三性,有些只分阴、阳两性。俄语不独名词有性的分别,形容词、第三人称代名词、数词以及动词的过去时也有性的变化。俄语的性分阴、阳、中三种,每一种都有特殊的形态把它表示出来,但是也有一部分只能按照实际的性别来决定,例如 мужчина(男人)、пáпа(爸爸)、дя́дя(伯、叔)等形式上是阴性的,而实际上是阳性的。

英语的性也分阴、阳、中三种,但是实际上除第三人称单数代名词外,许多都已没有特殊的形态来表示。名词的性的表示有些用不同的词,如 dog(公狗)和 bitch(母狗)等;有些用特殊的加语,如 he-goat(公山羊)和 she-goat(母山羊),cock-sparrow(公麻雀)和 hen-sparrow(母麻雀)等,都不是真正的词形变化,只有少数名词如 actor(男演员)和 actress(女演员),author(男作家)和 authoress(女作家)等是用特殊词尾的,但这些都是从拉丁语或法语借来的。德语名词的性也分阴、阳、中三种,主要用冠词来区别,所以德语的冠词就叫做"性别词"。代名词的性用不同的形式来区别。法语只有阴性、阳性,而没有中性,虽没有生命的事物也必属于阴性或阳性。名词的性的区别主要在于词尾和冠词,如 la chaise(椅子)属阴性,le fauteuil(安乐椅)属阳性等。但也有一部分光从词的本身上是看不出它的性别的,例如 foie(肝)从形式上看应该是阴性的,而实属于阳性的;foi(信心)从形式上看应该是阳性的,实属于阴性;livre 可以是阴性的,也可以是阳性的,而意义不同;属阴性时是"镑"的意思,属阳性时是"书"的意思。代名词的性用不同的词来表示。

汉语的名词没有性的范畴。我们虽常用"男"、"女"、"公"、"母"、"雌"、"雄"等来表示性别,但那只是词汇上的问题而不是语法上的问题。现代汉语第三人称代名词有"他"、"她"、"它"和"他们"、"她们"、"它们"等的分别,那也只限于在书面上使用,在实际口语上并没有这种区别。

（四）**人称**　每一个动词都有人称。人称分第一人称、第二人称、第三人称三种;第一人称指发言者,第二人称指与语者,第三人称指发言者和与语者以外的第三者。

古代印欧系语言动词的人称多包括在动词本身里面,例如拉丁语的 amo(我爱),amas(你爱),amat(他爱)等等;可是到了各现代语却已分出一个代名词来,例如法语的 j'aime(我爱),tu aimes(你爱),il aime(他爱)等等。现在英语、德语、法语、俄语等,除动词本身的变化外,都兼用代名词来表示人称。

汉语动词的人称纯粹用代名词来表示,动词本身没有变化。第一人称复数的代名词有"包括式"和"排除式"两种。"包括式"(咱们)包括与语者,"排除式"(我们)不包括与语者。这是汉语所特有的。

（五）**时间**　时间是动词的一个范畴。它表示行为或状态对说话的那瞬间的关系,一般分现在、过去和将来三种:现在表示现时,过去表示现时以前,将来表示现时以后。现在表示时间上的一点,过去和将来都表示时间上的一大段,其间还可以细分。

欧洲许多现代语的动词本身都只有现在时和过去时的形式,而没有将来时的形式。例如英语的 I love(我现在爱)和 I loved (我从前爱),一个表示现在时,一个表示过去时,将来时却要用 I shall love(我将来爱），用辅助词 shall 来表示，原是"我应该爱"的意思。德语的 Ich liebe（我现在爱）、Ich liebte（我从前爱）和 Ich werde lieben（我将来爱）也是一样，将来时要加一个辅助词 werde 来表示，原是"变成"的意思。俄语除完成体动词的将来时有特殊的词尾如 я напешу（我将写完）以外，未完成体动词也要在不定式动词之前加一个辅助词 быть 来构成将来时，如 я бýду любить（我将要爱）等。法语"我爱"的现在时是 j'aime，过去时是 j'aimai 和 j'aimais，将来时是 j'aimerai。这里有须注意的，法语的过去时有两种：一种叫做单纯过去时或有定过去时，如 j'aimai，表示单纯过去的行为或状态；一种叫做半过去时，如 j'aimais，表示这种行为或状态在过去是有延续性或习惯性的。现在口语里并且常用一种既事式如 j'ai aimé 来代替过去时叫做复合过去时。法语的将来时如 j'aimerai 表面上看来好像只有一个单纯的形式，它其实是由拉丁语 amare habeo 结合起来变成的，原有"我要爱"的意思。

汉语的动词一般没有时间的范畴。现代汉语虽然也有一些词尾如"着"、"过"、"了"等，但这些主要都不是表示时间的，而是表示体的，详见下。关于时间的概念，遇必要时可以用辅助词或时间词来表示，但是那不属于语法范畴。

（六）**体** 又称情貌，也是动词的一种语法范畴。它与时间不同，因为时间的主要着眼点在于说明一种行为或状态发生或出现于现时、过去或将来，而体的着眼点却在于表示一种行为或动作是在发展的哪一个阶段，有没有持续的性质，所表示的是动作的开端或结果等等。我们在上面说过，汉语动词的词尾"着"、"过"、"了"等主要不是表示时间的，因为它们不只可以用于现在时和过去时，而且可以用于将来时。例如"他们现在正等着你的回信"，"你们昨天来的时候，我正想着怎样给他回信"，"你们明天来的时候，我会还想着这件事情"，"他的记性很不好，看过的书很快就忘了"，"他说吃过饭就来"，"昨天我的爸爸给我买了一本新书"，"我们每天下了课就去参加文娱活动"，"明天等我下了班再去找他"等等。这些都是跟现在、过去、将来的时间没有多大关系的。在这些例子里，"着"表示一种动作的进行体，"了"和"过"表示一种动作的结束性的或非结束性的完成体，不受时间的限制。

英语动词的时间一般认为共有九个,除普遍的现在、过去、将来外,还有现在进行、过去进行、将来进行和现在完成、过去完成和将来完成,如 I write（我现在写）,I wrote（我从前写）,I shall write（我将来写）;I am writing（我现在正写着）,I was writing（我从前正写着）,I shall be writing（我将来正写着）;I have written（我现在已经写）,I had written（我从前已经写）,I shall have written（我将来已经写）等。其实真正的时间只有普通的现在、过去和将来,其余的都是动词的进行体和完成体,并且都是用助动词构成的。

俄语动词的时间只有现在、过去和将来三种,而体却异常丰富。一般说来,绝大部分的动词都有未完成体和完成体两种。未完成体是基本的,完成体却多半是由未完成体派生出来的。同一个动词的两种体所表示的虽然是同一种动作或状态,但因为所表现的动作的性质和进行情形与所要达到的目的不同,它们的用法也自然有所区别。简单地说,未完成体表示未完成的、继续的动作或动作的过程,如 Я читáю книгу（我正在念书）,Ра́ньше я писа́л пи́сьма по-ру́сски（我从前用俄文写信）等,完成体却表示已经完成的、已终结的动作,如 я прочитал э́ту книгу（我念完了这本书）,Он написа́л письмо́（他写完了一封信）等。未完成体中有一种形式特别指某一种反复多次的行为的叫多次体,如 Ра́ньше я чи́тывал э́ти книги（从前我常读这些书）。完成体中也有一种形式特别指某一种急剧的、瞬间的、一次的动作的叫做一次体,如 Огни́ мелькну́ли（灯火闪了一下）。此外,未完成体动词还有定态和不定态的分别。定态动词表示有一定方向、一定目标的动作,如 я иду́ по большо́й у́лице（我沿着大街走去）,不定态动词却表示没有一定方向、没有一定目标的动作,如 Ребёнок стал ходить（小孩会走了）等。

（七）式 式表示说话者对某种行为或状态的看法,用不同的语法形式表达出来。又称语气。

各种语言可以有不同的式。古希腊语的式分直陈、命令、虚拟和愿望四种。直陈式表示简单纯粹的行为或状态,命令式表示命令或恳求,虚拟式表示是悬想或假设,愿望式表示愿望或祝贺。每一个式都有特殊的形态把它表示出来。可是自公元 1 世纪后,愿望式的特殊形态已经消失，归并于虚拟式。到拉丁语的动词就只有直陈、命令和虚拟三个式，没有愿望式了。

　　欧洲各现代语言，除法语有直陈、命令、虚拟、条件四个式以外，英语、德语和俄语都只有直陈、命令和条件三个式。条件式又称虚拟式。都各有特殊形态把它们表示出来。

　　汉语动词本身没有式的变化。表示语气多用辅助词如"吗"、"吧"、"啊"等等，一般叫做语气助词。

　　（八）态　动词表示动作与动作者的关系的一种范畴。动词所表达的动作以主语为施事的叫做主动态，以主语为受事的叫做被动态。例如汉语"他的哥哥骂了他一顿"在这个句子里，动词"骂"所表达的动作以主语"他的哥哥"为施事，所以说是主动态；反过来，假如说："他的哥哥给他骂了一顿。"同是这个主语却成了"骂"的受事，那就成了被动态。汉语的动词本身没有表示态的特殊形式，一般只用"给"、"被"等辅助词来表示。

　　古代印欧系语言的许多动词都有主动态和被动态的分别。例如拉丁语的 amo（我爱）是主动态，amor（我被爱）是被动态。现代语动词的被动态常用系词加过去分词这个形式来表示。例如英语的 I am loved（我被爱）、法语的 je suis aimé（我被爱）和德语的 Ich bin geliebte（我被爱）等等。俄语的许多动词也有主动态和被动态之分，例如 изучáть（研究）与 изучáться（被研究）和 стрóить（建筑）与 стрóиться（被建筑）等。

　　古希腊语的动词，除主动态和被动态以外，还有一种中态，表示动作的施事和受事同是一个人，或施事为他自己作出某种动作，并且有一定的形态把它表示出来。各现代语多用动词加反身代名词表示这种中态，例如英语的 I hurt myself（我弄伤自己）。动词加反身代名词也可以表示被动态，例如法语的 la porte s'ouvre，照字面直译应为"门打开它自己"，其实是"门被打开"的意思。俄语被动态动词如上面所举的 изучáться 和 стрóиться 的词尾-ся，实际上也是由反身代名词变来的。

　　由上面所说的可以看出，世界上各种语言的语法构造是不相同的，因此它们的语法范畴也各不相同。就是同一种语言，从历史发展的观点看,它的语法范畴也可能有古今的差别。任何语言都要有一定的外部的语法形式把各种语法关系的意义表达出来,才能说它有某种语法范畴。但是某种语言没有某种语法范畴并不意味着它没有相应的概念,因为它可以用一些非语法的手段,比方说词汇手段,把这些概念表达出来,但那不能说有这种语法范畴。

在各种语言中,特别是在屈折语类型的语言中,一个语法形式往往可以表示好几种语法范畴。例如上面所举英语的 The dog barks(狗吠)一句,同一个词尾-s 就可以表示人称、数、时间三种语法范畴。另一方面,同一种语法范畴又往往用好几个不同的语法形式来表示。例如大家知道,俄语的名词有六个格,表示每个格的形式单位并不是完全相同的。试拿单数主格和属格来说,其中至少可以列成三个不同的公式:(一)птиц-а,птиц-ы(鸟);(二)дом-,дом-а(房子,主格用零形态);(三)соль-,сол-и(盐)。每个公式都牵涉到一大批名词。从这一点看,我们可以说,俄语名词的每一个格都是由许多同类的词归纳出来的,这样就成了俄语的一种规范。其他语法范畴也是这样。

在各种语言里,每一种语法范畴都是跟某一类词有关的,所以在语法里,语法范畴往往就成了划分词类的一个重要根据。

五、词　类

任何语言都有许多词。把词加以变化、组织而造成句子。就词在语言结构所表示的意义(包括词汇意义和语法意义)和所具有的功能,结合它们的外部表现加以分类,就叫做词类。

词的最简单的分类是分成实词和虚词两大类。实词表示实际意义,即词汇意义;虚词表示语法意义,即语法关系的意义。另有一种只表示情感的叹词,一般也把它归入虚词。

可是所谓词汇意义也有各种性质上的不同。有些是表示现实中的事物的,如"桌子"、"椅子"、"树林"、"太阳"等;有些是表示事物的行动的,如"吃"、"喝"、"说"、"笑"等;有些是表示事物性质或特性的,如"大"、"小"、"高"、"低"等;有些是表示行为的特性或情况的,如"快快儿"、"慢慢儿"、"勇敢地"、"耐心地"等。就这一点我们可以把语言中的实词分成名词、动词、形容词和副词等几类。

名词的词汇意义是表示事物的名称,如"人"、"鸟"、"太阳"、"月亮"等。这一类事物都是很具体,很实在的;另外有些比较抽象,例如"道德"、"爱情"、"因素"、"稳固性"等,但是因为都表示事物的名称,我们也把它们看做名词。

动词的词汇意义是表示事物的行为或状态。表示行为的如"来"、"去"、"飞"、"跑"、"跳"、"走"、"说"、"笑"、"害怕"、"盼望"等,表示状态的如"生"、"死"、"睡觉"、"醒悟"等。

形容词的词汇意义是表示事物的性质或特性,如"大"、"小"、"软"、"硬"、"红"、"白"、"老"、"幼"、"愉快"、"悲哀"等等都可以归入此类。

副词的词汇意义是表示行为的特性或性质的特性、范围和程度等,如"快快儿"、"慢慢儿"、"勇敢地"、"无条件地"、"突然"、"偶然"、"一定"、"时常"、"先"、"再"、"很"、"极"等等。这一类词因为常附加于动词、形容词或另一个副词使用,有些并且可以兼用来联系词或句子的,所以有些语法学家把它归入虚词。但是因为它能表示行为的特性或性质的范围和程度等,也就不能说没有词汇意义。

此外还有一种代词,如"你"、"我"、"他"、"这个"、"那个"、"这些"、"那些"等等,它本身没有独立的词汇意义,只用来代替名词和另外的一些词句,并且可以兼用来表示动词的人称,所以有些语法学家把它列入虚词或叫做半虚词,但是因为它能代替名词,我们也不妨把它归入实词。

虚词一般分介词(包括前置词和后置词)、连词、语气词和叹词四种。其中叹词如"唉"、"啊"、"嗯"、"嗨"、"哎哟"等等都是一些特殊的词。这些词只表示某种精神活动或情绪,并且通常不跟其他的词发生关系;语气词如"呢"、"吗"、"吧"、"呀"等是汉语所特有的,其功用也只在于表示全句的语气,跟其他词类有很大差别。其余前置词如英语的on(在⋯⋯上面),by(被,在⋯⋯旁边),of(属于),with(同,用),俄语的в(在⋯⋯里面),на(在⋯⋯上面),от(从,距),у(在⋯⋯旁边,在⋯⋯跟前),к(向,到)等以及汉语的"在"、"从"、"被"、"至于"、"关于"等等都是表示词和词之间的关系的；连词如英语的 and（和），or（或者），but（但是），if（如果）等，俄语的 и（和），или（或者），a（可是），но（但是），если（假如）等和汉语的"跟"、"和"、"或者"、"可是"、"但是"、"要是"、"假如"等等，都是把一个词、词组或句子连接于另一个词、词组或句子的。它们本身一般没有实际意义，在语言结构中只能起一种辅助作用，所以又叫做辅助词。

以上是就词的意义或功能来说的。虚词与实词不同，它们本身一般没有实际意义，在各种语言里没有词形变化，在语言结构中只能充当一种语法手段，我们可以纯粹按照它们的功用来区分，那是不会发生什么大问题的。实词可就并不那么简单。它们在有些语言中有很繁复的词形变化，在另一些语言里却比较简单，同一个意义在各种语言中并且可能表现成不同的词类。例如汉语"我欠他钱"，英语 I owe him money，"欠"和"owe"都是动词，俄语 я дóлжен емý дéньги，дóлжен 却是形容词。若光从词义去区分，结果也许只分出一些概念上的范畴，而不是语法上的范畴，使所分出的词类成为一种超然于语法之上的东西。语法中所说的词类，决不是词的这种分类。

词类和划分词类的标准是语法学中一个争论最多，意见最纷歧的问题。西欧语言多属屈折语类型，在古代的语言里，绝大多数的词都有特殊形态表示它们的语法范畴，因此语法范畴就成了他们划分词类的可靠的标准。例如远在公元前 1 世纪，罗马语法学家瓦罗（M. T. Varro）在他的名著《拉丁语研究》中就明白指出："有格的变化的叫做名词，有时的变化的叫做动词，有格的变化也有时的变化的叫做分词，没有格的变化也没有时的变化的叫做虚词。"这种根据词形变化和语法范畴来划分词类的法则，一直成了西方语言学家的一种传统的办法。

可是我们知道，世界上各种语言的形态并不都是像西欧语言的那样繁复的，就在西欧语言中，有些，比如英语和法语，它们的形态也已经变简单了许多。例如拉丁语的 Pater amat filium（父亲爱儿子）一句，pater（父亲）用主格表示主语，filium（儿子）用宾格表示宾语，可以根据它们的语法范畴来划定它们的词类。但是同是这一个句子，法语表现为 Le père aime le fils，英语表现为 The father loves the son，其中 père

和 fils,或 father 和 son,都已没有格的表示,它们还是不是名词呢？诸如此类的问题,如果仍死守着要以语法范畴为唯一的标准,那么有许多地方是很不容易解决的。

许多年以来,各国的好些语言学家和语法学家,为了解决这个问题,想尽了种种办法,有些主张纯粹以词义为标准,有些主张以词的造句功能为标准,有些主张根据语义学特点、形态学特点和造句法特点联合解决,始终还没有取得一致意见。

我国古代没有语法学,虽自唐宋以后就已有了"实字"和"虚字"的分别研究,但是对于根据什么来分多不得要领。马建忠《马氏文通》出版于 1898 年,借鉴拉丁语语法体系研究古代汉语词类,特别注重"字"义标准,所以说"字无定义,故无定类"。[1] 接着从事汉语语法研究的颇不乏人。黎锦熙的《新著国语文法》出版于 1924 年,企图用"句本位"的分析法研究现代汉语的词类,主张"凡词,依句辨品,离句无品"。[2] 王力在《中国语法理论》里认为汉语的词"完全没有标记,正好让咱们纯然从概念的范畴上分类,不受形式上的约束"。[3] 1953 年,高名凯在《中国语文》10 月号上发表《关于汉语的词类分别》一文,认为汉语没有语法形态,"着"、"的"、"了"等只是语法手段,只是虚词,不是语法形态。词的分类应该从形态来分,不能就意义来分。汉语的词既然没有语法形态,因之也就没有词类的分别。[4] 其后大家对这问题展开了广泛的讨论,意见很不一致。但有一点是大家同意了的,即区分词类不能单凭意义。关键之点是应该凭什么标准来划分词类和汉语有没有词类。

我们认为汉语的词是可以分为词类的,但是不能单纯以语义为标准,因为语言学中的词类是词的语法上的分类,而不是单纯一般语义上的分类。语法分形态学和句法两部分。汉语语法无论在形态上或句法上都有许多可供我们利用来作为划分词类的标准。划分词类虽然不能

---

[1] 马建忠《马氏文通》,1898 年,商务印书馆。

[2] 黎锦熙《新著国语文法》,1924 年,商务印书馆。

[3] 王力《中国语法理论》上册,第 33 页。

[4] 高名凯《关于汉语的词类分别》,《中国语文》,1953 年 10 月号。

单纯以语义为标准,但是又不能完全不考虑以词义为分类的基础。若能把词义上的特点、形态学上的特点和句法上的特点各自的地位摆好了,使它们互相配合起来应用,那么关于汉语划分词类的问题就可以迎刃而解了。

六、句　法

我们普通说话总是以句子做单位的。人们利用各种不同的词,采用各种不同的方式,把这些词组织起来向对方表达自己的思想。凡被组织起来能够表达一个完整思想的词的整体就叫做句子。

每个句子都由若干要素组成。句子的最简单的要素是词。可是单个的词,除在特殊的场合外,往往不能表达完整的思想。我们光说"鸟",人家会问"鸟怎么样?"或"鸟在做什么?"光说"飞",人家也会问"什么东西飞?"我们要把这两个词依照一定的格式联结起来成为"鸟飞",才能表达完整的思想。

句子一般分为主语和谓语两部分,主语表示我们所要说的人或物,谓语表示主语做什么、是什么或怎么样? 例如(一)鸟飞。(二)小妹妹唱歌。(三)我的哥哥是个医生。(四)他的衣服很干净。在这四个句子里,"鸟"、"小妹妹"、"我的哥哥"、"他的衣服"都是主语,因为它们都表示我们所要说的人或物;第一句的"飞"和第二句的"唱歌"表示主语做什么,第三句的"是个医生"表示主语是什么,第四句的"很干净"表示主语怎么样,都是谓语。第一句的谓语只有一个动词"飞"。第二句的谓语,除动词"唱"之外,还有一个表示动作受事的名词"歌",我们管它叫宾语。第三句的谓语除系词"是"以外,还有一个表示主语是什么的词组"医生",第四句的谓语没有动词,只有一个表示主语怎么样的词组"很干净",我们管它们都叫表语。由此可见谓语可以有四种方式:(一)只有一个动词,如第一句的"飞";(二)动词加宾语,如第二句的"唱歌";(三)系词加表语,如第三句的"是个医生";(四)只有一个表语,如第四句的"很干净"。

主语、谓语、宾语、表语等都是句子成分。这些成分可能是非常简单的,也可能是比较复杂的。最简单的,可能每种只有一个词,例如"鸟飞"。比较复杂的可能是一个词组,也可能是一个句子形式,但其中一定有一个或一个以上的主要成分叫做中心语,其余的都是它的次要成分定语或状语。

主语通常用名词或代词充当,如"张先生来了"、"我读书","他写字"等等。但有时也可以用数词、形容词或动词,如"二加二等于四"、"勤可以补拙"、"不懂就是不懂"等。在有变格范畴的语言里,做主语的名词或代词必须用主格的形式,动词做主语要用不定式、形动词或动名词,例如英语的 To smoke is harmful 或 Smoking is harmful(吸烟是有害的),俄语的 курйть врéдно(吸烟有害)等。汉语的名词和代词没有变格,主语一般要放在动词之前。数词、形容词、动词用来做主语也可以说已经含有名词的性质,但是在形式上并没有什么改变,有些句子是没有主语的,如"下雨了"、"不要摆官架子"和俄语的 Светáет(天亮了)、Дáйте мне книгу(把书给我)等。另外有些句子是把主语省掉的,如"要想生活,就得劳动",在一般情况下我们可以把省掉的主语补出来。

谓语,我们在上面已经说过,有时只有一个动词,如"鸟飞",有时除动词以外还有一个宾语,如"小妹妹唱歌",有时包括一个系词和一个表语,如"我的哥哥是个医生",有时只有一个表语,如"他的衣服很干净"。这些成分总起来都叫做谓语,所以谓话就包括主语以外的一切要素。有些句子是没有谓语的,如"你这坏东西!"

宾语通常用名词或代词充当,如"小妹妹唱歌""大家看他,他也看大家";有时也可以用形容词或动词,如"不怕热,只怕冷","他喜欢游泳"等。有些句子有两个宾语,如"我的哥哥给我一管笔","我"是间接宾语,"笔"是直接宾语。在有变格范畴的语言里,间接宾语要用与格的形式,直接宾语用宾格的形式。汉语宾语没有格的变化,要靠词序来表示。一般情况,间接宾语在前,直接宾语在后。我们有时也可以加一个虚词"把",把直接宾语提到前面去,例如"我的哥哥把一管笔给我"。在西欧许多语言里,形容词做宾语要改成名词的形式,动词做宾语要用不定式或动名词。汉语的这一类词也可以说已经含有名词的性质,但是形式上并没有改变。

表语通常用名词或形容词充当,有时带有系词,如"他是我的哥哥"、"她是幸福的"等等,有时不带系词,如"今天星期六"、"他聪明"。这种不带系词的表语在俄语里也常看到,如 Он мой брат（他是我的兄弟）、Она́ краси́вая（她美丽）等,但在英语、法语里却必须带有系词,如英语的 He is my brother（他是我的兄弟）,He is clever（他是聪明的）,法语的 Il est mon frère（他是我的兄弟）,Elle est belle（她美丽）。

无论主语、宾语、表语和谓语的动词都有它的主要成分,也可能有它的次要成分,主要成分和次要成分共同构成一个词组,分别充当句子的某一成分。

有些词虽然也被组织在一个句子里,但是它们跟句子中别的词并不发生任何关系,它们本身也不能构成完整的思想。这有两种情况:一种是呼词,如"同志们,来吧!"一种是叹词,如"哦! 多好的天气啊!"除此之外,一般地说来,各个词被组织在一个句子里,它们彼此间就会发生各种联系。这些词与词之间的联系,有些可能是并列的,也有些可能是从属的。所谓"并列的",就是说,被组织在句子中的两个或两个以上的词或词组处在完全平等的地位,在句子中负担着同祥的任务。例如,"他和他的弟弟都在学校里念书","他"和"他的弟弟"都是同一个句子的主语;"他每天读书写字","读书"和"写字"都是同一个句子的谓语;"他今天买了一管笔、两本杂志和三本小说","一管笔"、"两本杂志"和"三本小说"都是同一个动词"买了"的宾语;"他又聪明,又用功","聪明"和"用功"都是同一个句子的表语。这些要素和要素之间就有一种并列关系。所谓"从属的",就是说,被组织在句子中的一个词,从属于另一个词,比方动词从属于主语,宾语从属于动词,形容词从属于它所修饰的名词,副词从属于它所修饰的动词、形容词或另一个副词等等。这些从属联系的表达方式,在不同的语言中,甚至在同一种语言的不同情况下,都可能是不同的。例如在俄语 мы живём в кра́сном зда́нии（我们住在红楼里）这个句子里,动词 живём（住）从属于主语 мы（我们）,形容词 кра́сном（红）从属于它所修饰的名词 зда́нии（楼）,它们在数、人称、性、格等方面都要与它们所从属的词取得一致,我们就说它们之间有一种一致关系。又如在 я чита́ю кни́гу（我念书）这个句子里,宾

语 книгу（书）从属于动词 читáю（念），它们之间没有一致关系，可是 читáю 却要求 книгу 用宾格形式，我们就说它们是由支配关系联系起来的。在 Онй рабóтают хорошó（他们在很好地工作）这个句子里，副词 хорошó（很好地）从属于动词 рабóтают（工作），它们之间没有一致关系，也没有支配关系，一个只附加于另一个的后面，我们就说它们之间有一种附加关系。在汉语里这些要素的从属关系通常只靠词序来表示，如"我们"必须放在"住"之前，"红"必须放在"楼"之前，"书"必须放在"念"之后，"很好地"必须放在"工作"之前等等。这是跟俄语大不相同的。

各种不同的句子，我们可以按照不同的标准给它们以不同的分类。

我们普通说话不外要达到四种目的：（一）告诉人家一件事，（二）向人家提出一个疑问，（三）请求或命令人家做一件什么事，（四）抒发自己的一种情感。比方我说："这是一本书。"我只告诉对方一件事情；但是假如说："这是什么书？"我就向对方提出了一个疑问；假如说："把这本书拿去吧！"我就向对方提出了一个请求或命令；再假如说："哦！这本书多好啊！"我就抒发了自己的一种情感。根据这一点，我们可以把句子分为四类：（一）告诉人家一件事情的叫做直陈句，（二）向人家提出一个疑问的叫做疑问句，（三）向人家提出一种请求或命令的叫做祈使句或命令句，（四）抒发自己的一种情感的叫做感叹句。

以上所说的都是一些简单的句子。无论是告诉人家一件事情，向对方提出一个疑问，一种请求、一种命令或抒发自己的一种情感，里面都只有一个主语和一个谓语，这样的句子都可以叫做简单句。

有些句子是由两个或两个以上的简单句组合构成，用来表示比较复杂的思想或包含着几种不同的意思的，叫做复合句。其中可以分为两种：（一）所由组成的简单句处在平等的地位，既不互相说明，也不互相从属，只由一种并列关系互相联系起来的，叫做并列复合句，例如"他看书，我写字"，"他是积极分子，他的弟弟也是积极分子"等等；（二）各简单句间有从属关系，即一个句子从属于另一个句子的叫做主从复合句。其中占主要地位的叫做主要句，从属于主要句的叫做从属句。从属句不外三种：（一）有名词性质的叫做名词性从属句，例如"人人都过幸福的生活是我们的理想";(二)有形容词性质的叫做形容词性从属句,例如"我们不熟习的东西正在强迫我们去做";(三)有副词性质的叫副词性从属句,例如"因为他姓孔,别人便替他取下个绰号,叫做孔乙己"(鲁迅《孔乙己》)。这些句子与句子的联系,通常用连词或带有连词性质的词语来表示。

无论是简单句还是复合句,谓语对于主语可以有三种功用:(一)叙述主语做什么的叫做叙述句,(二)判断主语是什么的叫做判断句,(三)描写主语怎么样的叫做描写句。第一类句子的谓语以动词为主体,又可以叫做动词谓语句;第二类句子的谓语以名词为主体,又可以叫做名词谓语句;第三类句子的谓语以形容词为主体,又可以叫做形容词谓语句。这三类句子在各种文体中,都各有它们的特殊用途。

总而言之,句法是研究用词造句的方法,也就是说,研究句子中各要素之间的联系以及句子和句子之间的联系的。在一个句子里,各个词都要经过一定变化,相互配合起来构成一个整体。各种语言的词的变化规则不同,一个句子中词与词的配合方式也不尽相同。大致说来,词形变化复杂的语言多使用综合形式,词形变化简单的语言多使用分析形式。因此,句法与形态学、构词法与词类都有着密切的联系。

每种语言都有它的用词造句的规则。这些规则都是就各具体的句子,各句子的具体成分加以抽象、概括而成的。我们要明了各种语言的句子结构就非彻底弄清楚这些规则不可。有时说话的人或作家有意或无意地把句子的某些词省掉,或者由于主观上的强调把句中的词或词组的排列次序故意颠倒,非经过仔细的分析就没法了解他的真正意思。所以句法的研究可以使我们对于句子有更清楚、更确切的认识,可以使我们更彻底地掌握句子。

原载北京《俄文教学》1955 年第 10,11,12 期,1956 年时代出版社出单行本。后载入《语言学学习与研究》,中州书画社,1983 年 8 月。

风格论发凡

一、风格之定义

德国语言学家加布伦兹(G. von Gabelentz)曾有言曰："语言之于人类，不特用以表达事物，且用以表达其自己。"所谓表达事物云者，即表达思想之意；而表达其自己，即表达其情感。人生于世，不能无思想，亦不能无情感。见一物焉，其与吾人本身之利害若何？与社会之关系若何？不能无所动于中，心有所动，即为情感。表示情感之语言，与表示思想之语言不同。前者称为表情语言，而后者称为逻辑语言。

顾表情语言与逻辑语言之不同，乃相对的，而非绝对的。二者且常有极密切之关系。同一词语，若只用以表达思想，则平铺直叙，只求其显豁；若杂以情感，则常须加以润饰，或故意扭曲以达其情。科学家所用之语言，为逻辑之语言，而文学家所用之语言，则多为表情语言，口语又比笔语多表情之成分。其中之区别，皆极显而易见，若将此区别理而董之，成为有系统之研究，是谓风格论。

从来研究风格之方法有二：一在将一种语言与他种语言互相比较，以寻出其表情之特点；一在将一种语言内表示情感之方法与表示纯粹思想之方法比较，探求其特异之处。前者谓之外部的研究，后者谓之内部的研究。二者皆有极大功用，不可偏废也。

二、风格表现之方法

风格表现之方法，涉及语言之全部。换言之，语言之任何部分皆可有表现风格之方法。试分别述之。

(一) **语音** 语音中可用以表现风格之因素甚多，如双声、迭韵、声调、重读、音之长短等等，皆为吾人所常用者。语言之起源本由于声音。声音果何自来？现尚无确定之论。依感叹起源之说，则语言来自慨叹，如刘师培《正名隅论》云："喜、怒、哀、惧、爱、恶，古人谓之六情，而'喜'字之音，即像嘻笑之声，'怒'字之音，则像盛怒之声，'哀'字之音，即像悲痛之声，'惧'字之音，即像诧怪之声，人当适意之时，以笑代言，其音近'爱'；人当拂意之顷，发音自叹，其声近'恶'。……盖人意所制之音，即唇舌口气所出之音也。音蓄于中，赖唇舌口气为之达。昔《乐记》有言：'凡音之起，由人心生焉。'又云：'感于物而动，而形于声。'"是则语言之起源，即与表情有极大关系。此说虽未能遽以为定论，而声音可有表情之功用，则为无可否认者。据近代语言学家之研究，塞音如 k、t、p 等发音坚强爽脆，擦音 j、w 及鼻音 m，n 等则软弱纡回；前元音宏壮响亮，后元音则委宛低沉，此于表情方面，皆有极大用处。我国汉语如"刚"、"强"、"劲"、"健"等多用塞音及前元音，而"柔"、"弱"、"弩"、"懦"等则用擦音及后元音。此可谓语词之兼有表情作用者。诗文中用语音以表现风格者尤为常见。例如：

> 关关雎鸠。 （诗）
> 交交黄鸟。 （诗）
> 鼓瑟希铿尔。 （论语）
> 奸穷怪变得，往往造平淡。 （韩愈：送无本师归范阳）
> 伐木丁丁。 （诗）
> 雷填填兮雨冥冥。 （屈原：山鬼）

以上皆用塞音及前元音。

> 喓喓草虫。 （诗）
> 呦呦鹿鸣。 （诗）
> 邮镐潦漻，纡余逶迤。 （司马相如：上林赋）
> 隔户杨柳弱嫋嫋，恰似十五女儿腰。 （杜甫：漫兴）

以上多用擦音及后元音。此外如韩愈《听颖师弹琴》：

> 昵昵儿女语，恩怨相尔汝。

用"语"韵，声调幽微，如怨如诉，后转为：

> 划然变轩昂,勇士赴敌场,浮云柳絮无根蒂,天地阔远随风扬。

改用"阳"韵,声调骤然高昂,与诗中情调恰相吻合。又如《赠唐衢》:

> 虎有爪兮牛有角,虎可搏兮牛可触。奈何君独抱奇材,手把锄犁饿空谷。

音韵抑郁短促,表示古代封建主义知识分子一种怀才不遇、心境抑郁不快之情。后转为:

> 当今天子急贤良。瓯函朝出开明光;胡不上书自荐达,坐令四海如虞唐。

则声调划然开豁。此皆用音律表示情感之例也。

(二) 语法 兹所谓语法,乃包括形态、词类、句法等而言,其中以词类及词序为最显著。我国汉语之语词,虽一字往往可用为数词类,如"人"、"人其人"、"人鱼"、"豕人立而啼"等等,而探本索源,"人"实只为名词,其他词类皆来自假借者也。

词类之假借,并非汉语所特有。西方语言中亦极常见。此假借之目的,纯在表示一种意外之情感。如"春风风人"、"夏雨雨人",若易为"春风拂人"或"春风吹人","夏雨袭人"或"夏雨打人",本于意已足,而今乃必用"风"用"雨"者,盖欲使其格外新颖动人也。

至于各种词在句中之语序,世界语言中本分固定的及自由的二种。概言之,语言之形态愈复杂,其词在句中之位置愈自由,反之,形态愈简单,则其词在句中之次序愈固定。拉丁语属古印欧语之一种,每一名词皆有特殊形态以表示其变格,故其在句中之次序常极自由。例如 Paulus amat Petrum,意为"保罗爱彼得"。Paulus 之 -us 表主格,Petrum 之 -um 表宾格。主宾既定,吾人无论排列成 Petrum amat Paulus 或 Petrum Paulus amat,皆无碍其意义。惟其通常之语序当为 Paulus amat Petrum 或 Paulus Petrum amat,若将其位置颠倒,则虽其意义不变,而在风格上实稍有不同之处。

我国汉语属汉藏语之一种,形态比较简单,故语词在句中常有一定位置,其次序约为:

主语＋动词＋宾语或表语

惟在各种诗文中,在一定条件下,常有将此次序颠倒者。例如:

> 子曰:"莫我知也夫。"(论语)
>
> 不患莫己知,求为可知也。(论语)
>
> 无臣而为有臣,吾谁欺?斯天乎?(论语)
>
> 我未见力不足者,盖有之矣,我未之见也。(论语)
>
> 见其礼而知其政,同其乐而知其德,由百世之后,等百世之王,莫之能达也。(孟子)
>
> 仲子舍孙而立其子。檀弓曰:"何居?我未之前闻也。"(檀弓)
>
> 尔无我诈,我无尔虞。(左传)
>
> 既使吾与若辩矣,若胜我,我不若胜,若果是也,我果非也耶?(庄子:齐物论)
>
> 余恐乱命以不女违。(左传)

以上否定句及疑问句,皆将代词宾语倒置于动词之前。

古汉语中,介词之宾语本应置于介词之后,惟如:

> 有恸乎?非夫人之为恸而谁为?(论语)
>
> 在王所者,长幼尊卑,皆薛居州也,王谁与不善?在王所者,长幼尊卑,皆非薛居州也。王谁与为善?(孟子)

以上疑问句皆将代词宾语倒置于介词之前。此种倒装之例,在我国古籍中极为常见,至如《左传》之"室于怒,市于色,野于饮食",及杜甫诗中之"香稻啄余鹦鹉粒,碧梧栖老凤凰枝"等,则更为奇险矣。

(三)词汇 词汇在表现风格方面至为重要。试就其浅近者言之,汉语之叹词及助词,多为表示情感之词语。每一叹词表示一情感,无待烦言。此外如《论语》"莫我知也夫"内之"也"、"夫";"贤哉回也"之"哉"、"也";"甚矣,吾衰也! 久矣,吾不复梦见周公"之"矣"、"也"等,皆表示情感之助词也。

风格之研究,分外部的及内部的二种:外部的研究可寻出一种语言的特性,已如上述。我国汉语,金谓含有音乐之成分甚为丰富,且结构优美,此乃就语音及语法方面比较而言,若就词汇方面言之,则汉语常较西方各近代语为具体。例如德语之"Eine Mutter willigt nur shwer in die Trennung von ihren Sohne"一句,若译为汉语当为"为母者,常不愿与其子离别","离别"一词德语用抽象名词,而汉语则常用动词。关于此点,英语、法语亦较德语为具体,然终不及汉语也。①

任何语言皆具有一定数目之同义词,每词之用法常随各人之意态而不同。如汉语之"内子"、"夫人"、"太太"、"拙荆"、"贱内"等皆指"妻","小孩"、"小儿"、"小犬"、"令郎"等皆指"子","出世"、"诞生"、"临盆"等皆指"生","去世、"亡故"、"归西"等皆指"死",而其所表情态则各自有别。英语中原有之词多潇洒逸致,由拉丁语借来之词则多古雅傲兀,所表之情态亦各不相同。

西方语言中有等接尾语本极平常,后因常见于某类词中,乃转而具有一种特殊之情调。如法语之-aille 在 bataille(战争)一词中并无特种意味,惟因 canaille(无赖之徒)、marmaille(乳臭小儿)等词亦含有此语尾,故今如 prêtraille(臭牧师)、radicaille(过激党徒)等亦带有鄙视之意。此亦表现风格之一法也。

三、风格与语法之关系

逻辑语言表示思想,表情语言表示情感,上已言之矣。顾此二者并非绝无关系,故其间互相影响之处乃极多,在历史语言学中尤为常见。例如汉语语词,因无特殊形态表示其功用,故在句中之位置本甚固定。古书中之疑问句及否定句常将代词宾语倒置于动词之前,初或只系一种表现风格之手法,后因用之者日众,寝假遂成一定例,后来凡用文言写作者,皆一反口头上之习惯而遵用之矣。

西方近代语中,据章士钊所译《情为语变之原论》所载,常用代词复指名词以增重其语气,如"父彼之冠","吾买弟彼之屋矣","吾还表兄彼之书矣"等等②,初只在口语上用以表情,后则虽上流作家亦仿效而采用之矣。我国古籍中有所谓"复指宾语"之用法,如《老子》:"高者抑之,

---

① 参看 Ch. Bally: *Le language et la vie*, p. 98.
② 见该书商务印书馆版,第 42 页。

下者举之，有余者损之，不足者补之。"《孟子》："饮食之人，则人贱之矣。"亦与此极相近似，初皆只出于主观上之表情，但若用之者众，则主观之色彩渐失，而变为一般范例矣。

不特语词之位置如此，语法范畴中亦极多此等例证。语言动词中有所谓"情态"及"语气"诸范畴，其起源多基于主观，后始变为律例。动词中之"时"，以"将来时"主观之色彩最深，盖"过去"及"现在"只述一事实，事较确定，而"将来时"所表现者为将来之事，发言者常杂以欲望、恐惧、希望等情绪，乃一极自然之事。如英语之"将来时"用 shall、will 等，即含有"义务"或"欲望"之意；法语之 aimer-ai（我将爱）、fer-ai（我将做）等，即含有"需要"之意；我国汉语之"将来时"亦常用"我要去"、"我要做"等形式以表示之，皆其彰明较著者也。

我国汉语常用叠字以表示众数。文字上如三人为"众"，三木为"森"等本即寓有此意。语法中"人人"意即"众人"，"天天"意即"每天"，初本用以表示情感，今则已成一语法规则矣。西方语言则常用叠字以增强其语气。如英语之"He is strong strong"意为"He is very strong"（彼甚强健），法语之"Il est gros gros"意即"Il est très gros"（彼甚肥胖），皆为由表情以达表意之例。

反之，由表意以达表情者亦并非绝无。语言中表情字由表意字变来者甚多。如汉语"你看"、"是不是"等本为表意之词语，但在"你看，他还没有来"、"他还没有来罢，是不是?"等内，则已成为纯粹表情之习惯语。在此等例中，表情之成分已侵入逻辑语言之范围。惟如上所述，表情语言最易变为客观而失其表情之作用，结果或又将成为逻辑语言。逻辑语言常与表情语言互相影响，互相推进。语法学家之理想常欲于语言中之每一概念，每一用法，各定出一确定之公式以约束之。惟语言之公式与代数或几何之公式不同。由于表情语言及逻辑语言之互相影响极易起变化，此语法之所以有变迁也。

原载《时代中国》，1943 年第九卷第四期。后载入《语言学学习与研究》，中州书画社，1983 年 8 月。

语言与文学

在没有讨论到本题以前,请先谈谈什么是语言和文学。

语言就是我们用来表情达意的一种工具,——请大家注意语言的"表情"和"达意"这两种功用。这种工具往往就是我们用口发出来的声音。但声音是不能传诸久远的。为了要应付这种需要,我们常须采用一种符号把我们的声音记录下来。这种符号就是文字。所以从这方面看,语言和文字其实只是一件一而二二而一的东西。我们或可以说语言是没有写下来的文字,文字却是记录下来的声音。总而言之,它们都是用来表达我们的情意的。古人说:"言为心声,书为心画。"就是这个意思。不过有一点我们是要留意的:我们用什么声音来表达什么情意,这是含有社会性的。荀子《正名篇》云:"名无固宜,约之以命,约定俗成谓之宜,异于约则谓之不宜。"这就是说:名是没有一定的,大家约定了命出个名来,合于这个约的说出来人家就听得懂,异于这个约的人家就听不懂。所以语言无异是社会上的一种公约。这个公约,同在这社会里的人谁都要遵守,否则说起话来就没有人懂。世界上人类的社会不止一个,所以语言也不止一种。比方英国的英吉利人集合起构成一个语言社会。他们就有一种语言叫做英语。我们中国的汉族人集合起来构成一个语言社会,我们也有一种语言叫做汉语。各族的语言各有其不同的特性,不能互相混用。并且语言是随时代而变迁的。现在世界上的各种语言,有些有很悠久的历史,有些历史比较短些,但无论如何也必有它自己的历史,古语和今语常有很大的差别。

其次,对于文学,我们也得确定它的定义。文学这个名辞,在我国最早见于《论语》。《论语·先进篇》:"文学,子游子夏。"疏云:"若文章博学,则有子游子夏二人。"可见这里所谓文学是指"文章博学"。其后也有用来指经学的。如《汉书·西域传》"诸大夫郎为文学者"注云:"为文学谓学经学之人。"至如章炳麟在《文学总略》内所云："文学者,以有文字著于竹帛,故谓之文,论其法式,谓之文学。"那就差不多等于文章学了。我们这里所说的文学,其实是和西文的 literature 相当的。此词本有广狭二义。就其广义言之,凡一切思想的表现而以文字记录的,都可以叫做文学。就其狭义言之,则文学专指偏重于情感和想像的艺术作品,如诗歌、小说、戏剧及小品文等。这种文学又称纯文学。我们现在所要讨论的就是这种纯文学。

语言与文学之定义既明,现在可进而讨论此二者间的关系了。

我们在上面已经说过,语言有"表情"和"达意"两种功用,而文学与非文学的区别就在于看它除思想之外是否兼含有表情的成分。单表现思想而绝不含有任何情感的,只能算是科学的作品或非文学的作品。它所用的语言,只求其明畅显豁,适合于达意便行。我们读一本科学书,最主要的是要了解它所说的道理,在语言文字方面,是值不得我们怎样留恋欣赏的。试看一般纯粹科学家如牛顿(Newton)、哥白尼(Copernicus)、开普勒(Kopler)、格洛修斯(Grotius)诸人,现在还有谁留心鉴赏他们的原著呢?文学作品则不然。因为所谓文学,除表现思想之外,必搀杂有情感,而情感这东西,却多是迂回委婉,刚愎诡诈,总而言之,是很难绳之以规律的。为要应付这个喜怒无常的怪物,我们非用一种非常的手段不可。这用在语言方面,就叫做表情的语言或文学的语言。

文学的语言是多方面的,换言之,即语言的任何部分都可以有表情的用法。先就语音方面来讲,各国的语音系统虽各不同,而其中必有许多可供我们利用来表现情感的要素,却是可以断言的。我国汉语语音有四声的分别。所谓四声,即一种声调的高低抑扬。这和普通音乐里的音阶差不多,所以大家说汉语具有音乐性。从前的诗歌常利用这些声调来构成一种节奏,即所谓平仄。此外,汉语字音还有阴阳声的分别。阴声字就是字末不附有鼻音的,如歌、灰、支、尤等;因为不附有鼻音,所以听起来比较高扬。阳声字就是字末附有鼻音的,如东、真、先、寒等,因为字末有个鼻音拖着,所以听起来就比较低沉。再次,韵的本身也各有其独特的性质。大致说来,歌、麻韵比较平正,支、微韵比较细碎,鱼、虞韵比较缠绵,如能配置合宜,也很可以把我们的情感表达得恰如其分。这一点,从前研究诗词的人早已看得很清楚,如周济《宋四家词选叙》内云:"阳声字多则沉顿,阴声字多则激昂。重阳间一阴则柔而不靡,重阴间一阳则高而不危。"又云:"东、真韵宽平,支、先韵细腻,鱼、歌韵缠绵,萧、尤韵感慨如具声响。"这些都说得很深刻妥切。不独诗歌如此,散文也要讲究节奏,不过格律没有诗歌那么严格罢了。我国汉语属单音节语,每个语词多只有一个音节,晚近虽已有渐变为多音节的趋向,而单音节词还不在少数。在一句中,常用两个或三个音节成一个音步,如配置不当,念起来便觉拗口。更讲究一点的,还要顾到平仄和双声叠韵等。刘勰《文心雕龙·声律篇》内云:"凡声有飞沉,响有双叠,双声隔字而每舛,叠韵离句而必睽,沉则响发而断,飞则声飏不还,并辘轳交往,逆鳞相比,迕其际会,则往蹇来连,其为疾病,亦文家之吃也。"于此可以想见了。

其次说到语词的运用,在文学中尤为重要。我们试翻开词典看看,里面总有许多语词是一般科学家所绝对用不着的,如瑗磋、涟漪、窈窕、袅娜等等。这些都是所谓文学的词语。中国人从前且有一种慕古的习性。无论什么东西,由他们看来,古的都是雅的,目前的都是俗的。在语言方面,不独有雅俗之分,如"牖"之与"窗","簟"之与"席","冠"之与"帽","履"之与"鞋","首"之与"头","目"之与"眼","泣"之与"哭","广"之与"阔","甘"之与"甜"等等,用语也要求其有所本。此即所谓典故。如不说"宝剑"而说"龙泉",不说"金钱"而说"青蚨",不说"生子"而说"弄璋",不说"丧妻"而说"抱鼓盆之痛"等等。至于修辞的方法,则更是不一而足。其中有些是纯用比喻的,如普通旧小说所说的"金乌西坠,玉兔东升",以"金乌"喻"太阳",以"玉兔"喻"月亮";有些是以部分代全体的,如《诗经》"一日不见,如三秋兮",以"秋"代"年",温庭筠《梦江南》词"过尽千帆皆不是,斜晖脉脉水悠悠",以"帆"代"船";有些是以材料代物体的,如苏东坡诗"白战不许持寸铁",以"寸铁"代"兵器",《左传》"则就木焉",以"木"代"棺";有些是以某种人的特征以代表其人的,如杜甫诗"纨袴不饿死,儒冠多误身",以"纨袴"代表"富家子弟","儒冠"代表"文人学士",有些是以专名而代通名的,如白居易诗"新教小玉唱伊州"，以"伊州"代"小曲"，曹孟德诗"何以解忧？惟有杜康"，以"杜康"代"酒"等等。这些都是用一种迂回的方法以表现事物的。

汉语语法比较简单，词序比较固定，但在文学中，也常有故意把叙述的顺序颠倒以示奇警的。比方汉语通常行文的次序，形容词必置于其所形容的名词之前，动词必置于主语之后，其他如表语及宾语等也各有定位。但如《楚辞》"吉日兮晨良"，则形容词"良"置于其所修饰的名词"晨"之后；王右丞诗"竹喧归浣女，莲动下渔舟"，动词"归"与"下"均置于主语"浣女"与"渔舟"之前。至如《左传》的"室于怒，市于色；野于饮食"，韩退之的"衣食于奔走"，以至杜工部的"香稻啄余鹦鹉粒，碧梧栖老凤凰枝"等，那就更为奇险了。

以上我们说了文学语言的三种要素，如运用得宜，自可使声韵铿锵，文采委曲，结构奇拔，本是未可厚非的；但若过于滥用，也可使意义晦涩，失去了作文的本旨。并且语言文字，不过是文学的外形罢了；思想和情感才是它的内容。倘若只注重外形而不顾内容，则文笔虽很典丽，而言之无物，也不能成为佳构。这种专尚藻饰的作风，昔人曾谥之为雕虫小技，而"雕虫篆刻"却是"壮夫不为"的（扬子云语）。此风大抵最盛于汉魏六朝，逮夫唐代，已渐成强弩之末，所以韩愈登高一呼，便万壑响应，成就了他那起八代之衰的古文运动。直到五四运动时期，一般有识之士极力提倡科学与民主；在文学方面也提出了许多改良刍议，进一步提倡用白话文代替文言文，经过几次激烈的斗争，终于使我国文学形式起了一种新陈代谢的变化。

总括起来看，文学语言何以会起这种新陈代谢的嬗递呢？说起来理由也很简单，因为文学最注重情感，而表现情感的方法必须是新颖的，独创的，始能尽其责任；假如习用久了，便会慢慢地变成滥调套语而失去了它的表情的功用。文学的美丽不只在形式，而尤在内容。《礼记》云："情欲信，辞欲巧"。《周易》云："修辞立其诚。"如何去培养高尚的和真挚的情感以与文学的语言相配合，将是一般文学家所应有的努力。

原载《东方杂志》第 39 卷第 15 号，1943 年 10 月。后载入《语言学学习与研究》，中州书画社，1983 年 8 月。

入声非声说

一

我国四声之论,起于永明,而定于梁陈之间。《南史·陆厥传》云:

> 永明时盛为文章,吴兴沈约、陈郡谢朓,琅琊王融以气类相推
> 毂,汝南周颙善识声韵;约等文皆用宫、商,将平、上、去、入四声,以
> 此制韵,有平头、上尾、蜂腰、鹤膝。五字之中,音韵悉异,两句之
> 中,角、徵不同,不可增减,世呼为永明体。

此其嚆矢也。顾当时虽已有四声之名,而学人论难,仍多用宫、商、角、
徵、羽等五音。五音与四声究有何异同? 近人陈寅恪于《四声三问》一
文中云:

> 宫、商、角、徵、羽者,中国传统之理论也,关于声之本体,即同、
> 光朝士所谓'中学为体'是也。平、上、去、入四声者,西域输入之技
> 术也,关于声之实用,即同、光朝士所谓'西学为用'是也。盖中国
> 自古论声,皆以宫、商、角、徵、羽为言,此学人论声理所不能外者
> 也。平、上、去、入四声之分别,乃摹拟西域传经之方法,以供中国
> 行文之用,其'颠倒相配,参差变动',如'天子圣哲'之例者,纯属于
> 技术之方面,故可得而谱,即按谱而别声,选字而作文之谓也。然
> 则五声说与四声说乃一中一西,一古一今,两种截然不同之系统。
> 论理则指本体以立说,举五声而为言;属文则依实用以遣词,分四
> 声而撰谱。苟明乎此,则知约之所论,融之所言,及厥之问约,约之
> 答厥,所以止言五声,而不及四声之故也。[1]

---

① 见《清华学报》第九卷,第二期,第286—287页。

此可谓笃论。可见沈约之撰《四声谱》,周颙之撰《四声切韵》,皆只属实
用范围,故论理仍援用宫、商、角、徵、羽等五音,惟至刘善经撰《四声指
归》,夏侯咏撰《四声韵略》,王斌撰《四声论》等,则四声之说已渐臻确
定矣。

　　隋陆法言《切韵》一书,集魏晋以来韵书之大成,其体例乃以四声为
纲,然后再分韵目,用以部勒文字,而于每一字下注明反切及义释。其
后各家韵书多宗之。今考《广韵》二百零六韵,内平声五十七韵,上声五
十五韵,去声六十韵,入声三十四韵,若以四声相配实得六十一部。[①]
此六十一部中,阴声类占二十六韵,如平声(举平以赅上去)之支、脂、
之、微、鱼、虞、模、齐、佳、皆、灰、咍、萧、宵、肴、豪、歌、戈、麻、尤、侯、幽
及去声(此无平、上者)之祭、泰、夬、废等是也;阳声类占三十五韵,如平
声之东、冬、钟、江、真、谆、臻、文、殷、元、魂、痕、寒、桓、删、山、先、仙、
阳、唐、庚、耕、清、青、蒸、登、侵、覃、谈、盐、添、咸、衔、严、凡等是也。至
入声各韵则专与阳声类相配,惟阳声之收独发鼻音(按即舌根鼻音)ng
者(如东、冬、钟、江、阳、唐、庚、耕、清、青、蒸、登等),入声转而收 K(如
屋、沃、烛、觉、荼、铎、陌、麦、昔、锡、职、德等);收上舌尖鼻音(按即舌尖鼻
音)n 者(如真、谆、臻、文、殷、元、魂、痕、寒、桓、删、山、先、仙等),入声
转而收 t(如质、术、栉、物、迄、月、没、曷、末、黠、镈、屑、薛等);痕韵之
入因只有麧、纥、齕、纥、淈等五字,故不另立韵目而附于"魂"入之"没"
韵中;收撮唇鼻音(按即双唇鼻音)m 者(如侵、覃、谈、盐、添、咸、衔、
严、凡等),入声转而收 p(如缉、合、盍、叶、帖、洽、狎、业、乏等)。总而
言之,《广韵》之阴声类只有平、上、去三声,阳声类始平、上、去、入四声
俱备。惟所谓入声是否与其他三声同一性质,窃愿试一论之。

二

　　四声本为我国汉语音韵中之一重要要素,而前人所下定义多迷离
恍惚,令人难以索解。如《梁书》所载,梁武帝问周捨曰:"何谓四声?"捨

---

① 　参看钱玄同《文字学音篇》第二章,第三节"广韵二百零六韵及四声相配表"。

答曰："天子圣哲是也。"又问中领军朱异曰："何者名为四声?"朱异对曰："'天子万福'即是四声。"此皆只是一种譬况,而非界说。至于《广元和韵谱》所言"平声哀而安,上声厉而举,去声清而远,入声直而促",及明释真空《玉钥匙歌诀》:"平声平道莫低昂,上声高呼猛烈强,去声分明哀道远,入声短促急收藏。"则语涉玄虚,益使人疑。顾炎武《音论》云:"其重其疾则为入,为去,为上,其轻其迟则为平。"又云:"平声最长,上去次之,入则诎然而止。"似已略胜一筹,惟以轻重、疾迟、长短等混合言之,亦未得其要领。窃考乐音本有四要素:一为音之高低,或简称音高;一为音之强弱,或简称音强;一为音之长短,或简称音量;一为音之本质,或简称音色或音质。音之高低由于该音每秒钟振动次数之多寡,此即构成语音学上之声调;音之强弱由于该音振幅之大小,此即构成语音学上之重音与轻音;音之长短由于该音发音时间之久暂,此即构成语音学上之长音与短音;音色由于该音基音中所附陪音之不同,此即构成语音学上之各种音素[①]。汉语四声之中,平、上、去三声皆由于音高之高低升降,纯属声调问题,只入声由于音量较短及收音之不同,与其他三声绝不相侔,实不能混为一谈也。

然则古人何以乃有四声之说乎? 陈寅恪于《四声三问》释之云:

> 所以适定为四声,而不为其他数之声者,以除去本易分别,自为一类之入声,复分别其余之声为平、上、去三声,综合通计之,适为四声也。但其所以分别其余之声为三者,实依据及摹拟中国当日转读佛经之三声,而中国当日转读佛经之三声,又出于印度古时声明论之三声也。据天竺围陀之声明论,其所谓声(svara)者,适与中国四声之所谓声者相类似,即指声之高低而言,英语所谓 pitch accent 者是也。佛教传入中国,其教徒转读经典时,此三声之分别当亦随之输入。至当时佛教徒转读其经典所分别之三声,是否即与中国之平、上、去三声切合,今日固难详知,然二者俱依声之高下分为三阶,则相同无疑也。中国语之入声皆附有 k,t,p 等

---

① 参看岑麒祥《语音学概论》第二章第三节,中华书局 1939 年版。

辅音之缀尾,可视为一特殊种类,而最易与其他之声分别。平、上、去则其声响高低距离之间虽有分别,但应分别之为若干数之声,殊不易定。故中国文士依据及摹拟当时转读佛经之声,分别定为平、上、去之三声,合入声共计之,适成四声,于是创为四声之说,并撰作声谱,借转读佛经之声调,应用于中国之美化文。此四声之说所由成立,及其所以适为四声,而不为其他数之故也。①

以上陈氏所云,汉语四声之产生,乃由于依据及摹拟当时转读佛经之事,姑不问其是否正确,而其所称入声与平、上、去三声相比,有其显著特点,则是一无法否认之事实。

三

在我国汉语音韵史中,音量之分别似较音高之分别为早。《公羊传·庄公二十八年》:"春秋伐者为客,伐者为主。"何休注云:"伐人者为客,读伐长言之,齐人语也;见伐者为主,读伐短言之,齐人语也。"此所谓长言短言,显即指音量之长短而言。清代段玉裁曾证明汉语古代无去声②,近人黄季刚并谓古无上声③。是则古代所具备者,仅平、入二声而已。其后由平声分化为平、上、去三声,并入声而为四声,沈约等四声之说,殆即依据于此。此四声者,后因受清浊声母之影响,复分为阴、阳二类,遂由四声变为五声、六声以至更多之声。现代广州话有八声,试分别举例说明如下〈见下页〉:第一项属阴声类,无入声,故只得阴平、阴上、阴去及阳平、阳上、阳去等六声。第二、第三、第四三项均属阳声类,平、上、去、入各分阴阳二类,故得八声。近人于此八声之外复发现一声,如呷、八、窄、夹、塔等等,因其亦收 p、t、k,且音量较短,故知其为入声,但其音高既不同于阴入,又不同于阳入,故定为中入,是为第九声。

---

① 参看《清华学报》第九卷,第二期,第 275—276 页。

② 见段玉裁《六书音均表·古四声说》。

③ 见黄侃《音韵略例》。

广州话声调

	阴平	阴上	阴去	阴入	阳平	阳上	阳去	阳入
一	夫	苦	富		扶	妇	父	
二	深	审	沁	湿	岑	○	甚	十
三	分	粉	粪	拂	坟	愤	份	佛
四	东	董	冻	笃	○	○	动	读

惟由吾观之,此实不过依据于我国传统习惯之一种类别而已。若纯以音高之高低升降为准,则所谓阴入实同于阴平,阳入实同于阳去,中入实同于阴去。广州话基本声调只有阴平、阴上、阴去、阳平、阳上、阳去等六个;入声自成一类,吾人可读之如阴平、阴上、阴去,亦可读之如阳平、阳上、阳去。明乎此,则广州话之所谓九声,或其他方言之有更多之声,实皆由入声变化而来,其基本声调则不出上述六种。故吾曰:"入声非声。"若勉强以声类视之,则极其量只能与阴声类、阳声类相配,而不能与平、上、去三声等量齐观,实彰彰明甚。兹为易于明了起见,试将广州话各声调另列一系统表如下:

	阴平	阴上	阴去	阳平	阳上	阳去	收音
一、阴声类	夫	苦	富	扶	妇	父	无
二、阳声类	深	审	沁	岑	○	甚	收 m
	分	粉	粪	坟	愤	份	收 n
	东	董	冻	○	○	动	收 ng
三、入声类	瞌	○	呷	○	○	狭	收 p
	必	○	鳖	○	○	别	收 t
	仄	○	窄	○	○	宅	收 k

原载重庆《图书月刊》1943 年第 2 卷第 7 期。后载入《语言学学习与研究》,中州书画社,1983 年 8 月。

我国古音研究之回顾与展望

一

古音乃对今音而言。我国汉语古今音之界限，自来言人人殊，莫衷一是。钱玄同《文字学音篇》分我国字音为六期：第一期为周秦（公元前11世纪至前3世纪）。此期之音，习惯上称为古音，以无韵书之故，自来皆不能言其真相。近三百年来，治古音者辈出，据《诗经》、《楚辞》、诸子、秦碑用韵之处及《说文解字》参校考订，而后此期之音始为人所粗知。第二期为两汉（前2世纪至2世纪）。此期承第一期而渐变，籀篆省为隶草，则字谐淆乱，谐声字之音渐渐不可审知，而韵书未作，字音无标准，故任情变易，用韵甚宽。第三期为魏晋南北朝（3世纪至6世纪）。此为韵书之初期。周秦以声母为标准之法，至此期已完全不适用，而字音任情变易，则妨碍实多，故韵书兴焉。第四期为隋唐宋（7世纪至13世纪）。此期为韵书全盛之期，《切韵》、《唐韵》、《广韵》、《集韵》四书为此期最有价值之韵书。第五期为元明清（14世纪至19世纪）。此期文学以北曲为主，于是有以北音为主之韵书发生，如元周德清之《中原音韵》及菉斐轩《词林韵释》之类。第六期为现代（20世纪初年至现在），音读沿第五期之趋势，以所谓北音为准。自此以后，中华字音将脱离韵书时代，而入于音标时代。此六期又可括为三期，即第一第二合为一期，以第二期包括于第一期之中，此期之音，以声母为标准；第三第四合为一期，以第三期包括于第四期之中，此期之音，以韵书为准；第五第六合为一期，以第五期包括于第六期之中，此期之音，以音标为准。此乃就我国历代字音变迁之大势而言。其第一第二期之音即普通音韵学上所谓古音，第三第四期即所谓今音，第五第六期即所谓国音。实则今音与国音之名称最易令人发生误会。善哉吴瓯之言曰："时序者，恒久相衔而不断者也。若言间往，宜有准衡。上者以朝代为齐限。次亦应顾时效相生之期宇。前哲言古音而下逮六朝，言今音而上溯唐宋，一以《广韵》为枢机，祖祢雁行，最为淆杂。愚尝谓声韵衍流，应析为六期，而大别为三纪。夏商以前，不得而详，次则周秦为一期，汉魏为一期，是曰上古；六季为一期，隋唐为一期，是曰中古；宋元为一期，明清为一期，是曰近古，皆古音也。今音则断自鼎革，若国语注音之类足以当之。"惟若依吴氏之说，则古音之范围将漫无纪理，决非今之言古音者所能尽述。鄙意古音当有广狭二义。自其广义言之，凡现代以前之音均可谓之古音；自其狭义言之，则古音专指周秦两汉之音。兹篇所论，乃就其狭义以言。

<h2 style="text-align:center">二</h2>

语言常随时代而变迁，匪特我国汉语为然。惟汉语采用衍形文字，读音多隐而不见，故其变迁之迹遂亦不易为人所察知。我国学者之有古音观念虽始自汉代，如郑康成笺《毛诗》云"古声填、真、尘同"，刘熙《释名》"古者曰车，声如居，所以居人也；今曰车，声近舍"之类，但后人不明是理，遇有古今音不合也，辄为协句、合韵、取韵之说以释之，如沈重《毛诗音》于《燕燕》首章"远送于野"下云："协句，宜音时预反"，三章"远送于南"下云："协句，宜音乃林反。"此所谓协句，徐邈《毛诗音》谓之取韵，陆德明《经典释文》谓之协韵，颜师古注《汉书》谓之合韵，要皆强改字音以就今读之臆说也。逮乎唐世，复有改经之陋习，如顾炎武《音论》所举，《尚书》："无偏无颇，遵王之义。"开元十三年敕改"颇"为"陂"；《易》："鸿渐于陆，其羽可用为仪。"范谔昌改"陆"为"逵"；《杂卦传》："萃，聚也，明夷，诛也。"孙奕改"诛"为"昧"。流风所播，寖成习俗。顾氏于《答李子德书》内云："三代六经之音，失其传也久矣，其文之存于世者，多后人所不能通。以其不能通而辄以今世之音改之，于是乎有改经之病，始自唐明皇改《尚书》，而后世往往效之，然犹曰旧为某，今改为某，则其本文犹在也。至于近日，锓本盛行，而凡先秦以下之书，率臆径改，不复言其旧为某，则古人之音亡而文亦亡。"是诚可叹也已。

我国古代音韵学家最能洞悉古今音变之理者，莫如明之陈第。其《毛诗古音考序》云："时有古今，地有南北，字有更革，音有转移，亦势所必至。故以今之音，读古之作，不免乖剌而不合。于是悉委之叶。夫其果出于叶也，作之非一人，采之非一国，何以'母'必读'米'，非韵'祀'，韵'止'，则韵'祉'，韵'喜'矣；'马'必读'姥'，非韵'组'，韵'黼'，则韵'旅'，韵'土'矣；'京'必读'疆'，非韵'堂'，韵'将'，则韵'常'，韵'王'矣；'福'必读'偪'，非韵'食'，韵'翼'，则韵'德'，韵'亿'矣。厥类实繁，难以殚举。其矩律之严，即《唐韵》不啻。此其故何耶？《左》、《国》、《易》象、《离骚》、《楚辞》、秦碑、汉赋，以至上古歌谣、箴铭、颂赞，往往韵与《诗》合，实古音之证也。"陈氏根据此理撰《毛诗古音考》，于各字下注明古读，本证之外，复以其他经书子书用韵之处为旁证。又撰《屈宋古音义》，取《楚辞》上之韵语以与《毛诗》相印证。此外尚有《读诗拙言》一书，谓《说文》形声字从某得声之例往往与《毛诗》音暗合，遂开以后诸家就《说文解字》以研究古音之先河。昆山顾炎武承其余绪，撰《音学五书》以阐发之。此五书者，一曰《音论》，二曰《诗本音》，三曰《易音》，四曰《唐韵正》，五曰《古音表》。其自序云："此书为三百篇而作也。先之以《音论》，何也？曰：审音学之原流也。《易》文不具，何也？曰：不皆音也。《唐韵正》之考音详矣，而不附于经，何也？曰：文繁也。已正其音而犹遵元第，何也？曰：述也。《古音表》之别为书，何也？曰：自作也。盖尝四顾峙嵼，几欲分之，几欲合之，久之然后胪而为五矣。"于此可以想见各书之性质。《古音表》变更唐韵之组织，将古韵分为十部，如下：

一、东、冬、钟、江；

二、支、脂、之、微、齐、佳、皆、灰、咍、尤半（去声祭、泰、夬、废；入声质、术、栉、昔半、职、物、迄、屑、薛、锡半、月、没、曷、末、黠、镝、麦半、德、屋半）；

三、鱼、虞、模、侯、麻半（入声屋半、沃半、烛、觉半、药、铎、陌、麦半、昔）；

四、真、谆、臻、文、殷、元、魂、痕、寒、桓、删、山、先、仙；

五、萧、宵、肴、豪、幽、尤半（入声屋半、沃半、觉半、药、铎半、锡半）；

六、歌、戈、麻、支半；

七、阳、唐、庚半；

八、耕、清、青、庚半；

九、蒸、登；

十、侵、覃、谈、盐、添、咸、衔、严、凡（入声缉、合、盍、叶、帖、洽、狎、业、乏）。

顾氏之长处在能析唐韵以求古音，如以"支"韵字半入脂、之，半入歌、戈；"麻"韵字半入歌、戈，半入鱼、虞；"庚"韵字半入阳、唐，半入耕、清；"尤"韵字半入脂、之，半入萧、宵等，故不致受唐韵之拘束。至入声各韵不依《切韵》以屋承东、以德承登之例，而以之分配其他各部，尤为独具只眼。惜其过信"古人韵缓不烦改字"之说，十部之分，离合处尚有未精，入声之分配亦多未当。江永病其"考古之功多，审音之功浅"，乃另撰《古韵标准》以正之，将真、谆、臻、文、殷等十四韵析而为二：真、谆、臻、文、殷、魂、痕为一部，元、寒、桓、删、山、仙为一部，而割先韵两属之；萧、宵、肴、豪、尤、幽亦析而为二：萧、宵、肴、豪为一部，尤、幽另与侯相配为一部；侵、覃等九韵复分为二部：侵为一部，添、严、咸、衔、凡为一部，而割覃、谈、盐两属之，共得十三部。兹录其目如下：

一、东、冬、钟、江；

二、支、脂、之、微、齐、佳、皆、灰、咍、尤（去声祭、泰、夬、废，入声麦、昔，锡、职、德）；

三、鱼、虞、模、麻（入声药、铎、沃、觉、陌、麦、昔、锡）；

四、真、谆、臻、文、殷、魂、痕、先（入声质、术、栉、物、迄、没、屑、薛）；

五、元、寒、桓、删、山、先、仙（入声月、曷、麦、黠、辖、没、屑、薛）；

六、萧、宵、肴、豪；

七、歌、戈、麻、支；

八、阳、唐、庚；

九、庚、耕、清、青；

十、蒸、登；

十一、尤、侯、幽、虞、萧、宵、肴、豪（入声屋、沃、烛、觉）；

十二、侵、覃、谈、盐（入声缉、合、叶、洽）；

十三、覃、谈、盐、添、严、咸、衔、凡（入声合、盍、叶、帖、业、洽、狎、乏）。

段玉裁乃我国研究《说文》学者之权威。其所著《说文解字注》书末附有《六书音均表》，共分五篇，曰今韵古分十七部表、古十七部谐声表、古十七部合用类分表、诗经韵分十七部表、群经韵分十七部表，内依"六书同谐声者必同部"之原则，考得古韵十七部如下：

一、之、咍（入声职、德）；

二、萧、宵、肴、豪；

三、尤、幽（入声屋、沃、烛、觉）；

四、侯；

五、鱼、虞、模（入声药、铎）；

六、蒸、登；

七、侵、盐、添（入声缉、叶、帖）；

八、覃、谈、咸、衔、严、凡（入声合、盍、洽、狎、业、乏）；

九、东、冬、钟、江；

十、阳、唐；

十一、庚、耕、清、青；

十二、真、臻、先（入声质、栉、屑）；

十三、谆、文、欣、魂、痕；

十四、元、寒、桓、删、山、仙；

十五、脂、微、齐、皆、灰（去声祭、泰、夬、废，入声术、物、迄、月、没、曷、末、黠、鎋、薛）；

十六、支、佳、（入声陌、麦、昔、锡）；

十七、歌、戈、麻。

段氏十七部与江氏十三部相较，其不同之点约有三端：（一）支、脂、之、微、齐、佳、皆、灰、咍江氏为一部，段氏分为三部：之、咍一部，脂、微、齐、皆、灰一部，支、佳一部；（二）真、谆、臻、文、殷、魂、痕、先，江氏合为一部,段氏分为二部:真、臻、先一部,谆、文、殷、魂、痕一部;(三)尤、侯、幽,江氏合为一部,段氏复分二部:尤、幽一部,侯独为一部。戴震与段氏书云:"支、脂、之有别,此足下卓识,可以千古矣!"惟不赞同尤、侯、幽与真、谆、臻、文、殷、魂、痕、先之分,故其后于所著《声类考》中复各合之为一,另立祭、泰、夬、废四去声韵为一部,与九部入声韵相配,共得九类二十五部,如下:

一、歌、戈、麻(阿)⋯⋯⋯⋯⋯⋯⋯⋯⋯
二、鱼、虞、模(乌)⋯⋯⋯⋯⋯⋯⋯⋯⋯ } 三、入声铎(垩)

四、蒸、登(膺)⋯⋯⋯⋯⋯⋯⋯⋯⋯⋯
五、之、咍(噫)⋯⋯⋯⋯⋯⋯⋯⋯⋯⋯ } 六、入声职、德(亿)

七、东、冬、钟、江(翁)⋯⋯⋯⋯⋯⋯
八、尤、侯、幽(讴)⋯⋯⋯⋯⋯⋯⋯⋯ } 九、入声屋、沃、烛、觉(屋)

十、阳、唐(央)⋯⋯⋯⋯⋯⋯⋯⋯⋯
十一、萧、宵、肴、豪(夭)⋯⋯⋯⋯ } 十二、入声茶(约)

十三、庚、耕、清、青(婴)⋯⋯⋯
十四、支、佳(娃)⋯⋯⋯⋯⋯⋯⋯⋯ } 十五、入声陌、麦、昔、锡(虎)

十六、真、谆、臻、文、欣、魂、痕(殷)⋯⋯⋯
十七、脂、微、齐、皆、灰(衣)⋯⋯⋯⋯ } 十八、入声 质、术、栉 物、迄、没 (乙)

十九、元、寒、桓、删、山、先、仙(安)⋯
二十、祭、泰、夬、废(霭)⋯⋯⋯⋯⋯ } 廿一、入声 月、曷、末 黠、鎋、薛 (遏)

廿二、侵、盐、添(音)⋯⋯⋯⋯⋯⋯⋯⋯⋯ 廿三、入声缉(邑)

廿四、覃、谈、咸、衔、严、凡(醃)⋯⋯⋯ 廿五、入声 合、盍、叶、帖 业、洽、狎、乏 (襡)

戴氏古韵虽分二十五部,然若除去入声九部,实得十六部。厥后其弟子孔广森作《诗声类》,复分东、冬、钟、江为二:东、钟、江一部,冬一部;祭、泰、夬、废不另立;尤、幽与侯戴氏不分者,复依段氏分之,另并段氏第七、第八两部之入声为一部,共得十八,内阳声九部,阴声九部,如下:

阳声九部: 　　　　　　　　阴声九部:

一、原类：元、寒、桓、删、　一、歌类：歌、戈、麻；

山、仙；

二、丁类：耕、青、清；　二、支类：支、佳，入声麦、锡；

三、辰类：真、谆、臻、先、文、　三、脂类：脂、微、齐、皆、灰，入声

殷、魂、痕；　　　　质、术、栉、物、迄、月、

　　　　　　　　没、曷、末、黠、镃、

　　　　　　　　屑、薛；

四、阳类：阳、唐、庚；　四、鱼类：鱼、模，入声陌、昔；

五、东类：东、钟、江；　五、侯类：侯、虞，入声屋、烛；

六、冬类：冬；　六、幽类：幽、尤、萧，入声沃；

七、侵类：侵、覃、凡；　七、宵类：宵、肴、豪，入声觉、药；

八、蒸类：蒸、登；　八、之类：之、哈，入声职、德；

九、谈类：谈、盐、添、咸、　九、合类：入声合、盍、缉、叶、帖、

衔、严。　　　　洽、狎、业、乏。

孔氏后有严可均作《说文声类》，并冬于侵，复将孔氏合类附谈类，共得十六部；姚文田作《古音谐》及《说文声系》，折中段、戴二氏之说，列平、上、去十七部，入声九部，共二十六部；刘逢禄《诗声衍》亦分二十六部，与戴氏二十五部颇相似。

王念孙古韵之分部，见于其子王引之《经义述闻》卷三十一所载，内缉、盍别立，与戴氏略同，又取质、栉、屑诸韵，段氏附于真者，别立至部；祭、泰、夬、废、月、曷、末、黠、镃、薛诸韵，段氏附于脂者，别立祭部，共得二十一部，如下：

一、东（平、上、去）；　二、蒸（平、上、去）：

三、侵（平、上、去）；　四、谈（平、上、去）：

五、阳（平、上、去）；　六、耕（平、上、去）；

七、真（平、上、去）；　八、谆（平、上、去）；

九、元（平、上、去）：　十、歌（平、上、去）；

十一、支（平、上、去、入）；　十二、至（去、入）；

十三、脂（平、上、去、入）；　十四、祭（去、入）；

十五、盍(入);　　　　十六、缉(入);

十七、之(平、上、去、入);　　十八、鱼(平、上、去、入):

十九、侯(平、上、去、入);　　二十、幽(平、上、去、入);

二十一、宵(平、上、去、入)。

江有诰与戴、段、王同时,曾著《诗经韵读》、《群经韵读》、《楚辞韵读》、《汉魏韵读》等《音学十书》,亦分古韵为二十一部;其中祭、叶、缉三部别立,与王氏不谋而同,惟质、栉、屑附于脂,与王氏异。复依孔氏之例分东、冬、钟、江为东、中二部,其目如下:

一、之部:之、咍,入声职、德;

二、幽部:尤、幽,入声沃;

三、宵部:宵,入声药、铎;

四、侯部:侯,入声烛;

五、鱼部:鱼、模,入声陌;

六、歌部:歌、戈、麻;

七、支部:支、佳,入声麦、昔;

八、脂部:脂、微、皆、灰,入声质、术、栉、物、迄、没、屑;

九、祭部:去声祭、泰,夬、废,入声月、曷、末、镈、薛;

十、元部:元、寒、桓、山、删、仙;

十一、文部:文、欣、魂、痕;

十二、真部:真、臻、先;

十三、耕部:耕、清、青;

十四、阳部:阴、唐;

十五、东部:东、钟、江;

十六、中部:冬;

十七、蒸部:蒸、登;

十八、侵部:侵、覃;

十九、谈部:谈、盐、添、严、衔;

二十、叶部:入声叶、帖、业、狎、乏;

二十一、缉部:入声缉、合。

江氏后有夏炘《诗古韵表二十二部集说》，极赞成江氏二十一部之分，而另添王氏之至部，是古韵为二十二部。丁以此《毛诗正韵》亦分二十二部。王国维于《周代金石文韵读自序》内云："古韵之学，自昆山顾氏而婺源江氏，而休宁戴氏，而金坛段氏，而曲阜孔氏，而高邮王氏，而歙县江氏，作者不过七人，然古音二十二部之目遂令后世无可增损。故训故名物文字之学有待于将来者甚多，至古韵之学，谓之前无古人，后无来者，可也。"可见其推崇之诚。

章炳麟可谓清代古音学之集大成者。其古音学说见于所著《小学略说》、《二十三部音准》诸篇及《文始》等书。章氏分韵为二十三部，乃以王氏二十一部为基础，并参以孔氏东、冬分部之说，又证明脂部去、入声古不与脂同用，别立至部。黄侃承其学说，更从《广韵》中考定"古本韵"三十二部，其中歌、戈、曷、末、魂、痕、寒、桓，皆为一开一合，可使各自合并，共得二十八部，内阴声八部，阳声十部，入声十部，如下：

    阴声：歌、咍、灰、齐、模、侯、萧、豪；
    阳声：寒、先、痕、青、唐、东、冬、登、覃、添；
    入声：曷、屑、没、锡、铎、屋、沃、德、合、帖。

此二十八部之设立，黄氏自称皆本昔人，未尝以臆见渗入，如先、齐、模、东、豪、覃为郑庠所立；歌、青、唐、登为顾炎武所立；寒、萧、添为江永所立；灰、痕、侯、咍为段玉裁所立；屑、没、锡、铎、屋、沃、德、合、帖为戴震所立；冬为孔广森所立；曷为王念孙所立。现虽未能认为定案，然"前修未密，后出转精"（章炳麟语），我国古韵系统，至此已可大部分确定矣。

三

汉语字音本分声韵二部分。声即一字之发音，其标目谓之纽；韵即一字之收音，其标目亦谓之韵。我国治古音者，宋明以来，如顾，如江，如戴，如段，皆只注重古韵，对于古纽问题，从未究心焉。近世考究古纽者，殆始于钱大昕。钱氏《十驾斋养新录》卷五有《古无轻唇音说》，证明今非、敷、奉、微四母古皆读入帮、滂、並、明；又有《舌音类隔之说不可信》一篇,谓古无舌头、舌上之分,今音知、彻、澄三母,求之古音,实与端、透、定无异。又《音韵问答》及《养新录》卷五谓古音影、喻、晓、匣四母多相混,而与见、溪诸母无显著之分别。近人章炳麟继之,更考明古无娘、日二纽,作《古音娘、日二纽归泥说》(见《国故论衡》上卷)谓:"古音有舌头泥纽,其后文支别,则舌上有娘纽,半舌半齿有日纽,于古皆泥纽也。"又《新方言》卷十一谓:"精、清、从、心、邪本是照、穿、床、审、禅之副音。"是则正齿、齿头二组古亦不分,于是断定"今有九音,于古则六,曰:喉、牙、舌、齿、唇、半舌"(《古双声说》),并列成一纽目表如下:

喉音	牙膏	舌音	齿音	唇音
见	晓	端(知)	照(精)	帮(非)
溪	匣	透(彻)	穿(清)	滂(敷)
群	影(喻)	定(澄)	床(从)	並(奉)
疑		泥(娘、日)	审(心)	明(微)
		来	禅(邪)	

黄侃承章氏之学,复于《广韵》中考得三十二韵为"古本韵"(见上节)。此三十二韵中仅有影、见、溪、晓、匣、疑、端、透、定、来、泥、精、清、从、心、帮、滂、並、明十九纽,因而断定此为"古本纽",以之列成一表如下:

深喉音	浅喉音	舌音	齿音	唇音
影(喻、于)	见	端(知、照)	精(庄)	帮(非)
	溪(群)	透(彻、穿、审)	清(初)	滂(敷)
	晓	定(澄、神、禅)	从(床)	並(奉)
	匣	来	心(山、邪)	明(微)
	疑	泥(娘、日)		

黄氏此结论,可疑之点甚多。例如其所取材,纯以《广韵》为准。惟《广韵》乃出于隋唐时代之韵书,虽沿古酌今是其所长,然南北是非亦其所必论,就其中切语是否即可测知上古之音系,此其可疑之点一也。黄氏以"古本纽"证明"古本韵",又以"古本韵"证明"古本纽",此种以甲证乙,又以乙证甲之乞贷论证,实难令人置信,此其可疑之点二也。……

总之,昔人研究古声纽,只知从古音通用上求其合,而不知从审音方面以求其分,研究愈久,界限愈疏,无怪乎林语堂氏讥其幼稚疏陋也。

四

上述诸家对于我国古音之研究,多仅能拟出一个系统,而每部或每个韵之音值如何,多无从推测,甚或只知其然而不知其所以然。段玉裁关于古韵支、脂、之三部之分,可谓古音学上一大发现,但其晚年于致江有诰书内云:"足下能知其所以分为三乎?仆老耄,倘得闻而死,岂非大幸?"其他可以想见。戴震分古韵为二十五部,于每部之首标一影母字以为标目,亦不能遽认为可以代表该部之音值。章炳麟作《二十三部音准》,于每部之下标数十字以为标准,似已注意及其音值,然语多含混,且未说明其所以如此推定之理由,亦不易使人置信。直至近人汪荣宝于民国十二年在北京大学《国学季刊》第一卷第二号发表《歌、戈、鱼、虞、模古读考》一文,从外国译音中证明凡歌、戈韵之字,唐宋以上皆读 a 音,不读 o 音;凡鱼、虞、模韵之字,魏晋以上皆读 a 音,不读 u 音或 ü 音,从此古音音值之问题始渐为人所注意。当时继起参加讨论者,如钱玄同、唐钺、林语堂、李方桂、罗常培、王力等等,颇不乏人。类皆能运用新方法以作学术上之讨论。查汉语原属汉藏系语言中之一重要成员。内如古今各种方言,外如西藏语、缅甸语、壮语、泰语以至侗语、黎语等等,皆与之有亲属关系。苟能广泛从事搜集,进而采用各种近代语文学上及语言学上之先进方法加以分析比较,则其前途实未可限量也。试拭目以俟之。

原载《广州知用中学二十四周年纪念学术专号》,1936 年。后载入《语言学学习与研究》,中州书画社,1983 年 8 月。

古代汉语语词的词性和词序

　　汉语语词，可大别之为实虚二类。何谓实词？何谓虚词？自古言人人殊，莫衷一是。清末曾国藩在与友人书内说："何以谓之实字（按此所谓字，即今之所谓词）虚用？如'春风风人'，'夏雨雨人'，'解衣衣我'，'推食食我'，'春朝朝日'，'秋夕夕月'，'入其门无人门焉者'，'入其闺无人闺焉者'，以上两字同者，上一字皆实字也，下一字则虚用矣。……何以谓之虚字实用？如'步'，行也，虚字也，然韩文之'步有新船'，《诗经》之'国步'，'天步'，则实用矣。'薄'，迫也，虚字也，然因其丛密而林曰'林薄'，因其不厚而帘曰'帷薄'，以及《尔雅》之'屋上薄'，《庄子》之'高门悬薄'，则实用矣。'覆'，败也，虚字也，然《左传》设伏以败人之兵，如'郑突为三覆以待之'，'韩穿设七覆于敖前'，是虚字而实用矣。"曾氏以名词为实字，已嫌范围广狭不符，至于以动词为虚字，那简直是张冠李戴了。俞樾在《古书疑义举例》三"实字活用例"里说："《宣六年公羊传》：'勇士入其大门，则无人门焉者。'上门字，实字也，下门字，则为守是门者也。《襄九年左传》：'门其三门。'下门字，实字也，上门字，则为攻是门者也。此实字而活用者也。……又如'规'、'矩'字皆实字。《国语·周语》：'其母梦神规其臀以墨。'韦注曰：'规，画也。'此'规'字活用也。《考工记》：'必矩其阴阳。'郑注曰：'矩，谓刻识之也。'此'矩'字活用也。"他以名词用如动词为实字活用，似乎已较曾氏略胜一筹，但是对实词的解释，仍与曾氏同犯一弊病。这两个名词的涵义，直到马建忠才获得了一个比较妥善的界说。他在《马氏文通》里说："凡字有事理可解者，曰实字，无解而惟助实字之情态者，曰虚字。"这里所谓"有事理可解"，即表示概念的意思，"无解而惟助实字之情态"，实际上就是表示概念间的关系。我们如果把汉语语法中的九个词类分别归纳进去，那么，名词、动词、形容词和副词都属实词，介词、连词、助词、叹词都属虚词(叹词表示情感,和其他词类截然不同,现在为便利起见,姑且列为虚词)。至于代词一类,如果只表示动词的人称,可以认为虚词,如果指事物的代名,又可以认为实词而与名词同用。总之,实词比如我们的骨骼,虚词比如我们的筋肉;合骨骼和筋肉才能成一躯体。刘淇在《助字辨略》中说得好:"构文之道,不过实字虚字两端。实字其体骨,而虚字其性情也。"

实词和虚词的分别既如上述,我们研究汉语语法,本应该兼顾并重,不分轩轾。但是虚词繁琐,短时间不容易解释清楚。这里所说的,当偏重实词。古代汉语的实词有一个特点,就是一个词往往兼有名词、动词、形容词和副词等四个词性。例如"人"本来是名词,但是在"人其人"(韩愈《原道》)一语里,上人字却是动词,"人熊"、"人鱼"里却是形容词,"豕人立而啼"(《左传》)里却是副词。从前德国柏林大学教授格鲁伯(Grube)曾设一妙喻,说汉文中的词类恰如代数中的未知数 x,我们要解方程式才能知道它的价值。这都是就实词方面来说的。实词原有的词性我们叫做本性,其他来自假借的叫做变性。现在把它们的体例分述如下:

(一) 名词变动词例

　　春风风人,夏雨雨人。(说苑)
　　解衣衣我,推食食我。(同上)

以上两个名词叠用,下面接以一个名词或代词,下一个名词变为动词。

　　手剑而从之。(公羊传)
　　手熊羆,足野羊。(史记·司马相如列传)

以上两个名词或几个名词相连,而前后都没有动词,上一个名词变为动词。

　　门其三门。(左传)
　　其母梦神规其臀以墨。(国语)
　　必矩其阴阳。(考工记)

人其人。(韩愈:原道)

曲肱而枕之。(论语)

以其子妻之。(论语)

睹其一战而胜,欲从而帝之。(战国策)

兴雨祁祁,雨我公田。(诗经)

尔欲吴王我乎?(左传)

于是乘其车,揭其剑,过其友曰:"孟尝君客我。"(战国策)

以上名词在代词之前变为动词。

勇士入其门,则无人门焉者,入其闺,则无人闺焉者。(公羊传)

以上名词在"焉者"之前变为动词。

赵旃夜至于楚军,席于军门之外。(左传)

甲戌,师于氾。(左传)

栾黡士魴门于北门。(左传)

靡衣玉食以馆于上者,何可胜数?(苏轼:志林)

以上名词在"于"之前变为动词。

恃其谗慝诈伪而不德于民。(左传)

齐人杀无知,何以不地?(左传)

君子不器。(论语)

不耕而食鸟兽之肉,不蚕而衣鸟兽之皮。(苏洵:易论)

以上名词在"不"之后变为动词。

何以一旦便易此情于所天?(晋武帝诏)

吾闻观近臣以其所为主,观远臣以其所主。(孟子)

凡有行,必请于搢绅先生以求咏歌其可所志。(韩愈:送浮屠文畅师序)

以上名词在"所"之后变为动词。

行仁政而王,莫之能御也。(孟子)

方里而井，井九百亩。（孟子）

不耕而食鸟兽之肉，不蚕而衣鸟兽之皮。（见前）

礼乐而力忠信其君其习可乎？[①]（大戴礼记）

以上名词在"而"之后变为动词。

（二）名词变形容词例

人心惟危，道心惟微。（尚书）

天道亏盈而益谦，地道变盈而流谦，鬼神害盈而福谦，人道恶盈而好谦。（易经）

泽雉十步一啄，百步一饮。（庄子·养生主）

割鸡焉用牛刀？（论语）

以上两个名词在同一个句子成分里相连，而其间没有连词联缀（显或隐），上一个名词变为形容词。

（三）名词变副词例

豕人立而啼。（左传）

即鏦[②]杀王。（史记·东越列传）

庶民子来。（孟子）

有席卷天下，包举宇内，囊括四海之意。（贾谊：过秦论）

撞搪呼号，以相和应，蜂屯蚁聚，不可爬梳。（韩愈：送郑尚书序）

圣人者立，然后知宫居而粒食。（韩愈：送浮屠文畅师序）

以上名词在动词之前而不能认为主语，变为副词。其他熟语如"蝟集"，"鹄立"等等均同此例。

---

① 此句应为"君其习礼乐而力忠信，其可乎？"参看俞樾《古书疑义举例》六字句错乱例。

② 这个"鏦"字，俞樾在《古书疑义举例》虽认为"实字活用"，不对。

(四) 动词变名词例

窃自计较,受与报不宜在门下诸从事后。(韩愈:上郑尚书相公启)

死生有命。(论语)

其言也讱。(论语)

以上动词用作主语变为名词。

未知生,焉知死?(论语)

寡人好战。(孟子)

父子主恩,君臣主敬。(孟子)

以上动词用作宾语变为名词。

圣贤之能多,农马之知专也。(韩愈:上襄阳于相公书)

冀足下知吾之退,未始不为进,而众人之进,未始不为退也。(韩愈:答侯继书)

天下之生久矣。(孟子)

以上动词在"之"之后变为名词。

一箪食,一瓢饮,在陋巷,人不堪其忧。(论语)

故苟得其养,无物不长,苟失其养,无物不消。(孟子)

以上动词在"其"之后变为名词。

冀足下知吾之退,未始不为进,而众人之进,未始不为退也。(见前)

人能无以饥渴之害为心害,则不及人不为忧矣。(孟子)

以上动词用作表语变为名词。

(五) 动词变形容词例

沽酒,市脯,不食。(论语)

人莫鉴于流水,而鉴于止水。(庄子·德充符)

流言飞文,哗于民间。(汉书)

以上动词在名词之前,而此名词不能认为宾语,变为形容词。

(六) 动词变副词例

庄公寤生,惊姜氏。(左传)

生拘石乞而问白公之死焉。(左传)

动欲慕古,不度时宜。(汉书·食货志)

且方其时,上使立诛之则已。(史记·张释之列传)

以上两个动词相连,而其间没有连词联缀(显或隐),上一个动词变为副词。

(七) 形容词变名词例

贵以贱为本,高以下为基。(老子)

富与贵是人之所欲也,不以其道得之,不处也。(论语)

贫与贱是人之所恶也,不以其道得之,不去也。(论语)

以上形容词用作主语变为名词。

其知可及也,其愚不可及也。(论语)

抑之欲其奥,扬之欲其明。(柳宗元:答韦中立书)

以上形容词在"其"之后变为名词。

不有祝鮀之佞,而有宋朝之美。(论语)

不知鞍马之勤,道途之远也。(韩愈:上襄阳于相公书)

以上形容词在"之"之后变为名词。

用下敬上,谓之贵贵,用上敬下,谓之尊贤。(孟子)

贵以贱为本,高以下为基。(见前)

以上形容词用作宾语变为名词。

(八) 形容词变动词例

人洁己以进。(论语)

老吾老以及人之老,幼吾幼以及人之幼。(孟子)

夫子欲寡其过而未能也。(论语)

楚人恶君之二三其德也。(左传)

彼长而我长之,彼白而我白之。(孟子)

丞相岂少我哉?且固我哉?(史记·李斯列传)

时充国年七十余,上老之。(汉书·赵充国传)

以上形容词在代词之前变为动词。

其所厚者薄,而其所薄者厚。(大学)

天子所右,则寡人亦右之;所左,亦左之。(左传)

以上形容词在"所"之后变为动词。

知足不辱,知止不殆,可以长久。(老子)

不直,则道不见。(孟子)

夷子思以易天下,岂以为非是而不贵也?(孟子)

以上形容词在"不"之后变为动词。

孔子登东山而小鲁,登泰山而小天下。(孟子)

然则吾大天地而小毫末,可乎?(庄子·秋水篇)

以上形容词在"而"之后,或在名词之前而不能认为定语,变为动词。

国子之国也,何迟于为君?(谷梁传)

久于齐,非我志也。(孟子)

以上形容词在"于"之前变为动词。

(九) 形容词变副词例

是以十九年而刀刃若新发于硎。(庄子·养生主)

小称意,人亦小怪之;大称意,则人必大怪之也。(韩愈:与冯宿论文书)

季文子三思而后行。(论语)

陈相见许行而大悦。（孟子）

以上形容词在动词之前变为副词。

（十）副词变名词例

天之苍苍，其正色邪？（庄子·逍遥游）

千人之诺诺，不如一士之谔谔。（史记·商君列传）

以上重言，本皆副词，现在"之"之后变为名词。

贤者以其昭昭，使人昭昭，今以其昏昏，使人昭昭。（孟子）

彼以煦煦为仁，孑孑为义，其小之也则宜。（韩愈：原道）

以上重言，本皆副词，现在"以"之后变为名词。

（十一）副词变动词例

吾子其何遽戚戚于吾所为哉？（韩愈：重答张籍书）

以吾心之思足下，知足下悬悬于吾也。（韩愈：答孟东郊书）

以上重言，本皆副词。现在"于"之前变为动词。

（十二）副词变形容词

其政闷闷，其民淳淳，其政察察，其民缺缺。（老子）

故至德之世，其行填填，其视颠颠。（庄子·马蹄篇）

吾年未四十，而视茫茫，而发苍苍，而齿牙动摇。（韩愈：祭十二郎文）

而容崖然，而目冲然，而颡頯然。（老子）

以上副词用作表语变为形容词。

上面所说的，都是一些词类变性的例子。词类中何以会有这种变性呢？那绝大多数都是出于一种修辞上的要求。一句话平铺直叙，往往使人觉得平淡无奇，但是如果采用一种迂回曲折的手法，就会使人感到新颖奇拔，耐人寻味。词类的变性就是这样的一种手法。至于词序，世界语言中本分"自由的"和"固定的"两种。例如拉丁语的 Paulus videt Petrum（保罗见彼得）这个句子，Paulus（保罗）的-us 表示主格，Petrum（彼得）的-um 表示宾格，主宾既定，其中各个词的次序，我们无论把它们排成 Paulus Petrum videt，或者 Petrum Paulus videt，甚而至 Petrum videt Paulus，其基本意义都没有改变。所以我们说它的词序完全是"自由的"。汉语的词没有语格等变化，所以它们在句子中的次序多极固定。现在分述如下：

（一）主语在动词之前。例如：

> 保氏掌谏王恶，而养国子以道。（周礼）
> 尔爱其羊，吾爱其礼。（论语）
> 巧言乱德。（论语）
> 知之为知之，不知为不知，是知也。（论语）
> 久于齐，非我志也。（见前）
> 邦有道，贫且贱焉，耻也。（论语）
> 故为渊驱鱼者，獭也。（孟子）

（二）宾语在动词之后。例如：

> 孟子见梁惠王。（孟子）
> 君子耻其言而过其行。（论语）
> 无友不如己者。（论语）

但是在某种情况下，这一规律可以有几个例外：

（1）在否定句中，如果宾语是代词，常把它置于动词之前，如：

> 予惟不尔杀。（尚书）
> 金玉满堂，莫之能守。（老子）
> 居则曰："不吾知也。"（论语）
> 吾先君亦莫之行也。（孟子）

（2）在疑问句中，如果宾语是代词，也常把它置于动词之前，如：

> 万姓仇予，予将畴依？（尚书）
> 子曰："吾何执？执御乎？执射乎？"（论语）

子曰:"吾谁欺? 欺天乎?"(论语)

曰:"奚冠?"曰:"冠素。"(孟子)

曰:"奚之?"曰:"将之卫。"曰:"奚为焉?"(庄子·人间世)

（3）复杂或特意着重的宾语往往置于句首,有时并且在适当的位置加上一个复指代词来补充,如:

危邦不入,乱邦不居。(论语)

盛德之士,君不得而臣,父不得而子。(孟子)

高者抑之,下者举之,有余者损之,不足者补之。(老子)

老者安之,朋友信之,少者怀之。(论语)

饮食之人,则人贱之矣。(孟子)

五十而慕者,吾于大舜见之矣。(孟子)

角者吾知其为牛,鬣者吾知其为马。(韩愈·获麟解)

（4）在动词之前加"之"或"是",可以把宾语移置在它的前面,如:

父母唯其疾之忧。(论语)

是之不恤,而蓄聚不厌。(国语)

赵举而秦强,何敝之承?(史记·项羽本纪)

惟陈言之务去。(韩愈:答李翊书)

是之不戒而渊是害。(三国志·公孙渊传)

将虢是灭。(左传)

君亡之不恤,而群臣是忧,惠之至也。(左传)

子为司寇,将盗是务去。(左传)

释君而臣是助。(左传)

今将易其业,而三礼是习。(韩愈:送陈密序)

（三）形容词在它所形容的名词之前。例如:

天将降大任于是人也。(孟子)

羔裘玄冠,不以吊。(论语)

流言飞文,哗于民间。(见前)

名词加"之"成一短语含有形容词性质,照例也置于它所形容的名词之前。例如:

> 是非君子之言也。（礼记）
>
> 千乘之国,可使治其赋也。（论语）
>
> 如有周公之才之美,使骄且吝,其余不足观也已。（论语）
>
> 仲尼之徒,无道桓文之事者。（孟子）
>
> 为我作君臣相说之乐。（孟子）

(四)副词在它所修饰的动词、形容词或另一副词之前。例如:

> 先进于礼乐,野人也;后进于礼乐,君子也。（论语）
>
> 天油然作云,沛然作雨,则苗浡然兴之矣。（孟子）
>
> 子谓韶,尽美矣,又尽善也;谓武,尽美矣,未尽善也。（论语）
>
> 非不呺然大也。（庄子·逍遥游）
>
> 君是以不果来也。（孟子）
>
> 且子亦太早计。（庄子·齐物论）

当然,以上这些都是就一般行文的次序来说的,属句法方面的问题。在句法方面,也如在词性方面一样,如果里面搀杂有些特别用意,如增重语气、调和音节,或使全句的结构格外曲折奇拔等等,那么,在不致使人发生误解这一条件下,也可以把这些次序略为移动。这就是所谓倒文。古书倒文的条例很多,容当另文讨论。

原载昆明西南联合大学师范学院《国文月刊》第十二期,1942年3月16日。后载入《语言学学习与研究》,中州书画社,1983年8月。

古书倒文释例

我国汉语，在世界语言分类上，是属孤立语和分析语之一种，其语法特征大部分在于词序和虚词的运用。在西欧各古代语言，每个词各有特殊形态表示它在一句中的功能，所以它的先后次序并不很重要。我国汉语却不是这样。汉语的词大都没有形式上的变化，所以它在一句中的功能，一般要依靠它的先后位置来表示。例如拉丁语"Paulus videt Petrum"（保罗见彼得）一语，Paulus 的-us 表示主格，Petrum 的-um表示宾格，宾主既定，所以这三个词无论怎样排列，都无碍其意义。至若汉语"孟子见梁惠王"一句，"孟子"和"梁惠王"并没有形式上的变化，但是我们仍然说"孟子"是主语，而"梁惠王"是宾语。这是从哪里看出来的呢？就因为"孟子"一词置于动词"见"之前，而"梁惠王"一词却置于动词"见"之后，所以我们说汉语的词序是很重要的。

不过这都是就普通"逻辑的"语言来说的，如果里面搀杂有特别的用意，如增重语气、调和音节、或使全句的结构格外显得奇拔等等，那么在不致使人发生误解的条件下，大可以把词的原有位置略为移动。这就是所谓倒文（或称倒装）。我国古书中倒文的例子很多，早已引起一般人的注意；但是倒文的条例如何，似乎还没有人做过有系统的研究。本文愿把它略加以整理和解释。

一、主语和动词倒置例

汉语普通行文的次序，主语要置于动词之前，如"仲尼居"，"曾子侍"，"汤放桀"，"孟子见梁惠王"等等。但是古书中间也有把这次序颠倒的，例如：

《春秋·僖公十六年》："陨石于宋五，是月，六鹢退飞过宋都。"

这句话的本意,《公羊传》虽有"记闻"、"记见"的说法,《谷梁传》有"耳治"、"目治"的解释,但是如果分析它的结构,"陨石于宋五"实是"五石陨于宋"的倒文,"石"是主语,"陨"是动词,现在先"陨"而后"石",就是把主语和动词的位置颠倒了。

魏徵《述怀诗》:"古木鸣寒鸟,空山啼夜猿。"这也是倒文。顺序应为"寒鸟鸣"、"夜猿啼","寒鸟"和"夜猿"是主语,"鸣"和"啼"是动词,现在把主语倒置于动词之后。

王维《山居秋暝》:"竹喧归浣女,莲动下渔舟。""浣女"和"渔舟"是主语,"归"和"下"是动词,顺序应为"浣女归"、"渔舟下",现在也把主语倒置于动词之后。

二、主语和表语倒置例

汉语纯粹名词句的谓语,通常不用系词,而只用一个形容词、名词或代词做补足语,如"月白"、"风清"、"山高"、"水长"、"来者谁?"等等,今统称表语。依照普通行文的次序,表语应置于动词之后,但是古书中也有把这次序颠倒的:

《诗·思齐》:"肆成人有德,小子有造;古之人无斁,誉髦斯士。"俞樾《古书疑义举例》"错综成文例"说:"按'古之人'与'髦斯士'文正相配。'古之人'言古人也;'髦斯士'言髦士也。此承上而言。惟成人有德,故古之人无斁;惟小子有造,故誉髦斯士。'无斁'谓不见厌恶也。'誉'与'豫'通。《尔雅》曰:'豫,乐也,安也'。言其俊士无不安乐也。'豫'与'无斁'互文,见义无厌恶则安乐可知,安乐则无厌恶可知。上句先言'古人'而后言'无斁',下句先言'誉'而后言'髦斯士',亦错综以成文也。"这样说来,"誉"应该是表语而"髦斯士"是主语。今先言"誉"而后言"髦斯士",就是把表语置于主语之前了。

《论语·乡党》:"迅雷风烈,必变。"朱熹注云:"迅,疾也。烈,猛也。""迅雷风烈",俞樾已知其为错综成文。但是此语应为"迅雷烈风"抑或"雷迅风烈",俞氏却没有明言。按此为一主从复句,"必变"为主句,"迅雷风烈"为表时从句。既为从句,就必须有主语和谓语。"迅雷"显然是"雷迅"的倒文,与"风烈"句法相同。今先言"迅"而后言"雷",也就是把主语和表语倒置了。

《淮南子·主术篇》:"夫疾风而波兴,木茂而鸟集。""风"言"疾","木"言"茂",正好相对。今下言"木茂",而上言"疾风";"疾风"显然就是"风疾"的倒文。《意林》引此,正作"风疾而波兴"。

上面所举的几个例子,其用意都不外是"故为错综其语",以求"语气矫健"。此外也有因叶韵而倒置的,如:

《诗·桃夭》第一章:"桃之夭夭,灼灼其华,之子于归,宜其室家。"

第二章:"桃之夭夭,有蕡其实,之子于归,宜其家室。"

第三章:"桃之夭夭,其叶蓁蓁,之子于归,宜其家人。"

第三章"其叶蓁蓁"本为正例:"其叶"是主语,"蓁蓁"是表语,而第一章的"灼灼其华"和第二章的"有蕡其实",都因叶韵而把主语和表语的位置颠倒了。

在疑问句和感叹句中,这种倒文更为常见。在疑问句中的如:

《礼记·檀弓》:"谁与,哭者?"顺序应为"哭者谁与?"今把表语"谁与"倒置于主语"哭者"之前。

《论语·颜渊》:"何哉,尔所谓达者?"顺序应为"尔所谓达者何哉?"也把表语"何哉"倒置于主语"尔所谓达者"之前。其他如《孟子·梁惠王下》:"何哉,君所谓瑜者?"即"君所谓瑜者何哉?"的倒文。倒置法与上句同。

在感叹句中的如:

《诗·正月》:"有皇上帝!"即"上帝有皇!"("皇"是"大"的意思。传曰:"皇,君也。"失之。)

《诗·我将》:"伊嘏文王!"即"文王伊嘏!"("嘏"也是"大"的意思。正义说:"毛于'嘏'字皆训为'大'。此'嘏'亦为'大'也。")

《论语·泰伯》:"大哉,尧之为君也!"即"尧之为君也大哉!"

《论语·雍也》:"贤哉,回也!"即"回也贤哉!"

《论语·先进》:"孝哉,闵子骞!"即"闵子骞孝哉!"

《论语·学而》:"巧言令色,鲜矣仁!""鲜矣仁"即"仁鲜矣"。

以上都把主语和表语倒置。

《论语·述而》:"甚矣吾衰也!久矣吾不复梦见周公!"这句话本来可以有几种说法。如果只是说:"吾甚衰,吾久不复梦见周公",那么,"甚"和"久"只是修饰"衰"和"不复梦见"的状语;如果说:"吾衰也甚矣!吾不复梦见周公久矣!"那么,"吾衰也"和"吾不复梦见周公"是主语,"甚矣"和"久矣"是表语。现在说成"甚矣吾衰也!久矣吾不复梦见周公!"那就是把主语置于表语之后了。

三、宾语和动词倒置例

普通行文,直接宾语多置于动词之后,如"汤放桀"、"孟子见梁惠王"等等;但是在古书中,也有把这次序颠倒的:

《周礼》大宗伯职:"凡大祭祀,王后不与,则摄而荐豆笾彻。"俞樾《古书疑义举例》"错综成文例"云:"按'荐豆笾彻'者,'荐豆彻笾'也。于'豆'言'荐',于'笾'言'彻',互辞耳。不曰'荐豆彻笾'而曰'荐豆笾彻',亦故为错综成文也。""彻"为动词,"笾"是它的直接宾语,现在不说"彻笾"而说"笾彻",那就是把宾语倒置于动词之前了。

《诗·节南山》:"弗闻弗仕,勿罔君子;式夷式己,无小人殆。"俞樾于同书"倒句例"内云:"言'勿罔君子','无殆小人'也。'无',犹'勿'也。'罔'与'殆'义相近,《论语》亦以'罔'、'殆'对文可证。今作'无小人殆',乃倒句也。"按"殆"为动词,"小人"是它的直接宾语。现在说"无小人殆",也就是把宾语倒置于动词之前。

《礼记·檀弓》:"重,主道也;殷主缀重焉,周主重彻焉。""缀"和"彻"都是动词,"重"是它们的直接宾语,今上言"缀重"而下言"重彻",就是把动词和宾语倒置。

《楚辞·九歌》:"蕙肴蒸兮兰藉,奠桂酒兮椒浆。""蒸蕙肴"和"奠桂酒"相对为文,"蒸"和"奠"是动词,"蕙肴"和"桂酒"是直接宾语。今下言"奠桂酒"而上言"蕙肴蒸",也就是把动词和宾语的位置颠倒。

韩愈《送穷文》:"惟我保汝,人皆汝嫌。"直接宾语"汝"和动词"嫌"倒置。

在否定句中,如果直接宾语是代词,常把它倒置于动词之前。例如:

《诗·汝坟》:"既见君子,不我遐弃。"正义说:"'不我遐弃',犹云'不遐弃我'也。"把直接宾语"我"倒置于动词"遐弃"之前。

《诗·行露》:"虽速我讼,亦不女从。""女"(=汝)和"从"倒置。

《诗·日月》:"胡能有定,宁不我顾。""我"和"顾"倒置。

《书·说命》下:"尔交修予,罔予弃。""予"和"弃"倒置。

《礼记·檀弓》:"何居?我未之前闻也。""之"和"前闻"倒置。

《论语·学而》:"不患人之不己知,患不知人也。""己"和"知"倒置。

《论语·宪问》:"莫我知也夫!""我"和"知"倒置。

《老子》:"金玉满堂,莫之能守。""之"和"能守"倒置。

《庄子·齐物论》:"使我与若辩矣,若胜我,我不若胜,若果是也,我果非也邪?我胜若,若不吾胜,我果是也,而若果非也邪?""若"是"你"的意思。"我不若胜"和"若不吾胜"都把直接宾语(若、吾)和动词(胜)倒置。

《孟子·梁惠王》:"保民而王,莫之能御也。""莫之能御"即"莫能御之"。此例用得这样普遍,我们现在已差不多不敢认它是倒文了。

在疑问句中也有这种情况。例如:

《书·五子之歌》:"万姓仇予,予将畴依?""畴"是"谁"的意思。"予将畴依?"即"予将依谁?""畴"和"依"倒置。

《论语·子罕》:"无臣而为有臣,吾谁欺?欺天乎?""谁欺"即

"欺谁"。

《左传·僖公五年》:"一国三公,吾谁适从?""谁适从"即"适从谁"。

《论语·子罕》:"吾何执?执御乎?执射乎?""吾何执'即"吾执何"。

《庄子·人间世》:"颜回见仲尼,请行。曰:'奚之?'曰:'将之卫。'曰:'奚为焉?'""奚"是"何"的意思,"之"是"往"的意思。"奚之"即"往何处","奚为"即"做何事",都把直接宾语和动词倒置。

有时于动词之前加一"是"字或"之"字,也可以把直接宾语倒置在它的前面:

《左传》:"将虢是灭。"即"将灭虢。"

《左传》:"释君而臣是助。"即"释君而助臣。"

韩愈《送陈密序》:"今将易其业而三礼是习。"即"将易其业而习三礼。"

——以上都加一"是"字。

《论语·为政》:"父母唯其疾之忧。"即"唯忧其疾。"

《论语·阳货》:"末之也已!何必公山氏之之也?""之"是"往"的意思。"何必公山氏之之"即"何必之公山氏"。

《庄子·达生》:"虽天地之大,万物之多,而唯蜩翼之知。""唯蜩翼之知"即"唯知蜩翼"。

韩愈《答李翊书》:"惟陈言之务去。"即"务去陈言"。

——以上都加一"之"字。

《左传》:"君亡之不恤,而群臣是忧。"即"不恤君亡而忧群臣"。

《三国志·公孙渊传》:"是之不戒而渊是害。"即"不戒是而害渊"。

——以上"之"字和"是"字互用。

有些复杂的或者特意着重的直接宾语,常把它倒置句首。有时并且可以在适当的地位加上一个复指代词来补足它。例如:

《书·大禹谟》:"无稽之言勿听,弗询之谋勿庸。"即"勿听无稽之言,勿庸弗询之谋"。

《论语·乡党》:"沽酒,市脯,不食。"即"不食沽酒市脯"。

——以上把直接宾语倒置于句首。

《论语·公冶长》:"巧言令色,足恭,左丘明耻之,丘亦耻之;匿怨而友其人,左丘明耻之,丘亦耻之。"即"左丘明耻巧言令色,足恭……""左丘明耻匿怨而友其人……"。

《孟子·万章》:"五十而慕者,予于大舜见之矣。"即"予于大舜见五十而慕者"。

《孟子·告子》:"饮食之人,则人贱之矣。"即"人贱饮食之人"。

——以上除把直接宾语倒置于句首外,并且于适当的地位加上一个复指代词"之"字来补足它。

古书中常见有"谓之"或"为之"这一短语(王引之《经传释词》云:"'为',犹'谓'也。")。例如:

《易·系辞上》:"形而上者谓之道。形而下者谓之器,化而裁之谓之变,推而行之谓之通,举而错之天下之民谓之事业。"

《说苑·臣术篇》:"从命利君为之顺,从命病君为之谀,逆命利君谓之忠,逆命病君谓之乱。"

其中的"之"字,疑也是复指代词,通常应该置于"谓"字或"为"字之后,但是比如:

《礼记·中庸》:"天命之谓性,率性之谓道,修道之谓教。"

《庄子·天地篇》:"无为为之之谓天,无为言之之谓德,爱人利物之谓仁,不同同之之谓大,行不崖异之谓宽,有万不同之谓富,故执德之谓纪,德成之谓力,循于道之谓备,不以物挫志之谓完。"

韩愈《原道》:"博爱之谓仁,行而宜之之为义,由是而之焉之谓道。"

以上都把"之"字倒置于"谓"字或"为"字之前。

四、宾语和介词倒置例

普通行文的次序,介词的宾语多置于介词之后,但是古书中也有把这次序颠倒的:

《左传·僖公十五年》:"尽纳群公子,晋侯烝于贾君,又不纳群公子,是以穆姬怨之。"

又:"出因其资,入用其宠,饥食其粟,三施而无报,是以来也。"

"是以"即"以是",把宾语"是"倒置于介词"以"之前,现已成一熟语。

韩愈《罗池神碑铭》:"春与猿吟兮秋鹤与飞。""春与猿吟"和"秋与鹤飞"本相对为文,现在把宾语"鹤"倒置于介词"与"之前。

《礼记·檀弓》:"羔裘玄冠,夫子不以吊。"即"夫子不以羔裘玄冠吊",把介词"以"的宾语"羔裘玄冠"倒置于句首。

于介词之前加一个"之"字,也可以把它的宾语倒置在它的前面,如:

《论语·先进》:"非夫人之为恸而谁为?""非夫人之为恸"即"非为夫人恸"。

《左传·昭公十五年》:"晋居深山之中,戎狄之与邻。""戎狄之与邻"即"与戎狄邻"。

《国语·越语》:"昔我先君,固周室之不成子也,故滨于东海之陂,鼋鼍鱼鳖之与处,而鼃蝇之与同渚。""鼋鼍鱼鳖之与处"即"与鼋鼍鱼鳖处","鼃蝇之与同渚"即"与鼃蝇同渚"。

《庄子·庚桑楚》:"拥肿之与居。"即"与拥肿居。"

在否定句和疑问句中,这种倒文更为常见:

《诗·江有汜》首章:"江有汜,之子归,不我以。不我以,其后也悔。""以"犹"与"。"不我以"即"不与我"。

《诗·击鼓》:"从孙子仲,平陈与宋,不我以归,忧心有忡。"

"以"也犹"与"。"不我以归"即"不与我归"。

《诗·江有汜》二章:"江有渚,之子归,不我与。不我与,其后也处。""不我与"即"不与我"。

以上否定句,都把代词宾语倒置于介词之前。

《论语·颜渊》:"百姓足,君谁与不足? 百姓不足,君谁与足?""君谁与不足?"即"君与谁不足?""君谁与足?"即"君与谁足?"

《孟子·滕文公》:"在于王所者,长幼卑尊,皆薛居州也。王谁与为不善? 在王所者,长幼卑尊,皆非薛居州也,王谁与为善!""王谁与为不善"即"王与谁为不善","王谁与为善"即"王与谁为善"。

《论语·微子》:"滔滔者天下皆是也,而谁以易之?""以"犹"与"。"谁以易之"即"与谁易之"。

《论语·先进》:"非夫人之为恸而谁为?""谁为"即"为谁"。

以上疑问句,都把代词宾语倒置于介词之前。

《诗·雄雉》:"不忮不求,何用不臧?"

《诗·节南山》:"国既卒斩,何用不监?"

《穀梁传·庄公六年》:"何用弗受?"

王引之《经传释词》"用字条"说:"用,词之为也。""何用"即"何为",也把代词宾语倒置于介词之前。其他如《诗·十月》里"胡为我作,不即我谋"的"胡为",《公羊传·隐公元年》里"曷为先言王而后言正月"的"曷为",《论语·先进》里"由之瑟,奚为于丘之门"的"奚为"等等,都是这同样的倒文。

"何为"一语(或其同义语),也有把它拆开,以"何"冠句首,而"为"殿句末的,如:

《孟子·滕文公》:"恶用是鶃鶃者为哉?"即"何为用是鶃鶃者哉?"

《孟子·万章》:"我何以汤之聘币为哉?""以"犹"用",即"我何为用汤之聘币哉?"

《吕氏春秋·异宝篇》:"今我何以子之千金剑为哉?"即"今我

何为用子之千金剑哉？”

这个"为"字，王引之在《经传释词》卷二"为"字条里，都把它解释为"语助"，似未得其真义。

五、形容词和名词倒置例

普通行文的次序，形容词必先于其所形容的名词，但是古书中也有把这次序颠倒的：

《楚辞·九歌》："吉日兮辰良"。"良"是形容词，"辰"为其所形容的名词，现在把形容词倒置于名词之后。

《大元止次八》："弓善反，弓恶反；善马狠，恶马狠。"俞樾《古书疑义举例》"错综成文例"云："按'弓善弓恶'，即'善弓恶弓'，与'善马恶马'同义，乃云'弓善弓恶'者，故与下文错综其词也。"按"善"和"恶"是形容词，"弓"是它们形容的名词，现在说"弓善"，"弓恶"，就是把它们的位置颠倒了。

《诗·渭阳》："我送舅氏，曰至渭阳，何以赠之？路车乘黄。"正义说："'乘黄'，四马也。"朱熹注云："'乘黄'，四马皆黄也"，皆未得其义法。按"乘黄"在这里实是"黄乘"的倒文。"乘"是"四匹马"的意思，"黄乘"即"四匹黄色的马"，把形容词"黄"倒置于名词"乘"之后。

《论语·宪问》："邦有道，危言危行；邦无道，危行言孙"。"危言"和"孙言"相对为文，今上言"危行"而下言"言孙"，就是把形容词和名词倒置。

《诗·桑柔》："哀恫中国，具赘卒荒，靡有旅力，以念穹苍。"《尔雅·释天》："穹苍，苍天也。"注云："天形穹隆。其色苍苍，故名。""穹苍"其实是"苍穹"的倒文，即"苍色的穹形"，岑参诗有"四角碍白日，七层摩苍穹"句可证。今作"穹苍"，就是把形容词倒置于名词之后了。

六、副词和动词倒置例

普通行文的次序,副词必先于它所修饰的动词,但是在古书中也间有把它倒置的:

《礼记·檀弓》:"杞梁死焉。其妻迎其柩于路,而哭之哀。""哭之哀"即"哀哭之"的倒文,把副词"哀"倒置于句末。

《论语·先进》:"颜渊死,子哭之恸。""恸"也就是"哀"。倒置法与上同。

杜甫《登高》:"风急天高猿啸哀,渚清沙白鸟飞回。""啸哀"即"哀啸","飞回"即"回飞",都把副词倒置于动词之后。

孟浩然《夜归鹿门歌》:"山寺鸣钟昼已昏,渔梁渡头争渡喧。""喧"应该也是副词,现在把它倒置于句末。

《史记·魏其武安侯列传》:"丞相言灌夫家在颍川,横甚。""横甚"即"甚横"的倒文。马建忠在《马氏文通》卷六把"甚"看做"灌夫家在颍川横"的"表词",未免有些勉强。

七、欤字倒置例

《说文》:"'欤',安气也。"徐说:"气缓而安也,俗以为语末之辞。"《玉篇》:"'欤',语末辞,古通'与'。"皇侃《论语学而篇疏》说:"'与',语不定之辞。"高诱注《吕氏春秋·自知篇》说:"'欤','邪'也。"此字通常用于语末,但是古书中也有把它倒置的:

《左传·僖公二十三年》:"其人能靖者与有几?"顾炎武引邵氏的话说:"此倒语也,若曰:'其有几能靖者与'?"按此当云"其人能靖者有几与?"把"与"倒置于"有几"之前。

《礼记·檀弓》:"死者如可作也,吾谁与归?""吾谁与归"即"吾谁归与",把"与"倒置于"归"之前。

《左传·襄公二十九年》:"是盟也,其与几何?"

《左传·昭公元年》："主民翫岁而愒日,其与几何?"

《国语·晋语》："虽谓之挟,而猾以齿牙,口弗堪也,其与几何?"

《国语·吴语》："民生于地上,寓也,其与几何?"

《国语·周语》："若壅其口,其与能几何?"

《国语·晋语》："诸臣之委室而徒退者,将与几人?"

《国语·周语》："余一人其流辟于裔土,何辞之与有?"

《国语·晋语》："亡人何国之与有?"

《国语·越语》："如寡人者,安与知耻?"

以上都是疑问句,其中的"与"字都是倒文。王引之在《经传释词》卷一"与"字条都说是"语助,无意义",未可尽信。

八、倒语例

这里所说的"语",是指"短语",或用如名词,或用如形容词,或用如副词,本来都有一定位置,但是古书中也有把它倒置的:

《书·酒诰》："人无于水监,当于民监。"此句顺序应为"人无监于水,当监于民",把"监"倒置于"于水"和"于民"之后。

《论语·雍也》："由也果,于从政乎何有?""于从政乎何有?"即"何有于从政乎?"的倒文,把"于从政乎"倒置于"何有"之前。

《孟子·尽心下》："若崩厥角稽首。"俞樾《古书疑义举例》"倒句例"云:"按《汉书·诸侯王表》:'厥角稽首。'应劭曰:'厥者,顿也。角者,额角也。稽首,首至地也。'其说简明胜赵注。'若崩'二字,乃形容'厥角稽首'之状,盖纣众闻武王之言,一时顿首至地,若山冢之莘崩也。当云'厥角稽首若崩'。今云'若崩厥角稽首',亦倒句耳。"这种解释殊嫌勉强。按"若崩厥角"首见于《尚书·秦誓》,在古代已成一熟语。"若崩厥角稽首"实是"稽首若崩厥角"的倒文,把副词性短语"若崩厥角"倒置于"稽首"之前。

九、倒句例

这里所谓"句",是指"子句"。子句有主句、从句之分。从句或用如名词,或用如形容词,或用如副词,本来也各有定位,但是古书中间也有把它们的位置颠倒的:

《礼记·檀弓》:"盖殡也,问于郰曼父之母。"高邮孙濩孙《檀弓论文》说:"此二句乃倒句也。盖殡浅而葬深。孔子之父,实殡于五父之衢,而见者皆以为葬。孔子不敢轻启父墓而迁葬,乃其慎也。及问于郰曼父之母,始得其实。当云'问于郰曼父之母,盖殡也'。故作倒句以取曲折耳"。按"盖殡也"在这里是名词性从句,现在把它倒置于主句"问于郰曼父之母"之前。

《左传·僖公五年》:"且虞能亲于桓庄乎,其爱之也?"按"其爱之也"在这里是副词性从句,顺序应为"且其爱之也,虞能亲于桓庄乎?"现在把它倒置于主句"虞能亲于桓庄乎"之后。

《左传·闵公元年》:"为吴大伯,不亦可乎?犹有令名,与其及也。"按"与其及也"是副词性从句,顺序应为"与其及也,犹有令名",现在也把它倒置于主句"犹有令名"之后。

十、交错倒文例

汉语句法,每一个词在句子里面本来都各有一定的位置。古书倒文,其用意不外是要表示奇警或求叶韵,其体例已如上述。此外还有一种是故意把两个词的位置互相对调以示曲折的,现在统称为交错倒文。

《左传·僖公九年》:"入而能民,土于何有?""土于何有"即"何有于土",把"土"和"何有"互相对调。

《左传·昭公十九年》:"其一二父兄,私族于谋而立长亲"。"私族于谋"即"私谋于族",把"谋"和"族"互相对调。

同上:"谚所谓室于怒,市于色者,楚之谓也。""室于怒,市于色"即"怒于室,色于市",把"怒"和"室"、"色"和"市"互相对调。

《诗·嵩高》:"四国于蕃,四方于宣。""四国于蕃"即"蕃于四国","四方于宣"即"宣于四方",把"四国"和"蕃"、"四方"和"宣"互相对调。

《墨子·非乐上》:"启乃淫溢康乐,野于饮食。""野于饮食"即"饮食于野",把"饮食"和"野"互相对调。

《诗·清人》:"清人在彭,驷介旁旁,二矛重英,河上乎翱翔。""河上乎翱翔"即"翱翔乎河上",把"翱翔"和"河上"互相对调。

《孟子·梁惠王上》:"天下恶乎定。""恶"是"何"的意思。"恶乎定"即"定于何",把"定"和"恶"互相对调。

江淹《别赋》:"心折骨惊。"原文应为"心惊骨折",现在把"惊"和"折"互相对调。

《史记·乐毅列传》:"蓟丘之植,植于汶篁。"俞樾《古书疑义举例》"倒句例"云:"按此亦倒句。若顺言之,当云'汶篁之植,植于蓟丘'。"现在把"汶篁"和"蓟丘"互相对调。

杜甫《秋兴》:"香稻啄余鹦鹉粒,碧梧栖老凤凰枝。"此句顺序应为"鹦鹉啄余香稻粒,凤凰栖老碧梧枝",现在把"鹦鹉"和"香稻"、"凤凰"和"碧梧"互相对调,用来衬托出深秋的景象。至于比如杜工部把"断壁开深翠,飞楼接远红"倒为"翠深开断壁,红远接飞楼","风垂绿筱折,雨绽红梅肥"倒为"绿垂风折笋,红绽雨肥梅",那可以说是极尽倒文的能事了。

原载中山大学文学院《文史集刊》第 1 期,1948 年。后载入《语言学学习与研究》,中州书画社,1983 年 8 月。

我国的民族政策和语文问题

一、共同语言是民族的必要特征

什么是民族？斯大林在《马克思主义与民族问题》中所下的定义说："民族是人们在历史上形成的一个有共同语言、共同地域、共同经济生活以及表现于共同文化上的共同心理素质的稳定的共同体。"[①]一个民族之所以成为民族，共同语言、共同地域、共同经济生活和共同心理素质这四个特征是缺一不可的，而共同语言实是其中很重要的一个。

一个民族没有共同的语言就不能在它的内部建立正常的关系，工人和农民，资本家和劳动者，首领和从属，各说着不同的语言，情意无由相通，要他们结成一个稳定的共同体是不可想象的。

但这并不是说凡操同一种语言的都属于同一的民族。英吉利人和美利坚人，挪威人和丹麦人，甚而至英吉利人和爱尔兰人，都操着同一种语言，但是或者由于他们没有共同的地域，或者因为他们没有共同的经济生活或共同的心理素质，就不能组成为一个民族。由此可见不同的民族不一定操着不同的语言，但是无论如何，每一个民族一定要有一个共同的语言，没有一个民族会同时操着几种不同的语言。

民族和种族或部落不同。世界上有些民族是由许多种族或部落组成的，如现今意大利民族由罗马人、日耳曼人、埃特鲁里亚人、希腊人、阿拉伯人等等所组成；法兰西民族由高卢人、罗马人、不列颠人、日耳曼人等等所组成。因此，民族不是种族的共同体，也不是部落的共同体，而是人们在一定条件下在历史上形成的稳定的共同体。

民族又与国家不同。当然，世界上有许多国家是由单一的民族组

---

① 《斯大林全集》第 2 卷，人民出版社 1953 年版，第 294 页。

成的，如英国、法国、德国、意大利等都是；但是也有一些国家是由几个以至几十个民族组成的，比方过去的奥匈帝国和沙皇的俄罗斯就是这样的。这些国家包括的不止一个民族，所以语言也就不止一种了。

二、我国是一个多民族的国家

我国自古就存在着许多部落或种族，后来通过种种关系才逐渐形成了一个文化核心，逐渐形成了一个民族，即今日所称的汉族。汉族并不是由一个单纯的部落或种族组成的，正如《春秋》里所说："诸侯用夷礼则夷之，进于中国则中国之"，可见那并不是什么血统或种族的问题，主要的还是文化的问题，不管是什么部落或种族，只要它"进于中国"，就都可以"中国之"了。

话虽这样说，可是自古迄今，坚持着自己原有的传统，自甘处于"化外"而不愿"进于中国"的可也不少。我国自辛亥革命后号称五族共和，其实我国的民族哪止汉、满、蒙、回、藏这五个呢？根据中央人民政府民族事务委员会 1950 年 10 月所做的统计，全国的少数民族就有五十四个（实际上恐怕还不止此数，因为有些民族是要经过相当期间才能发现出来的）。[①] 这许多少数民族过去在大汉族主义的压制下，不独文化无由发展，实际生活也得不到适当的照顾，长期处在一种很悲苦的状态中。自中央人民政府成立后，情形可不同了。根据《共同纲领》第六章民族政策所载[②]：

第五十条　中华人民共和国境内各民族一律平等，实行团结互助，反对帝国主义和各民族内部的人民公敌，使中华人民共和国成为各民族友爱合作的大家庭。反对大民族主义和狭隘民族主义，禁止民族间的歧视、压迫和分裂各民族团结的行为。

第五十一条　各少数民族聚居的地区，应实行民族的区域自治，按照民族聚居的人口多少和区域大小，分别建立各种民族自治

①　本文写于 1951 年，文中民族名称、族的划分等，与后来不尽一致。——编者
②　见 1949 年 9 月公布的《中国人民政治协商会议共同纲领》。

机关。凡各民族杂居的地方及民族自治区内,各民族在当地政权机关中均应有相当名额的代表。

第五十二条 中华人民共和国境内各少数民族,均有按照统一的国家军事制度,参加人民解放军及组织地方人民公安部队的权利。

第五十三条 各少数民族均有发展其语言文字,保持或改革其风俗习惯及宗教信仰的自由。人民政府应帮助各少数民族的人民大众发展其政治、经济、文化、教育的建设事业。

从此以后,全国各民族都可以处在完全平等的地位而获得平衡发展的机会了。

三、我国的所谓"国语"问题

我国既是一个多民族的国家,语言文字当然不止一种。根据各方面的调查研究,我国各民族语言的种类和系属如下:

A. 汉藏语系

1. 汉语——内分:北方官话、西南官话、下江官话、吴语、湘语、赣语、客家话、粤语、闽南语、闽北语、徽州方言等。

2. 侗傣语——内分:壮语、布依语、侬语、沙语、傣语等,侗语、水家语等,黎语。

3. 藏缅语——内分:藏语、嘉戎语、羌语、西蕃语、俅语、怒语等,彝语、傈僳语、拿喜语、哈尼语、拉祜语、阿昌语、民家语等,景颇语、缅语、载佤语、腊讫语、浪莪语等。

4. 苗瑶语——内分:苗语和瑶语。

B. 阿尔泰语系

1. 突厥语——内分:维吾尔语、撒拉尔语、乌兹别克语、哈萨克语、塔塔尔语等,雅库特语、柯尔克孜语、裕固语等。

2. 蒙古语——内分:蒙语,包括内蒙方言、喀尔喀方言、布利亚特方言、喀尔玛克方言,达呼尔语。

3. 通古斯语——内分：通古斯语，包括索伦语、鄂伦春语等；满语，包括满语、锡伯语、赫哲语等。

C. 南亚语系

1. 佤绷龙语——内分：佧佤语和绷龙语。

2. 蒲满语。

D. 南岛语系

高山语。

E. 印欧语系

1. 俄罗斯语。

2. 塔吉克语。

F. 朝鲜语。

这许多语言中，全国人口以操汉语的为最多，汉语所代表的文化也最重要。在从前封建或半封建的时代，汉人唯我独尊，把其他少数民族都视为猛兽虫豸，不可与同群，所以许多少数民族的名称都被加上一个犬旁或虫脚，它们的语言更不放在眼里。在这样的情况之下，汉语就被看做中国语言的代表，汉字也被作为中国文字的代表；为了想统一中国的语文，于是有"国语"、"国文"、"国字"之称，大家习用惯了，都不觉得有什么稀奇，直到现在还有人这样称呼的。其实，汉族不过是中华人民共和国里面的一个民族，汉族、汉文也只是中华人民共和国里面的一种语文罢了。当然，由于这种语文比较重要，使用的人数也最多，国内任何民族的知识分子对它都要有相当的认识，把它当作各民族间的交际工具，这是很应该的；但是一定要把它定为"国语"、"国文"、"国字"，那就患了民族沙文主义的毛病了。

或有人说：民族也和任何历史现象一样，是要受变化律支配的。它有自己的历史，有自己的始末。现今我国的汉族，从前也是由许多的部落，许多种族，经过多年来的溶化组合而成的；我们国境内现在虽还有许多少数兄弟民族，假如用同样的方法，把它们"冶于一炉"，使它们慢慢消灭了自己的语言文字，消灭了自己的民族特色，大家联合起来组成一个更伟大的民族，这样不是更可以使中华人民共和国成为各民族友爱合作的大家庭了吗？这种想法是不对的。斯大林在《民族问题方面的各种倾向》中早已说过：

> 大俄罗斯沙文主义的本质是：企图漠视民族之间的语言、文化和生活方式的差别，企图预备消灭各民族共和国和区域，企图破坏民族平等的原则和诋毁党在行政机关、报刊、学校以及其他国家和公共组织上的民族化的政策。

> 这种倾向的出发点是：既然在社会主义胜利之下各个民族必须合为一体，而且它们的语言必须变成一个共同的语言，那么现在就到了消灭民族之间的各种差异以及帮助过去被压迫民族发展文化的政策了。在这点上他们通常都引用列宁的话，然而他们引用得不正确，有时简直是曲解和侮蔑列宁。

> 毫无疑问，民族问题上的这种倾向，尤其是它用国际主义的面具与列宁的名字来掩盖它的面目，乃是大俄罗斯民族主义的最巧妙的，因而是最危险的一种表现。

> 我们已经建立了苏联各民族在经济上和政治上的利益的一致。但这是不是说我们因此消灭了各民族之间的差别，即民族语言、文化、风俗等等东西呢？很明白的，并没有这样说。但是，如果各民族间的差异，即民族语言、文化、风俗等等东西依然存在，那么在现在的历史时期，要求消灭各民族共和国和区域，就是一种反动的要求，就是反对无产阶级专政的利益的要求。

他又说：

> 这种把苏联各民族溶合成一个统一的俄罗斯民族（它使用一种统一的大俄罗斯语言）的理论，乃是与列宁主义基本原则相矛盾的理论。依据列宁主义的基本原则，民族的区别在最近的将来是不能消灭的，它们还要存在很久。甚至在无产阶级在全世界范围内胜利之后。

这些都是很值得我们注意和提高警惕的。

四、我国的少数民族语文问题

我国的少数民族,根据民族事务委员会 1950 年 10 月的统计,共有五十四种,其中三十九种是只有语言而没有文字的,十一种是用本民族文字的,四种是用拉丁字母的。那些只有语言没有文字的不用说了,即使在各有文字的民族中,识字的也只限于少数如巫师之类的特权阶级,普通一般人民群众是老死与文字绝缘的,因而造成了他们的一种愚昧无知的、落后的特性。

这种特性是再也不能让它继续下去的了。列宁和斯大林都曾说过:"无知是人民的最大的敌人。""愚昧与无知是苏维埃政权的最危险的敌人。"所以我们必须在各少数民族聚居的地区施行普及教育,发展当地的民族学校和民族教育机关,设法提高一般人民群众的文化水平。为了要做到这一点,最好使用本民族的语言,因为这是他们所最关心和容易接受的。

斯大林在《马克思主义与民族问题》中说:

> 少数民族特别关心的是什么呢?
>
> 少数民族并不是不满意于缺乏民族联盟,而是不满意于缺乏本族语言使用权。当他们一旦拥有本族语言使用权时,这种不满就会自然消失下去了。
>
> 少数民族并不是不满意于缺乏勉强造成的联盟,而是不满意于缺乏本族的学校。当他们一旦拥有本族学校时,这种不满就再也不会有什么根据了。
>
> 少数民族并不是不满意于缺乏民族联盟,而是不满意于缺乏宗教信仰自由和迁徙自由等等。当他们一旦享有这种自由时,他们就再也不会不满意了。
>
> 总之,在一切权利方面(语言、学校等等)实行民族平等,是解决民族问题的一种要素。

苏联曾在斯大林这个原则的指导下,为它国内的许多只有语言没有文字的落后民族创造了本族语言的文字,帮助他们建立了自己的学校,认识了自己的民族,提高了自己的文化,使他们逐渐向前发展起来、繁荣起来。

毛主席也曾说过:

> 共产党人必须积极地帮助各少数民族的广大人民群众为实现这个政策而奋斗;必须帮助各少数民族的广大人民群众,包括一切联系民众的领袖在内,争取他们在政治上、经济上、文化上的解放和发展,并成立拥护民众利益的少数民族自己的军队。他们的言语、文字、风俗、习惯及宗教信仰,应被尊重。

我国现在还有三十九种只有语言没有文字的民族,其他有文字的是否适用也还有待研究。如何调查研究这些少数民族的语言,帮助他们创立自己本族的文字,使他们都具有一种内容是社会主义的而形式是民族的文化,大家齐步地、平衡地向前发展,以达到繁荣,将是一件极为艰巨的工作。这需要许多语文工作者的合作,而设法培养一批语文工作干部,实是目前刻不容缓之事。

五、我国的方言问题

方言,严格地说,只是一种民族语言的支派、低级的形式。就某一地区来说,它虽然也有自己的基本词汇和语法构造,虽然也是替全地区的人民群众服务的;但是就整个民族来说,它却不是为全体人民群众服务的,它的基本词汇和语法构造也大部分与其他方言的不同,所以必须服从整个民族的语言。在民族形成的过程中,往往以某一地区的方言为基础,慢慢发展起来成为整个民族的语言。在这样的情况下,同在这语言里面的其他方言,就会逐渐丧失自己的独立性,溶入这语言中,并且在这语言里面消磨下去。许多近代的民族语言,都是这样建立起来的。

我国因为地大人众,交通不便,并且数千年来长期处于封建或半封建的统治下,所以直到现在还存在着许多方言。将来随着民族在政治、经济、文化各方面的发展,这许多方言必将以各民族某一中心地区的方言为基础,逐渐融合起来,发展起来,成为各民族的统一的语言。就汉族方面来说,这中心地区的方言将是北方特别是北京的方言,现在已经有许多特征表现出来了。

方言与少数民族语言不同。方言只是某一民族语言的支派,严格地说,它是没有独立性的,所以必须服从整个民族语言,而少数民族语言却是可以独立的,并且是可以单独发展的。至于民族语言与民族语言之间能否互相融合成为一种统一的语言,那是社会主义在全世界范围内胜利以后的事,我们在现阶段是不必加以考虑的。

六、关于汉字存废问题

文字只是语言的记录。我们说话是用声音的,只要我们用一些简单的符号把这些声音记录下来,就成了文字。道理本来是很简单的,但是我国的汉字却并不是这么一回事。

汉字的结构基于所谓六书,其中有表形的,如像形;有表意的,如指事或会意;有表音的,如形声、转注、假借。在所有表音字中,又并没有一个很完密的系统,使人一望就知道它该念什么音,所以我们学习的时候只好一个一个的死记。以这样的一种文字来进行工农群众教育是比较困难的。

但我们现在是不是马上就要把汉字废弃呢?问题也不是这样简单的,因为第一,汉字虽然比较艰深难学,但是直到现在,学会这种文字的,最低限度地估计也已有约一万万人,若一旦把它废弃,那么就连这一万万人也要变成文盲了;第二,以我们这样一个人口众多、文化悠久的国家,不能一天没有文字,新的文字没有建立起来,若贸贸然把汉字废弃,那将会招致不堪设想的后果。毛主席在《新民主主义论》中说过:"新民主主义的文化是大众的,因而即是民主的。它应为全民族中百分之九十以上的工农劳苦民众服务,并逐渐成为他们的文化。……革命的文化人而不接近民众,就是'无兵司令',他的火力就打不倒敌人。为达此目的,文字必须在一定条件下加以改革,言语必须接近民众,须知民众就是革命文化的无限丰富的源泉。"可见改革文字是要有一定条件的。至于在什么条件之下加以改革和怎样改革,那就要大家从长商议了。

其实,新文字和旧文字并不是两件绝对对立、互相排拒的东西;即使在将来新文字建立起来以后,汉字也是废除不了的。我国的文盲太多,扫除文盲的工作是再也不能等待了。现在教以汉字,将来假如有一天真要教以新文字,那么,他们认识一些汉字也并不见得有什么害处,何况这两种文字是可以互相帮助的呢?

所以汉字存废问题,我认为并不能成为什么问题。

原载《新中华》第十四卷第十一期,1951 年 6 月 1 日。后载入《语言学学习与研究》,中州书画社,1983 年 8 月。

调查语言，创立文字，是发展少数民族文化的先决条件

语言是民族的一个最主要的特征。世界上任何民族都有它的独特的语言。同一民族的人就利用这种语言来沟通他们的情意，建立各种关系，使成为一个稳定的共同体。

把语言笔之于书即成为文字。每个人都有语言，但不见得每个人都有文字。没有文字的情况有两种：一种是整个民族没有文字，因此个人也无从有文字；一种是民族本来有文字，但是个人没有学习的机会，因而成了文盲。没有文字的人是很悲苦的，因为语言只能当面使用，不能传诸久远。只有语言没有文字，不独生活上有许多不便，就整个民族来说，文化也将无由建立。

我国是一个多民族的统一的国家。国内的少数民族共有五十四种，其中除十一种是使用本民族文字，四种是用拉丁字母的以外，其余的三十九种都是只有语言而没有文字的。为了解决这个问题，中央人民政府政务院已决定在文化教育委员会内设立一个民族语言文字研究指导委员会，专门负责组织和指导关于少数民族语言文字的研究工作，帮助还没有文字的民族创立文字，文字不完备的民族逐渐改善和充实其文字。在不久的将来，关于少数民族的语言文字问题，将由一个专门的机构来负责研究解决了。

海南岛的少数民族，主要有黎苗两种，人数达三十余万人（其中黎族约占百分之八十，苗族约占百分之二十），大部分散居于白沙、保亭、乐东三县，其余的则多聚居于万宁、乐会、陵水、新民、儋县、临高、崖县、昌感等县。黎族一般分本地、大松、生铁、英采、侾、歧等六种，此外还有美孚、大啤、包佑、南罗、小仙、珠江、刀讲、老穴、才郎分等名称，骤看起来很复杂，其实都只是一些方言上的歧异。其中有些是关于语音方面

的,例如保亭的重唇音白沙多变为轻唇音,保亭的舌头音白沙多变为舌上音等等;有些是关于词汇方面的,例如保亭管"猪"pau,白沙叫 un,保亭管"剪子"叫 kato,白沙叫 kiu 等等。至于语法方面,各地的差不多完全相同。我们要为他们创立文字,那么找一种使用的人数最多,最能代表黎语的做标准已尽够了。

苗族据说是明代由广西调到海南防黎的"狼兵"的后裔。在语言学上,苗瑶语虽同属汉藏语系里面的一个语支,但是它们之间却存在着很明显的差别。根据我们这次调查所得,海南苗族语言和粤北连南、连县、乳源、乐昌、曲江、英德等地的过山瑶以及桂东盘瑶的语言极相近似,而与广西、湖南、贵州等省的苗语却相去甚远。他们是否真正苗族,不能使人无疑。他们的文字可与上述瑶语共同拟定,不必另行创立。

谈到少数民族的语言文字问题,许多人直到现在还存在一种误解,以为大家同属一个国家的人民,那么,只有一种语言,一种文字,也就够了,何必各民族有各民族的语言文字,徒然惹起许多分歧呢? 这种误解其实是由从前大民族主义时代遗留下来的。在前清或国民党反动派统治时代,汉人唯我独尊,许多少数民族的同胞都不被当作人看待,他们的语言固然没有人注意,为他们创立文字更是一般人连做梦也不会想到的。可是自解放战争胜利,人民政府成立后,这种情况已根本改变了。《共同纲领》第六章民族政策内明白规定:"中华人民共和国境内各民族一律平等。"第五十三条并且特别标明:"各少数民族均有发展其语言文字,保持或改革其风俗习惯及宗教信仰的自由。人民政府应帮助各少数民族的人民发展其政治、经济、文化、教育的建设事业。"任何民族的人民都是自小就学会了他的一套语言的,以后就终身保持使用以至死亡。假如能就他们的语言为他们创立一种简单合理的文字,那么学习起来并不很难,且将一生受用无穷。至于说有了各民族的语言文字将会惹起各种纠纷,那更是误解中的误解。语言文字不过是一种民族形式罢了。在社会主义和新民主主义国家,内容是一致的,即都是向着一个共同的目标前进的。在同一个国家里面,内容既已一致,那么形式方面无论如何多种多样,也决不会引起纠纷。关于这一点,苏联各共和国和民族自治区的情况是很好的证明。

海南少数民族地区是我国革命的一个老根据地,一般群众的政治水平很高,但是各种关于经济、文化、教育的建设还正在开始。如何深入调查他们的语言,为他们创立文字,编写各种词典和教科书,进行教育,不断提高他们的文化水平,将是一件急不容缓之事。深愿一般从事少数民族工作者注意及之!

原载 1951 年 9 月 15 日《新海南报》,同年 9 月 29 日北京《光明日报》转载。后载入《语言学学习与研究》,中州书画社,1983 年 8 月。

关于华南少数民族的语言文字问题

一、问题的提出

共同语言是民族的一个不可或缺的特征。我国是一个多民族的统一的国家。全国除绝大部分的人民是使用汉语和汉文的以外，许多少数民族都各有其特殊的语言，有些且有其特殊的文字。在从前大汉族主义流行的时代，反动派对于这些少数民族只知采取高压同化的手段，他们的语言文字是一向不为人所重视的。自人民政府成立以后，情形可不同了。依照《共同纲领》民族政策的规定："各少数民族均有发展其语言文字，保持或改革其风俗习惯及宗教信仰的自由。人民政府应帮助各少数民族的人民大众发展其政治、经济、文化、教育的建设事业"。[①] 本年二月五日中央人民政府政务院关于民族事务的几项决定里面，且有"在政务院文化教育委员会内设民族语言文字研究指导委员会，指导和组织关于少数民族语言文字的研究工作，帮助尚无文字的民族创立文字，帮助文字不完备的民族逐渐充实其文字"这一条。这是非常英明正确的。斯大林说过："少数民族并不是不满意于缺乏民族联盟，而是不满意于缺乏本族语言的使用权。当他们一旦拥有本族语言的使用权时，这种不满就会自然消失下去了"[②]。又说："有些人会问：为什么要使用本民族语言呢？这是因为千百万人民群众只有使用本民族语言才能在文化、政治和经济发展方面获得成功"[③]。苏联自十月革命胜利后，三十余年来，曾为它国内的许多只有语言没有文字的落后民

---

① 见 1949 年 9 月公布的《中国人民政治协商会议共同纲领》，第六章，第五十三条。

② 斯大林：《马克思主义与民族问题》，解放社版，第 105 页。

③ 斯大林：《民族问题与列宁主义》，人民出版社版，第 30 页。

族创立了自己的文字，帮助他们认识了自己的民族，提高了自己的文化，使他们逐渐向前发展起来，繁荣起来。这是很可以做我们的借镜的。去年，中央人民政府曾组织了两个少数民族访问团，分别到西北和西南去访问，在西康已为当地的彝族人民创立了一种文字，现正积极展开传授和学习的工作。中南少数民族访问团也快要成行了。华南少数民族的语言情况如何？它会构成一些怎样的问题？这是很值得提出来给大家考虑的。

二、华南的少数民族及其语言

华南现有多少种少数民族？我们要解决这个问题，须先了解什么是民族。斯大林在《马克思主义与民族问题》里面说："民族是人们在历史上形成的一个有共同语言、共同地域、共同经济生活以及表现于共同文化上的共同心理素质的稳定的共同体"[①]。又说："只有一切特征通统具备时，才算是一个民族"[②]。这个定义很重要。我们有了这个标准才能衡量哪些是民族，哪些不能成为民族。

现在华南真正算是少数民族的计有瑶、苗、黎、壮、彝等几个。

瑶族聚居在广东西北部和桂东、桂西一带。在广东的以八排瑶为最重要。他们多散布在连南、连县、连山、阳山诸县。其语言和乳源、曲江、乐昌等处的过山瑶语有很大差别。桂东瑶族所操语言，以盘瑶语为最纯粹，内可分为四系：（一）包括板瑶语、过山瑶语、尖头瑶语等；（二）包括山瑶语、东山瑶语、平头瑶语等；（三）包括蓝靛瑶语、山子瑶语、良瑶语等；（四）包括坳瑶语、长毛瑶语等。此外，有些是和壮语混合的，内可分为两系：（一）包括茶山瑶语、岭祖瑶语、巴勒瑶语等；（二）草瑶语；有些是和汉语混合的，内包括红瑶语、正瑶语、仲家瑶语、平地瑶语、狗头瑶语、三花瑶语等。在桂西的以蛮瑶语（又称三界瑶语）为主要，内可分为七系：（一）包括黑瑶语、白瑶语等；（二）包括山头瑶语、背篓瑶语、

---

① 斯大林：《马克思主义与民族问题》，解放社版，第10页。

② 同上书，第11页。

独侯瑶语、垂瑶语、侬瑶语等；（三）西山瑶语；（四）包括红头瑶语、光头瑶语等；（五）包括东陇瑶语、西陇瑶语等；（六）白裤瑶语；（七）花篮瑶语等等。

苗族大部分聚居于桂北和桂西。桂北苗族分三系：（一）白苗语，内包括长毛苗语、麻布苗语、生苗语等；（二）红苗语；（三）金刚苗语。桂西苗语也分三系：（一）黑苗语，内包括偏头苗语、红头苗语、栽薑苗语、白苗语和仡佬语等；（二）德化苗语；（三）长发苗语，内包括青苗语、绿苗语、莱子语等。另一部分在海南岛五指山附近，约十余万人。他们的语言和广西及湘西苗语相差甚远，和桂东及乳源一带的过山瑶语倒很相近似，是否真正苗族，尚待考证。

黎族聚居于海南岛五指山及其附近，人口约二十余万，其语言属侗傣语族，与广西壮语颇相近似。广东南路湛江一带的福佬话本地人也称黎语，实与此不同。

壮族聚居于广西西南大部分地区，其语言分南北二系，以邕江和右江一带为分界处。南壮语以龙州为中心，北壮语以武鸣为中心，其间差别以语音方面的为最显著。壮语也属侗傣语族语言之一种，和泰国的泰语很接近。

彝族僻处于黔桂边境，实是贵州彝族的一个支流，其语言可分三系：（一）白彝语，（二）花彝语，（三）黑彝语，都已掺杂有许多外来成分。

此外，在广西西部还可以零零星星找到一些使用依语、布依语、侗语和俫佬语的人民，但那都不是主要的。

三、华南少数民族语言的调查研究和文字的创立

由上面所说的看来，华南少数民族的语言是相当复杂的。单只瑶语就有三四十种名称，因为流行的区域颇广，所以其中的差别也相当地大。比方同一个"天"字，有些地方叫做 gung，有些地方叫做 giung，有些地方叫做 hung，有些地方叫做 long，有些地方叫做 luet，有些地方叫做 bu，有些地方叫做 le，有些地方叫做 mban，有些地方叫做 mben，有些地方叫做 mbun，有些地方叫做 mun，有些地方叫做 ben，有些地方叫

做 ang gung,有些地方叫做 luk gung,有些地方叫做 mban gung,有些地方叫做 tin,有些地方叫做 ten,有些地方叫做 ting,有些地方叫做 teng;同一个"地"字,有些地方叫做 giang,有些地方叫做 zhang,有些地方叫做 lei,有些地方叫做 ni,有些地方叫做 ne,有些地方叫做 dau,有些地方叫做 dei,有些地方叫做 di,有些地方叫做 gat de,其中有些是瑶语本有的,有些是向壮语借来的,有些是向汉语借来的。我们对于这些语言都要一种一种地加以调查研究,帮助他们创立文字,编写教科书以及语法、词典等,以便进行教学。其中许多都只是地方上的方言,我们进一步还要找出他们的中心地区,按照其语言的发展规律,为他们整理出一种共同语来,使他们的语言逐渐趋于统一。

进行这种工作是需要相当长的时间的,尤其是担任这种工作的人要经过特殊的训练;没有训练,一切工作都将无从着手。现在国内语文干部不够用,大家都感到有加紧培养的必要。如何配合有关教育机构积极训练一批干练的语文工作者,将是一桩刻不容缓之事。

随着解放战争的胜利结束,目前各地都纷纷积极进行各种建设工作,有些少数民族聚居的地区也已开办了一些学校和其他文化机关。但是这种文化建设工作,根据苏联的经验,必须采用本民族的语言文字才能顺利进行。斯大林于 1920 年 1 月 13 日在达伊斯坦各民族代表大会开幕时的演说里说过这么几句话:"苏维埃政权知道:无知是人民的最大的敌人。因此,我们必须建立更多的使用民族语言的学校和行政机关。"[1]在这少数民族文化建设伊始之际,我们千万不要忘记了他这一宝贵的教训。

原载《广东教育与文化》第 3 卷第 2 期,1951 年 6 月 1 日。后载入《语言学学习与研究》,中州书画社,1983 年 8 月。

---

[1] 根据曹葆华的译文,见《斯大林与文化》,第 26 页。

从广东方言中体察语言的交流和发展

一、广东方言的类别和历史背景

广东是我国方言最复杂的一个地区。全省方言,除北江的瑶语,海南岛的黎语、苗语和南路靠近广西边界一带的壮语等少数民族语言以外,在汉人聚居的地方,大致可以分为广府话、客家话和福佬话三大类。每一大类中,又可因地理上的关系而分为若干小系。

广府话以广州为中心,可分为四个小系:

    (一) **粤海系**　包括珠江三角洲大部分地区和西江一带的方言;

    (二) **台开系**　包括台山、新会、开平、恩平四邑的方言;

    (三) **高雷系**　包括高州、雷州等处的方言;

    (四) **钦廉系**[①]　包括钦州、廉州等处的方言。

客家话以梅县为中心,可分为三个小系:

    (一) **嘉惠系**　包括嘉应州(梅县)和惠州大部分地区的方言;

    (二) **北江系**　包括北江等处的方言;

    (三) **粤南系**　散布在台山、赤溪以至高州、雷州、钦州、廉州等处的乡间。

福佬话以潮汕为中心,可分为两个小系:

    (一) **潮汕系**　包括韩江流域等处以至海丰、陆丰、宝安、中山近海一带的方言;

[①]　现已改属广西。——作者

（二）**琼崖系**　包括海南岛沿岸等处以至高州、雷州沿海一带某些地区的方言。

这还只是一个大致的分类。若再仔细区分起来，有些个别地区几乎一乡有一乡的乡音，一镇有一镇的土谈，有些甚至只隔一条溪水，一座小山，言语便不能相通。

广东方言何以会有这样的情形呢？考究起来，原因当然不只一个，但主要还是由于民族迁移和混杂的结果。

在古代，广东土著和中原汉人很少往来。周夷王的时候，楚国熊氏进攻杨越，楚国文化逐渐传入百越。秦始皇二十五年（前 222），派遣王翦攻略百越，二十九年又派使屠睢用水军进攻越人，相持三年，后来秦军的粮食吃光了，越人反攻，秦军大败，屠睢被杀。接着，始皇又遣任嚣、赵佗攻略南越，移民五十万戍守五岭，派任嚣为南海尉兼管三郡郡政，赵佗为龙川令。秦亡后，赵佗自立为南越武王，直到汉武帝元鼎六年（前 111）才灭亡了。在这约一百年间，广东的一切发生了很大变化，不仅当地土著已大半化为汉族普通人民，广东的特殊方言也因此奠定了基础。

西晋末年，北方大乱，汉人避难南下，起先聚集在江淮一带，其后江淮乱起，又从淮南渡江迁至江、浙、闽、赣数省，一部分甚至到了广东，对于岭南的开辟曾有相当助力。唐末，广州靖海军节度使刘隐的弟弟刘岩据有广、邕、容三管之地，自立为帝，号称南汉。南宋末年，赣、闽等省的人民，因避元军，大量流入广东。清代中叶以后，海禁大开，广东成了我国出海要道，内地来经营商业的很多，逐渐造成了一种繁荣的景象。

总之，广东是我国移民的一个尾闾，因为迁移非一时，所从来的又非一地，加以山川阻隔，交通不便，久而久之，就逐渐形成了许多方言。大概说来，广东原始土著所操语言是跟壮语同一系属的，现在除少数僻处粤、桂边区的还保持着这种语言以外，其他在广东中区和西江、南路一带的，都已彻底汉化，同汉人分不开了。他们的语言就成了现在的广府话。客家人来广东大约始于晋代永嘉之乱（307—312），唐僖宗末年黄巢起义和南宋末年元人南侵时又各来了一大批。他们大都是从赣南和闽南迁来的。到广东的时候，许多肥沃的土地早已被先来的占去，所以不得不定居在东江、北江一带比较硗薄的地区,有些并且辗转移到了其他各地的乡间。他们因为来得较晚,跟原已定居于此的居民俨然有主客之别,所以被称为"客家",他们的语言就成了现在所谓"客家话"。另一批是由福建渡海而来的,多定居于粤东韩江流域一带,一部分甚至远渡大洋到了海南岛,或散居在海丰、陆丰、宝安、中山以至高州、雷州沿海一带。他们因为来自福建,所以被称为"福佬",他们的语言就成了现在所谓"福佬话"(高州、雷州沿海一带的或称为"海话")。由此可见,广东的方言虽然复杂,但它们的来龙去脉显然是有迹可寻的。

二、广东方言和壮语的关系

广东原始土著被汉人同化的时间很早。秦汉以后,迁移到广东的汉人代有增加,人口的比率日益悬殊,加以汉人具有较高的文化,经过长期的通婚杂居,土著的语言也因受汉语的影响而起了很大的变化。就现代广东方言来说,无论从哪一方面来看,都已是属于汉语系统的了。

然而古代越语是不是在现代广东方言中完全没有留下一些"底层"呢?那又不见得。

我们现在来处理这个问题似乎还嫌过早,因为我们对于原始越语还没有充分的认识。不过我们在上面所说广东原始土著所操的语言和壮语同一系属,即都属侗傣语族的成员,这是相当可靠的。侗傣语族语言有一个特点,就是:它们流行的地区虽然很广,但是其间的差别并不很大。可见这些语言变迁得并不很快。我们试把广东方言和壮语或其他侗傣语族语言相比较,当可以找到其中的一些蛛丝马迹。

先就语音方面来说。大家知道,一种语言或方言的语音是自成系统的,一般不容易受外来的影响。但是壮语的语音却与广东方言的语音很相近似。壮语有许多汉语借词,其中的音韵系统和广州话的几乎完全相同。广东四邑(台山、新会、开平、恩平)、两阳(阳江、阳春)和高州等处的方言里有一个舌边清擦音 ɬ,壮语里也有这个音,所配各字很相一致。龙州壮语有八个声调,现在广州话也有八个声调(另有一个

"中入"声是后来演变出来的），阴、阳两类相配差不多完全一样。古代汉语"明"、"泥"、"疑"、"来"等全浊声母，现代汉语只与阳调韵相配；壮语的 m-、n-、ng-、l-却各有阴、阳两调的读法。现在广州话的汉字读音，这些声母也只与阳调韵相配，但是有些口头上的用语，如"乜"（māt，什么）、"拧"（ning，拿）、"啱"（ngam，合适）、"孻"（lai，最小的或最后的）等等，却都读成阴调。这些都可能是古代越语的遗迹。

至于词汇和语法，那就更为显著了。广府话称人为"佬"，如"大佬"（哥哥）、"细佬"（弟弟）、"外江佬"（外省人）、"客家佬"（客家人）、"福佬"（福建人）等等。"佬"本为壮语自称之词（壮人又称"壮佬"），后来变为有对人表示亲昵之意。此外，广州话"细想"叫做"愐"，"玩"叫做"撩"，"掷"叫做"掟"，"一块"叫做"一嚿"……"愐"、"撩"、"掟"、"嚿"等等都与壮语的完全相同。

语法方面也留下了一些遗迹。壮语语法结构的规则，修饰语常放在被修饰语后面。这是跟现代汉语的习惯恰恰相反的。可是在广府话里就有不少这样的例子，如"客人"叫做"人客"，"干菜"叫做"菜干"，"公鸡"叫做"鸡公"，"牯牛"叫做"牛牯"等等，在地名中更为常见。这还只是就广州话来说的，在西江、南路一带的方言里，这种由古代越语沉淀下来的成分更为丰富。例如在这些地区的方言里，柚子都叫做"檬"或"碌檬"；"碌"就是壮语"子"的意思，而"檬"就是"柚"。广州话柚子也叫做"碌柚"，那就是把原有的成分和汉语的成分配合在一起了（注意它的词序）。合浦土语"小"叫做"尕"（土字，音 nɛ），"小孩"叫做 nɛ̄-ɜ·n 或 -nung[1]ɛ；nɛ 在壮语是"小"的意思，nung 在广西许多地区的壮语里都有"弟弟"之意。nɛ ɜ 实由 nung ɛ 变来（同化作用），而 nung ɛ 又由 nung nɛ 变来（即所谓"异化作用"），无论在语词方面或词序方面都是跟壮语相一致的。

地名最容易显露出先民的遗迹。这是世界语言一般的通例。广东有许多地名是以"那"（"罗"）"六"（"禄"、"渌"、"绿"、"菉"）等字冠首的。以"那"（"罗"）冠首的如：

> 那伏（新会），那州（中山），那伏墟（台山），
> 那落村（清远），那落墟（高要），那康（新兴），

那乌(阳春),那吉墟(恩平),那波塝(开平),

那浪(阳江),那花(电白),那楼(化县),

那丽(钦县),罗郁冈(高要),罗银(阳春),

罗茅(德庆),罗练(封川),罗求(开建),

罗镜墟(罗定),罗沙墟(云浮),罗旁墟(罗定);

以"六"("禄"、"渌"、"绿"、"菉")冠首的如:

六合(台山),六田(封川),六平山(阳江),

六岸(信宜),六磊坡(化县),六朴(合浦),

禄境(南海),禄马(台山),绿步墟(高要),

禄村(四会),禄塘村(高明),禄岗(鹤山),

禄源村(云浮),渌山(封川),渌水村(灵山),

渌眼(钦县),绿滚(德庆),绿岭(电白),

那菉汛(茂名),大菉墟(防城)等等①。

按"那"("罗")壮语音-na,原意为"田"或"水田";"六"("禄"、"渌"、"绿"、"菉")壮语音 luk,原意为"谷"或"山地"。这是与当地形势有关的,而下一个字都是它的修饰语。

三、北方汉语对于广东方言的影响

广东方言自形成后,它的演变规律就逐渐和北方汉语的演变规律不能一致。粤省多山地,僻处南陲,一般说来,它的各种方言是比较倾向于保守的,所以许多古代汉语的特性,都还可以从它们里面找出来。可是由于演变规律不同,许久以来,它和北方汉语的距离就一步一步地扩大了。

话虽这样说,但是历代由于流戍、迁谪、征伐、避乱、经商等缘故,汉人从北方到广东的很多。他们说的都是北方汉语,到广东后和当地人

---

① 参看罗常培:《语言与文化》第五章,北京大学出版部出版;徐松石:《粤江流域人民史》第十九章,中华书局出版。

士混杂在一起,在语言方面,总不免引起一种交流的作用。另一方面,北方从来就是我国政治、经济、文化的中心。广东人跟北方人接触,也自动向北方汉语吸收了不少成分。

任何一种语言或方言,它的内部组织不外语音、语法和词汇三部分。我们现在来谈广东方言所受到北方汉语的影响,应该也分这三部分来讨论。不过在一种语言或方言里,语音和语法是各自构成完密的系统的,一般不易受到外间的影响。只有词汇比较零碎。它常随社会的需要而产生,随着社会的发展而发生变化,等到社会不需要了,它也可能因被废弃而死亡。广东方言虽不断受到北方汉语的影响,但是由于上述原因,语音和语法方面是比较少的,受影响最深的还是在词汇方面。

我国向来使用方块汉字,各地的读音尽管不同,但写法总是一样的。从前写作用文言,遣词造句,全国一致,并无地区上的分别,其后虽然改用了白话,而各地写文章还是照着北方汉语的习惯,很少用方言。这对于各地的方言影响很大,对广东方言也不例外。其中许多带有书本意味的词语大都是经由文字传播进去的,起初也许只限于写作上使用,但久而久之,有些就连口语也用上了。

广州话从北方汉语借用词语,往往是只借字而不借音的,虽从外语译音的词也是这样,所以念起来常觉得跟原音相差很远。例如马克思(Marx)和斯大林(Stalin),用现代北方话念起来还很相近似,广州人把他们叫做 Ma ha ksi 和 Sitailăm,就差得相当远了。此外也有些词是经由口语传进去的,在写法上反不相同。例如北方活"角"和"脚"同音,广州人分不清楚,误把"角色"译成"脚色"。其实这两个字在广州话是不同音的,但是现在已经把它固定下来了。另外有些外语借词,如果是通过口语传进去的,在北方话和广州话也可能写成不同的词。例如汽车车轮的胶内胎,北方话管它叫"胎"("车胎"),广州话却叫做"呔",它们都是从英语的 tyre 翻译过来的,音虽相同而写法不同。

大致说来,广州话中许多跟学术文化有关的词语都是从北方汉语搬运过来的,但是随着社会的发展,广州人也可以用相同的材料造成相同的词,因此要区分其中哪些是真正从北方话搬运过来的,哪些是他们自造的,这是相当困难的。这里有一个比较可靠的办法,就是看其中哪些是带有北方话的前缀或后缀的。例如广州话表示"类之小者"多用"仔",如"刀仔"、"杯仔"、"棍仔"、"凳仔"、"猪仔"、"狗仔"等等,北方话却用"子"或"儿",如"刀子"、"杯子"、"棍子"、"凳子"、"花儿"、"球儿"、"马儿"等等(这些词现在已经逐渐失去"小"的意义)。表示外国的东西,广州话多用"番",如"番枧"(肥皂)、"番茄"(西红柿)、"番薯"(白薯)、"番石榴"(一种水果)、"番鬼佬"(外国人的贬词)等等,北方话却用"洋"或"胡",如"洋火"、"洋灰"、"洋烟"、"胡琴"、"胡萝卜"等等。这是分别得相当清楚的。但是我们看:现在广州话里也有一些用"子"、"儿"、"洋"、"胡"的词语,如"狮子"、"法子"、"日子"、"乞儿"、"洋葱"、"胡椒"等等。这些无疑都是在过去某一时期从北方汉语搬运过来的。

总之,广州话只是汉语的一种方言。因限于从古以来的历史条件和社会条件,它不可能变成一种独立的语言。它和北方话比较起来虽然有各种差别,但是由于种种原因,不断受到北方汉语的影响是不可避免的,所以直到现在,双方的距离还不致太大。

四、广东方言的特点和词汇的发展

广东的位置处在我国南部,背山面海,早年和内地的交通极不方便,在粤汉铁路通车以前,俨然自成一国,因此广东人和北方人接触的机会一般是比较少的。广东方言虽然不断受到北方汉语的影响,但是它的语音和语法是自成系统的,词汇方面,由于种种原因,也颇多独自新创的词语。这些都造成了它的特点。

一般地说来,广东方言的音韵比较接近古音,词汇也颇多古词。例如"饮"、"食"二词,在许多北方口语里早已死亡,但是广东人每天还是挂在嘴上。"以手取物"谓之"拈","以物与人"谓之"畀",来源都很早;现在广东人日常所用的还是这两个词。

词汇中的基本词汇比较稳定,但也不是完全不起变化的。有些词在北方汉语里已经改变了,但是在广东方言里却还保存着。例如"脸"本指"目下颊上",北方汉语早已用"脸"代"面",而广东方言却还是用

"面";"颈"在北方汉语里早已为"脖子"所代替,而在广东方言里却没有改变。

我国古代就已经存在着许多方言,同一种动植物,往往各地都有它自己的称谓。例如《尔雅》"蠜蝑"郭璞注:"即蜙蝑也,一名蟌蚣;齐人呼蠜蝑。"《方言》:"蚐蛱,齐谓之蠜蝑。楚谓之蟌蚣,或谓之蛉蚣,秦谓之蚐蛱,自关而东谓之蚚蝑,或谓之蜙蝑,或谓之蜓蚨,西楚与秦通名也。"由此可以想见。又如"蝙蝠"一名,《方言》载:"蝙蝠,自关而东谓之服翼,或谓之飞鼠,或谓之老鼠,或谓之仙鼠。"不同的地区往往有不同的说法。这在广东方言中也有所反映。现在广州话管"蝉"叫"沙蝉",但是有些地区却把它叫做"遮蝼"或"蝆蟧"。"蝙蝠"是广州话的通称,但是有不少地区却把它叫做"蝠鼠"或"飞鼠"。诸如此类的名称,有许多都是于古有所本的。

此外,广东的特殊环境也给它产生了一些特殊的词语。广东地近亚热带,终年不见冰雪,广东人往往冰雪不分,于是常把"人造冰"叫做"雪","冰激淋"叫做"雪糕","冰棍"也叫做"雪条"。在广东经商的有一种迷信的传统。有些他们认为听起来不吉利的词,常因忌讳而用别的词来代替。例如不说"舌"(与"蚀"同音,亏本)而代之以"脷",不说"肝"(与"干"同音,资本尽)而代之以"膶",不说"空"(与"凶"同音,不吉利)而代之以"吉",不说"书"(与"输"同音,赔本)而代之以"胜"。因此,"舌"变成了"脷","猪舌"也变成了"猪脷";"猪肝"变成了"猪膶","萝卜干"变成了"萝卜膶","担杆"也变成了"担膶"(南路一带也有叫做"猪湿"、"担湿"等等的);"空屋出租"变成了"吉屋出租","空身番嚟"(空身回来)也变成了"吉身番嚟";"通书"变成了"通胜",甚至"丝瓜"("丝"与"输"音相近)也变成了"胜瓜"。

广州地近香港。广州话里由英语译音的词特别多,例如把"铜子儿"叫做"仙士"(cents),"邮票"叫做"士担"(stamp),"公共汽车"叫做"巴士"(bus),"计程汽车"叫做"的士"(taxi),"手杖"叫做"士的"(stick),"球"叫做"波"(ball),"英时"叫做"烟子"(inch),"英里"叫做"咪"(mile),"十二个"叫做"咑"或"打臣"(dozen),"四分之一"叫做"一个骨"(quarter),"牌号"叫做"嘜"(mark),"时兴"叫做"花臣"

（fashion），"保险"叫做"燕梳"（insure），"商人"叫做"孖毡"（merchant），"支票"叫做"则纸"（cheque），"衬衣"叫做"邮衫"（shirt）等等。其中有许多都是由香港华侨带回来的，现在虽已有所改变，但是有些已经习惯成自然了。

广东语言环境复杂，来源纷歧，许多都由它的词汇反映出来。现在广州话里，我们可以看到，同一个意义常表以好几个词。例如表示"小孩子"这个意义的就有"细蚊仔"、"细佬哥"、"细路仔"、"苏虾仔"、"bibi仔"以至"儿童"、"孩儿"等等。这些词语中，有的是古代流传下来的，有的是新近出现的，有的是借来的，有的是自造的，有的是一般人常用的，有的是只限于一部分人使用的，有文有俗，各有各的妙用。斯大林说："语言的词汇的变化，不是用废除旧的建设新的那种方法来实现的，而是用新词去充实现有词汇的方法来实现的。"[1]我们从广东方言演变的研究中可以充分证明这句话的正确性。

原载《中国语文》1953 年 4 月号。后载入《语言学学习与研究》，中州书画社，1983 年 8 月。

---

[1] 斯大林：《马克思主义和语言学问题》，第 16 页。

广州音系概述

一、广州的音韵

广州方音,详细分析起来,计有十九个声母,五十三个韵母和九个声调。现分述如下:

(一) 声母十九个:

p 波	p'颇	m 摩	w 窝	f 科
t 多	t'拖	n 娜	l 罗	
ts 左	ts'初		s 梳	j 哟
k 哥	k'卡	ŋ 俄	h 苛	
kw 戈	kw'夸			

p 双唇不送气清塞音。发音比普通话的硬些,但比法语的又软些。

p' 双唇送气清塞音。发音和普通话的差不多。

m 双唇浊鼻音。

w 双唇舌根浊擦音,和英语 watch 的 w 很相似。

f 唇齿清擦音,和普通话的差不多。

t 舌尖中不送气清塞音,发音部位相当宽,接触力不很强,但比普通话的硬一些。

t' 舌尖中送气清塞音,和普通话的差不多。

n 舌尖中浊鼻音。

l 舌尖中浊边音,发音时用力很松,听起来不大清楚,一部分广州人把它和 n 相混。

ts　舌尖中不送气清塞擦音,比普通话的稍后,比英语 joy 的 j 又前一些,西关人多念得很前。

ts'　舌尖中送气清塞擦音,比普通话的稍后,比英语的又前一些,西关人常念得很前。

s　舌尖中清擦音,比普通话的较后,比英语的 sh 又较前,西关人多念得很前。

j　舌面中浊擦音,和英语 yes 的 y 很相近。

k　舌根不送气清塞音,比普通话的硬一点,比法语的又稍软。

k'　舌根送气清塞音,和普通话的差不多。

ŋ　舌根浊鼻音。

kw　由 k 和 w 结合而成,和英语的 qu 颇相近。

kw'　由 k' 和 w 结合而成。

h　喉部清擦音,和英语的 h 相同。普通话的 h[x]是舌根音,与广州话的 h 不一样。

综上所述,广州话里只有十五个单纯辅音,其余的都是塞擦音和结合辅音。现在把这十五个单纯辅音,按它们的发音部位和发音方法,列成下面的一个表:

方法＼部位			双唇	唇齿	舌尖中	舌面中	舌根	喉
塞音	清	不送气	p		t		k	
		送气	p'		t'		k'	
鼻音	浊		m		n		ŋ	
边音	浊				l			
擦音	清			f	s			h
	浊		w			j		

(二) 韵母五十三个:

(1) 阴声韵十七个:

　　　　a 丫　　ɔ 屙　　ε 奢　　œ 靴　　i 衣　　u 乌　　y 于

　　ai 挨　　ɐi 翳　　ei 非　　ɔi 哀　　ui 煨

　　au 坳　　ɐu 欧　　ou 奥　　œy 佢　　iu 妖

（2）阳声韵十九个：

　　an 晏　　ɐn 因　　ɔn 安　　un 腕　　œn 春　　in 烟　　yn 冤

　　aŋ 罂　　ɐŋ 莺　　ɔŋ 盎　　uŋ 瓮　　œŋ 央　　iŋ 英　　ɛŋ 镜　　　ŋ 五

　　am 监　　ɐm 庵　　im 淹　　m̩ 唔

（3）入声韵十七个：

　　at 押　　ɐt 不　　ɔt 渴　　ut 活　　œt 律　　it 热　　yt 月

　　ak 客　　ɐk 握　　ɔk 恶　　uk 屋　　œk 脚　　ik 益　　ɛk 尺

　　ap 鸭　　ɐp 邑　　ip 叶

　　以上五十三个韵母中,若详细分析起来,仅得十个单纯元音和两个声化韵母(领音辅音),其余的都是复合元音和附声韵母。现在把这十个单纯元音按它们的发音特点绘成如下的一个简单图式：

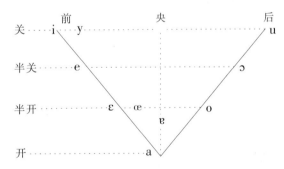

i　舌前不圆唇关元音。发音时舌的位置比法语的较后,双唇不很扁,和普通话的差不多。在阳声韵和入声韵里有变成ɪ的趋势。

y　舌前圆唇关元音。舌的位置和 i 相同,双唇略作圆形。在阳声韵和入声韵里有变成ʏ的趋势。

e　舌前不圆唇半关元音。和法语的差不多,但用力较松。此音从不独用,在 ei 韵里是这个复合元音的第一个成分。

ɛ　舌前不圆唇半开元音,用力比法语的较松,在阳声韵和入声韵里开口程度更大一些。

œ 舌前圆唇半开元音,舌的位置和 ɛ 相同,只双唇略作圆形。

a 舌前不圆唇开元音,比法语的较后。在 ai,au,an,aŋ,am 诸韵里音量较长,用严式标音应标成 aːi,aːu,aːn,aːŋ,aːm,即在入声韵里如 at,ak,ap 等里也比 ɐt,ɐk,ɐp 等略长。

ɐ 舌中开口元音,开口程度比 a 较小,舌头停止不动。此音不独用。

ɔ 舌后圆唇半开元音,发音时舌的位置没有法语的那么后,唇也没有那么圆。

o 舌后圆唇半关元音,发音时舌的位置比 ɔ 更后一些,开口程度也更小一些。此音不独用。

u 舌后圆唇关元音。发音时舌的位置和开口程度和普通话的差不多。在阳声韵和入声韵里有变成 ʊ 的趋势。

阳声韵的收声有-m,-n,-ŋ 三个,入声韵有-p,-t,-k 三个,都是内破音,那就是说,发音时只有闭合期、全闭期,而没有破裂期,所以听起来是不大清楚的。

m 和 ŋ 这两个声化韵母也是没有破裂期的。它们只能独用,绝不与他音相拼。

在广州话的各个韵母里,有一个最明显的特点,就是没有表示等呼的介母。ui,iu 二韵是复合元音,第一个成分较长于第二个成分,固不能认为介母,即在含有 kw-,kw'-二声母的诸字音中,如[kwan](关)、[kwɐt](骨)、[kw'en](坤)、[kw'ei](规)、[kwiŋ](烱)、[kwik](隙)等等,那也只能视为结合辅音,而不是真正的介母,因为这 w 和 k 或 k'的关系比和后面韵母的关系密切得多。

广州人日常说话,音韵的变化并不很多。但是例如:kɐmjɐt>kɐm mɐt(今日)或 jɐtti kɐm tɔ>jɐt ti kɐm tœ(一啲咁多=一点点),那就是"音的同化";mɐt jɛ>mɛ ɛ(乜嘢=什么),mei ts'ɐŋ>mi aŋ(未曾)或 ji sɐp>jia(二十),sam sɐp>saa(三十)等等,那就是"音的缩减"。至于 kɐu(沟)、kɐu(钩)等字因与俗语男子生殖器之音相同而分别念为 k'ɐu 和 ŋɐu,那已经是另外一个问题了。

（三）声调

　　广州话的声调，向称有九个，除平、上、去各分上、下（相当于阴、阳）两类以外，入声并分上、中、下三类。试举例说明如下：

	上平	上上	上去	上入	中入	下平	下上	下去	下入
一	夫 fu	苦 fu	富 fu			扶 fu	妇 fu	父 fu	
二	边 pin	扁 pin	变 pin	必 pit	鳖 pit	○ pin	○ pin	便 pin	别 pit
三	东 tuŋ	董 tuŋ	冻 tuŋ	笃 tuk	毒 tuk	○ tuŋ	○ tuŋ	动 tuŋ	读 tuk
四	堪 hɐm	砍 hɐm	勘 hɐm	恰 hɐp	鮨 hɐp	含 hɐm	颔 hɐm	撼 hɐm	合 hɐp

　　这九个声调中，若只论其音之高低升降，而不问其长短和收声如何，那么上入实同于上平，中入实同于上去，下入实同于下去。这样说来，广州声调实只有六个而非九个。作者前于《入声非声说》一文中（载国立中央图书馆《图书月刊》第二卷第七期）曾把它们另列成一个系统表。现特转录如下（例字略有改变）：

	上平	上上	上去	下平	下上	下去
一、阴声类	夫 fu	苦 fu	富 fu	扶 fu	妇 fu	父 fu
二、阳声类	堪 hɐm	砍 hɐm	勘 hɐm	含 hɐm	颔 hɐm	撼 hɐm
	边 pin	扁 pin	变 pin	○ pin	○ pin	便 pin
	东 tuŋ	董 tuŋ	冻 tuŋ	○ tuŋ	○ tuŋ	动 tuŋ

		恰	○	鮉	○	○	合
		hɐp	hɐp	hɐp	hɐp	hɐp	hɐp
三、入声类		必	○	鳖	○	○	别
		pit	pit	pit	pit	pit	pit
		笃	○	毒	○	○	读
		tuk	tuk	tuk	tuk	tuk	tuk

以上六个声调,上平先平而后降,约与普通话的阴平相当;上上先低而后高,约与普通话的上声相当;上去比较平顺,约与普通话的去声相当,但调值不同;下平、下上、下去的升降度基本上与上平、上上、上去相同,但声调比较低沉。为了便利于标音起见,我们可以按照声调的高低升降采用以下几个符号:

上平　上上　上去　下平　下上　下去
□^{553}　□^{35}　□^{33}　□^{221}　□^{13}　□^{11}

在日常说话中,上平、上上、上去、下上比较稳定,变化很少;下平和下去因为特别低沉,若为名词,就常把它们的声调提高至上上或下上以求响亮,如不说 t'ɔi^{11} 而说 t'ɔi^{13}(枱),不说 tsɐt^{11} 而说 tsɐt^{13}(侄),不说 sɐm^{11} 而说 sɐm^{13}(岑),不说 jɛt^{55} p'in^{55} mɐn^{11} 而说 jɛt^{55} p'in^{55} mɐn^{13}(一篇文)等等。但是这也只限于最后的一个音节,如果后面还有另一个音节跟着,就不能起这种变化,例如不能把 t'ɔi^{11} ts'y^{35}(枱柱)说成 t'ɔi^{13} ts'y^{35},tsɐt^{11} sɐi^{33}(侄婿)说成 tsɐt^{13} sɐi^{33},mɐn^{11} tsœŋ^{553}(文章)说成 mɐn^{13} tsœŋ^{553},sɐm^{11} k'ei^{11} ts'œŋ^{11}(岑麒祥)说成 sɐm^{13} k.ei^{11} ts'œŋ^{11}。这是颇为微妙的。

二、广州单音字表

关于广州话的声、韵、调和它们的特点,我们在上面已经分析过了。照着它们拼出来的音,究竟有多少个是有字可以表示的呢? 我们现在把它列成下面的三个单字音表:

（一）阴声（六百七十一个字音）

韵＼声调		○	波颇摩窝科	多拖娜罗	左初梳哟	哥卡俄戈夸苛
丫	上平	丫	巴 妈蛙花	吖他 喇	渣叉沙	家 瓜夸虾
	上上	哑	把 㧱	打	咋洒	假 寡
	上去	亚	霸怕 化	㧱	诈诧嗄	嫁卡 卦跨
	下平		爬麻华	拿	茶	牙霞
	下上		马		苴 也	瓦
	下去		罢骂话攞	那	侘廿	迓 夏
屙	上平	屙	波摩窝科	多拖罗	初梳哟	哥 戈苛
	上上	婐	颇 火	躲妥娜裸	左础所	果可
	上去		簸破 课	刹睡	佐错疏	个 过
	下平		婆馓禾	驼挪罗	锄	俄 河
	下上		播	扡傩	坐	我
	下去		磨祸	惰驮懦逻	座	饿贺
奢	上平		咩	爹	嗟奢赊	伽
	上上				姐且捨	
	上去				借舍	嘅
	下平		哶		斜蛇爷	茄
	下上				社野	
	下去				谢麝夜	
靴	上平					靴
	上上			朵		
	上去			睡		
	下平					
	下上					
	下去					

（续表）

韵 ＼ 声调		○	波颇摩窝科	多拖娜罗	左初梳哟	哥卡俄戈夸苛
衣	上平				脂痴诗衣	
	上上				旨耻屎倚	
	上去				至翅试意	
	下平				池时移	
	下上				似市以	
	下去				雉兕示义	
乌	上平		乌夫			姑
	上上		隝苦			古
	上去		恶富			固
	下平		胡扶			
	下上		妇			
	下去		户父			
于	上平				朱　书于	
	上上				主处暑淤	
	上去				注处庶妤	
	下平				储殊余	
	下上				柱署语	
	下去				住　树遇	
挨	上平	挨	歪	獃呔奶薮	斋猜	佳锴　乖　揩
	上上		摆	歹	端玺	解楷　拐
	上去	隘唉	拜派　快	带太	债傺晒	戒忨怪　懈
	下平		排埋怀		柴	涯　鞋
	下上		买	乃	舐	搣　蟹
	下去		卖坏	薾赖	寨	艾　懈

（续表）

韵 \ 声调	声调	○	波颇摩窝科	多拖娜罗	左初梳哟	哥卡俄戈夸苛
黟	上平		跛批咪威挥	低梯	挤妻筛	鸡溪　归规
	上上	矮	伟疿	抵体	仔　驶吟	启　鬼
	上去	黟	闭　馈废	帝替	制砌世	计契　桂愧
	下平		迷维	啼泥黎	齐	危畦葵奚
	下上		坤米玮	睇苊礼	鲚	蚁　揆溪
	下去		弊袂位吠	弟　丽	曳	偈艺跪系
非	上平		悲披　非	呢喱		基崎　希
	上上		比鄙　匪			纪　喜
	上去		秘屁	浰		记骥　气
	下平		皮眉　肥	怩离		其
	下上		被尾	尔里		企
	下去		备鞁味狒	地腻吏		忌
哀	上平	哀		胎	灾颞	该　开
	上上	蔼			宰采	改　凯
	上去	爱			载菜	概
	下平			台　来	财	皑　骇
	下上			殆馁		
	下去			代　内赍	在	外　害
煨	上平		杯胚　煨灰	堆推	追吹衰锥	
	上上		贿	腿	嘴揣髓	侩
	上去		辈配　诲	对退	醉脆碎	刽
	下平		培梅回	颓雷	捶垂	
	下上		倍每	磊	蕊	
	下去		焙妹汇	队泪	坠睡锐	

（续表）

韵＼声调	声调	○	波颇摩窝科	多拖娜罗	左初梳哟	哥卡俄戈夸苛
拗	上平	坳	包抛猫		嘲抄筲	交　　敲
	上上	拗	饱跑		爪吵稍	狡　　考
	上去	拗	爆炮　觑		筲钞哨	较靠　孝
	下平		刨矛	锚捞	巢	肴
	下上		卯	犹		咬
	下去		貌	闹	趠	乐　　效
欧	上平	欧	髟脬　抔	兜偷颙楼	周抽收丘	鸠抠勾　吼
	上上	呕	踣　　否	斗鈺扭	帚丑守蹂	久　　　口
	上去	沤	副	斗透瘤	昼臭瘦幼	购叩
	下平		掊谋　浮	投猱楼	酬愁尤	求牛　　侯
	下上		某	挠柳	友	舅偶
	下去		贸阜	豆耨漏	宙　受佑	旧　　　候
奥	上平	爊	褒铺	刀韬	租粗苏	高　　嗥
	上上	袄	保普	赌讨怀佬	祖草嫂	稿　　好
	上去	奥	报铺	到吐	灶醋扫	购　　犒
	下平		袍模	徒奴牢	曹	敖　　豪
	下上		抱舞	肚努鲁		
	下去		步　　务	道稌怒路	做凿	傲　　浩
佢	上平				雎趋需	居拘　　虚
	上上				咀取	举　　　许
	上去				怚趣	句　　　去
	下平				徐	镶劬
	下上				蜡绪	佢
	下去				序且	巨

（续表）

韵＼声调	○	波颇摩窝科	多拖娜罗	左初梳哟	哥卡俄戈夸苛
妖 上平		标飘猫	刁挑	招超烧妖	骄　　嚣
上上		表瞟	屌嫋	剿悄少窅	矫　　晓
上去		俵票	吊跳	照肖笑要	叫越　窔
下平		瓢苗	条聊	樵韶饶	翘
下上		傈秒	蔈鸟了	陥绕	峤
下去		鳔妙	调窕尿廖	赵绍耀	猇

（二）阳声（六百七十一个字音）

韵＼声调	○	波颇摩窝科	多拖娜罗	左初梳哟	哥卡俄戈夸苛
晏 上平	殷	班攀　弯翻	丹摊	餐山	奸　关　悭
上上		板　　反	担坦赧	盏产姗	简　　睅
上去	晏	扮盼　泛	旦叹	赞灿汕	谏　惯
下平		蛮环凡	檀难兰	残孱	颜　娴
下上		晚挽饭	懒	僝	眼　倆
下去		办　慢还范	但　难烂	馔	犴雁　悯
因 上平		宾　蚊温分	吞	真亲申因	根　君坤
上上		品牝　蕴粉	趸伧撚	诊隐	紧　滚悃恳
上去		殡喷　愠粪	褪	振衬印	靳　棍困
下平		频民魂焚	饨	陈神人	勤银　群痕
下上		敏尹愤		肾引	
下去		笨　问混坌		阵慎孕	近轫　恨

（续表）

韵＼声调	声调	○	波颇摩窝科	多拖娜罗	左初梳哟	哥卡俄戈夸苛
安	上平	安				干　　看刊
	上上					稈　　汉寒
	上去	按				干　　旱
	下平					翰
	下上					
	下去					竿岸　翰
腕	上平		般潘　欢			官
	上上		本　　腕欵			管
	上去		半判　焖			贯
	下平		盆门桓			
	下上		满			
	下去		叛伴闷换			
春	上平			敦貗	臻春询	
	上上			湍　卵	准蠢笋	
	上去			炖	俊　信	
	下平			囤伦	秦纯	
	下上			盾	吮	
	下去			钝　齐	尽顺闰	
烟	上平		边偏	颠天	笺千先烟	坚　　牵
	上上		扁	典殄辗	剪浅趻演	謇　　蜆
	上去		变片	殿	箭倩线讇	见　　宪
	下平		楩棉	田年连	钱婵言	虔
	下上		勉	挺	践鳝倪	
	下去		便面	甸　练	贱蒨羡现	健

（续表）

韵	调	○	波颇摩窝科	多拖娜罗	左初梳哟	哥卡俄戈夸苛
冤	上平			端　挛	专穿宣冤	涓　　圈
	上上			短	缵窜选宛	卷　　犬
	上去			锻	钻串算怨	绢　　劝
	下平			剸屯銮	全旅完	权
	下上			断暖娈	噂隽阮	
	下去			段　嫩乱	瑑院	倦
嘤	上平	嘤	烹		争撑	耕　　坑
	上上				省	
	上去				瞠	迸
	下平		棚盲闳		橙	
	下上		捧猛	冷		
	下去		鬔孟横			硬逛
莺	上平	莺	崩	登	憎生	庚　轰　铿
	上上	哽		等　襁		梗哽　肯
	上去		堋	凳	甑㞼	更怲
	下平		鹏盟宏	滕能	层	恒
	下上		棓			
	下去		凭	邓	赠	幸
盎	上平		帮　汪方	当汤	臧仓桑	冈　光　康
	上上	泱盎	榜　枉访	党倘曩	驵闯爽	港慷　广
	上去		谤　放	档烫	葬创戗	绛抗　圹旷桁
	下平		傍亡王房	唐囊郎	幢床	闶昂　狂杭
	下上		蚌罔往	攘朗	奘	圹沆
	下去		磅　望旺	宕　浪	脏	戆　巷

（续表）

韵 \ 声调	声调	○	波颇摩窝科	多拖娜罗	左初梳哟	哥卡俄戈夸苛	
瓮	上平		檬　风	东通	中充崧翁	工芎	空
	上上		捧　懵　俸	董桶　拢	肿冢耸拥	拱	孔
	上去	瓮	碰　讽	冻痛	众铳宋	贡	控
	下平		蓬蒙　逢	同农龙	虫崇客	芎穷	洪
	下上			陇	重　勇		
	下去		梦　凤	动　弄	仲　用	共	阋
央	上平				章昌湘央	疆	香
	上上			两	奖抢想快	彊	享
	上去				帐唱相		向
	下平			娘良	长偿阳	强	
	下上			两	上养	襁	
	下去			谅	象　尚漾		
英	上平		兵姘	丁听拧	贞清星英	京倾	兄
	上上		丙瞑	鼎	整拯醒影	景顷	焖
	上去		并聘	订听	政秤姓应	敬	诇庆
	下平		评名荣	廷宁伶	呈成形		
	下上		皿永	挺岭			
	下去		并平命泳	定　佞令	嵘认	竞琼	
镜	上平			钉厅		惊	轻
	上上		饼	顶	井	颈	
	上去		柄	碇		镜	
	下平						
	下上			艇			
	下去		病		郑		

（续表）

韵	声调	○	波颇摩窝科	多拖娜罗	左初梳哟	哥卡俄戈夸苛
五	上平					
	上上					
	上去					
	下平	吴				
	下上	五				
	下去	误				
监	上平			耽贪	簪参衫	监　唫
	上上	菡		胆窨 揽	斩惨掺	减
	上去			担探	湛忏钐	镧　　　喊
	下平			澹谭南蓝	傪惭	岩　咸
	下上			淡腩览	歔	
	下去			唊谈滥	站	陷
庵	上平	庵			针侵深钦	金襟　堪
	上上	谙			枕寝审饮	锦拎　砍
	上去	暗			浸寖渗荫	禁　　勘
	下平			炎 林	沉岑潯	琴　含
	下上			袨禀	蕈荏	颔
	下去			临	甚赁	撼
淹	上平		沾添拈		尖签 淹	兼　谦
	上上		点㸃		剪谄闪掩	检　险
	上去		店		佔暹 厌	剑　欠
	下平		甜黏廉		潜蟾严	钳
	下上		恬敛		染	
	下去		玷掭念辇		渐蟾验	

（续表）

韵＼声调		○	波颇摩窝科	多拖娜罗	左初梳哟	哥卡俄戈夸苛
唔	上平 上上 上去 下平 下上 下去	唔				

（三）入声（二百五十八个字音）

韵＼声调		○	波颇摩窝科	多拖娜罗	左初梳哟	哥卡俄戈夸苛
押	上入		膃			
	中入	押	八　挖法	挞	札刷杀	刮
	下入		魆　袜滑	达　捺剌	嘈	唂
不	上入		不匹乜屈弗		质七失一	吉咳　橘乞
	中入					
	下入		弸　密捪佛	凸	窒　实日	刖　迄掘劼
渴	上入					
	中入					割
	下入					渴
活	上入					
	中入		拨泼抹　阔			括
	下入		勃哼末活			
律	上入				卒出邮	
	中入				掇	
	下入			讷律	术	

（续表）

韵	声调	○	波颇摩窝科	多拖娜罗	左初梳哟	哥卡俄戈夸苛
热	上入		必			
	中入		鳖撇	跌铁掫	哲辙泄遏	结揭　　歇
	下入		别灭	迭列	截舌热	杰
月	上入					
	中入			脱捋	拙撮雪乳	厥决　　血
	下入			夺嚼	绝月	
客	上入					
	中入		伯拍	胳	责策索喫	格　　客
	下入		白惑	辣	择贼	额
握	上入		北擘	德	仄测塞	黑
	中入				赜	
	下入		墨	特勒		
恶	上入		剥			
	中入	恶	博朴霍	托洛	作削索	各确国壳
	下入		薄莫获缚	铎落	昨	岳学
屋	上入		卜福	笃秃恧辘	足促叔煜	谷曲　哭
	中入	屋		毒		
	下入		朴木服	读六	俗蔟赎肉	局　酷
脚	上入					
	中入			啄	酌倬削约	脚却
	下入			略	着箬	
益	上入			滴剔怒砾	职敕式益	击　隙
	中入		壁阒	鬲	赤	
	下入		觅域	敌溺力	值食役	极
尺	上入					
	中入		壁霹	踢	只尺锡	吃
	下入			笛	硕	喀屐

（续表）

声 韵　　调	○	波颇摩窝科	多拖娜罗	左初梳哟	哥卡俄戈夸苛	
鸭 上入 鸭 中入 鸭 下入	鸭		答塔 沓噎纳腊	眨插坺 闸	夹	恰 呷 狭
邑 上入 邑 中入 邑 下入	洽		嗒　粒笠 立	执缉湿邑 十入	急吸 鸽 阖及哈	恰 鮯 合
叶 上入 叶 中入 叶 下入			沾帖 叠　涅猎	摺妾涉镉 叶	劫	怯

由上面所述我们可以得出以下几个结论：

（一）广州话共有声母十九个，内单纯辅音十五个，塞擦音两个，结合辅音两个。

（二）韵母共有五十三个，内阴声韵十七个，阳声韵十九个（包括声化韵母两个），入声韵十七个。阳声韵的收声有-m，-n，-ŋ 三个，入声韵的收声有-p，-t，-k 三个。

（三）声调传统习惯上认为有九个，平、上、去各分上、下二类，入声分上、中、下三类。但若只论其音之高低升降，不管其长短及收声。那么上入实等于上平，中入实等于上去，下入实等于下去。因此广州话实只有上平、下平、上上、下上、上去、下去等六个声调，分属阴声、阳声、入声等三类。

（四）广州话共有字音一千六百零二个，内阴声六百七十一个，阳声六百七十三个，入声二百五十八个。

从共时方面看，整个广州音系不过如此。

原载《广东建设研究专刊》第 1 卷第 2 期，1947 年。后载入《语言学学习与研究》，中州书画社，1983 年 3 月。

历史比较法及其在语言研究中的运用

一

世界上有许多语言,其中有些是很近似的,有些却相差得很远。近似的,彼此容易了解,相差得很远的,说起话来就好像鸭子听雷一样,不知对方说的什么。同是人类的语言何以会发生这种情况呢？自古以来,这对于许多人是一种猜不透的哑谜。迷信宗教的人,特别是基督教徒,相信原始的人类只讲一种语言——希伯莱语。后来因为犯了天规,上帝要责罚他们,于是在他们中间建筑起一座高塔叫巴别尔塔,用来变乱他们的语言。后来四处奔散,互不通音讯,差别越来越大,结果成了世界上的这许多语言。到公元十六、十七世纪,有些耶稣会教士更是妙想天开,想尽办法把他们所能采集到的语言按照彼此近似的程度加以分门别类,分成了好些语族。如 17 世纪初,基沙尔分成四族,斯卡里格分成十一族,各著书论述,其实都是没有科学根据的。

到 19 世纪初,由于科学进步的影响,西欧语言学家才逐渐知道采用科学方法从许多方面去搜集资料,进行分析比较,确定了各种语言的相互关系,建立语言的谱系和它们在历史上的发展规律,才使语言的研究成了一种真正的科学研究。所以我们可以说,历史比较法就是语言科学中利用各种不同手段搜集材料,进行比较分析,确定各种语言的亲属关系及其历史发展的科学方法。

二

任何语言或方言都是由语音、语法和词汇等三部分构成的。按理说,凡有亲属关系的语言或方言,这三部分中的任何部分都或多或少有一些共同点。可是我们要确定语言的亲属关系必须从他们的整体来考虑，不能把这三部分割裂开来比较。任何语言的声音都是自成系统，语法构造也各自构成一个完整的体系，但是我们就是不能只根据语言的语音系统和语法构造的类型来断定它们是否有亲属关系。例如汉语和非洲的某些苏丹语言，如埃维语、瓦伊语等，就它们的有些语音特点和语法特点看很相近似。比如说都有声调，单音节词占很大的一部分，主要以虚词和词序表示语法关系。但是我们不能因此断定它们是亲属语言。又如蒙古语与土耳其语或芬兰语等，在语音方面和语法方面也有许多极相类似的地方，例如它们都属黏着语类型，主要以加后缀表示语法关系，并且具有元音和谐的特点。但是我们也不能据以断定它们有亲属关系，因为这些都只是类型上的问题，只是具体细节上的对应，类型上相同并不能保证它们是亲属语言。

为了确定语言或方言的亲属关系，我们必须把它们的带有意义的单位，即既具有意义方面，又具有语音方面的词或词素加以对比。凡具有亲属关系的语言或方言，它们一定在某种程度上具有一些意义方面和语音方面都相同或相似的词或词素。试比较：

	北京话	上海话	福州话	广州话
"三"	$_c$san	$_c$sɛ	$_c$saŋ	$_c$sam
"义"	ji²	n̠i²	ŋi²	ji²

从这些例子我们可以看到，它们的意义是相同的，在"三"这个字音里，北京话、上海话、福州话、广州话的声母都是 s-，对应公式如下：

北京话 s-＝上海话 s-＝福州话 s-＝广州话 s-；

可是在韵母方面是：

北京话-an＝上海话-ɛ＝福州话-aŋ＝广州话-am；

在"义"这个字音里，声母方面的公式是：

北京话 j-＝上海话 n̠-＝福州话 ŋ-＝广州话 j-；

韵母方面的是：

　　北京话-i＝上海话-i＝福州话-i＝广州话-i。

这些就是它们的语音对应规律。其中成分不仅牵涉到一些个别的词，而且在相同条件下，普遍都是这样的。可见这不是出于偶然的，而是因为同出于一个共同的来源。

　　我们得到这些材料，还要参考其他资料确定每个声母和韵母在年代上的相互关系，看其中哪个是最古老的，哪些是由它派生出来的，从而构拟出一个对任何语言或方言都适用的"一般历史性公分母"，即重建它们的原始形式。例如"三"这个字音，古汉语念"苏甘切"，属"心"母"谈"韵字。"心"原代表 s-音，在这里，各种方言都没有变，不成问题；"谈"原代表-am 音，比较起来，在广州话的为最古老，其他方言的韵母都是由它派生出来的。因此，我们可以把这整个字音重建为 * sam，这就是它的最原始的读音。"义"古汉语念"宜寄切"，属"疑"母"寘"韵字。"疑"原代表 ŋ-音，比较起来以福州话的为最古老，其他方言的声母都是由它派生出来的；"寘"韵代表-i，各种方言没有变，我们可以把整个字音重建为 * ŋi，这也是它的最原始的读音。根据这几种方言的拟测，它们的发展的过程大致如下：

　　　　"三" * sam→san→saŋ→sɛ；
　　　　"义" * ŋi→n̠i→ji

这样一来，它们的原始形式和发展过程都清清楚楚地显露出来了。

　　语言或方言的亲属关系，有亲疏远近的不同，亲属关系越近的，相同之点就越多，亲属关系也就显而易见；亲属关系越疏远的，相同之点就越少。有些从表面上几乎看不出来。例如我国东南部和西北部有些汉语方言，它们的亲属关系是相当疏远的，同一个"约束"的"束"，上海话叫 soʔˀ，西安话叫 fuˀ；同一个"颜色"的"颜"，广州话叫ˌŋa，太原话叫ˌjie，其中没有一个音是相同的，它们是否有亲属关系呢？

　　原来"束"古汉语念"书玉切"，属"书"母"烛"韵字。"书"母在相同条件下，上海话念成 s-，西安话念成 f-，如"书"上海话念ˌsu，西安话念ˌfu，"税"上海话念sæ，西安话念fei。"烛"韵在相同条件下，上海话念成-oʔˀ，西安话念成-uˀ，如"烛"上海话念dzoʔˀ，西安话念ˌpfu。"辱"上海话念zoʔ，西安话念 vuᵓ。"颜"古汉语念"五奸切"，属"疑"母"删"韵字，"疑"母在相同的条件下，广州话念 ŋ-，太原话念 j-，如"眼"广州话念 cŋan，太原话念 cjie。"岩"广州话念 cŋam，太原话念 cjie。"删"韵在相同条件下，广州话念-an，太原话念-ie，如"奸"广州话念 ckan，太原话念 ctɕie。"雁"广州话念 ŋanᶜ，太原话念 jieᵓ。其间对应规律还是很严格的。

三

由上面所说的可以看出，凡有亲属关系的语言或方言，如果真是由古代同一个派出来的，其中不管有多大的差异，这些差异之间也一定会有一种对应规律，这些对应规律就是我们据以研究语言的亲属关系和历史发展的最可靠凭借，但是我们也要知道，这些对应规律在历史发展中，由于种种原因，也常会受到破坏和干扰，打乱我们的步骤。

首先，我们要注意，所用材料必须是有关语言或方言所原有的，而不是互相借用的。汉语有悠久的历史，在古代的某些时期，邻近的好些语言，如朝鲜语、日语和越南语等都曾向它借用了大量的词语。既是同向一种语言借用的，它们之间在语音方面和意义方面也自然有一些近似之处，若不加以判别，就很容易误以为它们也与汉语有什么亲属关系。例如上面所举的"三"这个数词，原始形式为 *sam，现在北京话念 csan，上海话念 csɛ，福州话念 csaŋ，广州话念 sam，其间有一种对应关系，毋待烦言，可是日本、朝鲜、越南三国汉语借词中也有这个数词，日本叫san，朝鲜语叫 sam，越南语叫 tam，乍一看来跟汉语方言的没有什么差别。其实不然，它们原有的表示"三"的数词，日本叫做 matsu，朝鲜叫做 ses，越南叫做 ъa，与汉语的"三"毫无关系。

其次，亲属语言或方言间的语言事实虽然有极其严格的对应规律，让我们从其中找出它们的"血缘"关系，但是在历史演变的长河中，由于种种原因，这种规律常会受到干扰和破坏，造成各种"例外"，增加辨认上的困难。例如古代汉语的 k-("见"母)在-a、-an(开口二等"麻"、"山"等韵)之前，在北京话和许多北方方言中都已变成ɕ，而在上海话、福州话和广州话中却没有变,如"家"北京话念$_c$tɕia,上海话、福州话和广州话都仍然念$_c$ka;"间"北京话念$_c$tɕian,而上海话、福州话和广州话也都念$_c$kan。可是表示"处境困难,不易处理"意思的"尴尬"本来是从"监"、从"介"得声的。按理,北京话应该念成$_c$tɕiantɕie²,可是因为这是一个方言词,现在北京话、上海话和福州话都念$_c$kan ka²,而广州话念$_c$kamkai²,这样就不符合它们的语音对应规律了。

四

历史比较法自 19 世纪初在西欧开始使用以来,在语言研究中获得了巨大成功。我们现在在语言学中知道所谓"印欧语系"、"汉藏语系"、"阿尔泰语系"等等,每一语系又可以分成若干语族和语支,这些都是各国语言学家利用历史比较法做出的成果。这种成果不仅解决了语言学上的许多问题,不断推动语言学向前发展,就是对人类学、民族学、一般历史学以至从事各种语言的学习也很有用处和帮助。但是我们同时也要看到,世界上有好些语言,比如日本语、朝鲜语以至西欧介乎法国和西班牙之间的巴斯克语,直到现在还不能确定它们的谱系,其他语系的语言中也还有许多问题有待解决。其中当然有种种原因,有些是客观原因造成的。比方说,有些语言没有书面文献,现存的各种语言中又没有一种跟它有亲属关系的。在这种情况下,历史比较法纵使有三头六臂也将无以施其技,但是在绝大多数场合是由于所搜集的材料不敷应用,或者把历史比较法运用得不得当,做不出什么成果来。我们对于这种工作还应该多加努力,分头进行,不断地改进,才能使研究水平大大提高一步,为语言学、人类学、民族学等做出自己的贡献。

原载中山大学《人类学论文选集》,中山大学出版社,1986 年 8 月。

心理学和哲学对语言研究的贡献[*]

　　"语言心理学"系指把心理研究的观点和方法应用于语言的一门科学。可是语言心理学可以从基本上不同的两个出发点去理解,看那是想从与普通心理学(个人的或社会的)^①有关的结论中引出语言事实来呢,还是反过来,试图从心理分析出发,以获得对语言更好的认识。我们下面讨论的,主要是第二种态度。由于我们在这里不能把近二三十年来心理学或哲学方面的许多研究工作给语言学所带来的一切详加阐发,所以只限于把一些比较重要的贡献,特别是那些对语言描写的理论或实践发生过直接影响的贡献,做一浮光掠影式的描述。

　　我们指出过,历史法的拥护者——主要是保罗(Hermann Paul)——曾经怎样从他们当时的心理学理论,特别是所谓"联想心理学"^②中寻找理由为他们关于语言演变的想法辩解。"联想心理学"中代表语言心理学的是拉札鲁斯(Moritz Lazarus)和斯坦塔尔(Heymann Steinthal)。他们两位从1860—1890年都是《民族心理学和语言学杂志》(*Zeitschrift für Völkerpsychologie und Sprachwissenschaft*)的编辑。冯特(Wilhelm Wundt)的语言心理学也完全是为历史语言学服务的。在冯特看来,语言心理学的任务就是指出在语言的历史演变中表现出来的心理过程。他认为,用他对于民族心理的分析可以解释几条发展路线所

---

*　本文译自瑞典马尔姆贝格(Bertil Malmberg)的《语言学新趋势》(*Les Nouvelles Tendances de la Linguistique*)第3版,1979年。全书共分十一章,这是它的最后一章。翻译时删去了个别与本文论述的问题关系不大的句子。

①　精神病学和语言学的关系也是这样。精神病学往往要求助于对病人进行语言分析作为诊断的一种辅助手段。另一方面,对精神病人进行研究也可以解释清楚各种语言学问题。

②　联想心理学是指把精神生活理解为在联想的基础上联结各种要素的一种倾向。

遵循的方向。同样,金涅肯(J. Van Ginneken)所走的路子虽然跟保罗和冯特的不同,但在他的《心理语言学原理》(*Principes de linguistique psychologique*,1907)中也力图从少数心理学论点出发推导出语言的发展。最后,叶斯泊森一心总是想求助于心理学或心理分析来解释语言的历史现象。

可是这种历史方向却不能使心理学的方法和结果与语言的科学研究真正结合起来。心理学对于理解语言的助益无可争辩地首先是在共时方面。所以语言心理学在语言学中获得比较重要的地位,只是从索绪尔开始,而且是在近代语言学改变了它的态度以后。

语言心理学可以是个人的,也可以是社会的。个人语言心理学的研究对象是说话人或听话人与言语行为本身或语言状况的关系。社会语言心理学的目的是要确定语言接触的性质及其在个人间进行交际的地位。由于一些显而易见的理由,语言心理学和普通语言学之间没有不可逾越的界限。因此,交际的理论显露出一副主要是由美国心理学家树立起来的心理学面貌。把这种语言心理学面貌应用于理解和辨认的问题,须进行一次新的调查,例如以前研究过的关于声音的感知和音位的辨认问题,这些音位的确定也是属于实验语音学(声学的和听觉的)的范围的。有些构想,如索绪尔的和布龙菲尔德的,以及后者所表明的有关一种语言状况的解释,实际上是属于语言心理学的,但是由于这些构想是语言学家提出的,人们都把它们当作语言学对于语言(language)争论的贡献。我们在上面①谈到过行为主义对于美国普通语言学的重要性。其实心理学家的收获往往归入语言心理学项下,而语言学家的收获却记载在普通语言学著作里。

语言哲学和普通语言学间的界限,以及语言哲学和语言心理学间的界限也往往不很清楚。像叶斯泊森这样的《语法哲学》(*The Philosophy of Grammar*,1924,等等)著作,不管它的标题怎样,无宁说是属于语法和语言理论范围的;我们就要谈到的布勒(Karl Bühler)的一本著作,无宁说是属于心理学范围的。萨波尔塔(Sol Saporta)和

---

① 指本书第九章"近代美国语言学"。——编者

巴斯提安(Jarvis R. Bastian)的题名《心理语言学》(*Psycholinguistics*，1961)的纲要为我们提供了一项有关心理学和语言学的若干共同问题的出色的综合性报告。

在两次世界大战之间，有关语言理论和心理学的最重要的著作之一，肯定是奥地利哲学家和心理学家布勒的《语言理论》(*Sprachtheorie*，1934)。它主要以哲学家胡塞尔(Edmund Husserl)的《逻辑研究》(*Logische Untersuchungen*，第 3 版，1922)为基础。作者在这书里要求有一种"纯粹语法"，并宣称哪怕在语言里也存在着"结构规律"："任何联结一般都从属于一些规律。"① 布勒用他的"工具模型"(Organon-Modell)创造了近代语言分析的一种可贵的辅助手段。他对语言学的方法和资料很熟悉，从一开始就积极参加了关于音位学和音位定义的讨论。布勒对心理学和儿童语言也很感兴趣(*Die geistige Entwicklung des Kindes*〔儿童的智力发展〕，第 6 版，1931)。

布勒认为任何陈述都有三重关系：1. 与所说事物状态的关系，2. 与说话人的关系和 3. 与被询问人的关系。人们对某人谈及某事。因此陈述同时是：1. Darstellung(阐述)(指向所说的事物)；2. Ausdruck(表达)(指向说话的人)；3. Appell(召唤)(指向被询问的人)。后来，布勒和在他之后的其他语言学家把这些术语分别代以 Symbole(象征)，Symptôme(征兆)和 Signal(信号)。假如有人对某甲说："下雨了。"这一陈述的功能就是把某种外界的事物告诉交谈的人。我们可以说陈述象征着这个内容，而对这个内容的指向就变成了语言的"象征功能"。但是我们也可以认为，这一陈述的作用——主要的或次要的——是用来表达说话人的一种状态或特性(例如表达他不好的心情或他的悲观；差不多等于"老是下雨，我真不好运气")。作为说话人的一种状态或特性的征兆，它就有一种功能叫做"征兆功能"。最后，陈述对听话人发生作用。例如"下雨了"可以有让听话人携带他的雨伞或雨衣的后果。于是陈述就是一种召唤，一种向听话人发出的信号；在这一点上，它的功能就是一种"信号功能"。

---

① Alle Verknüpfung überhaupt untersteht Gesetzen.

不消说,这三种功能的相对重要性可以随陈述的性质不同而很不一样。在一篇科学论文里,象征的功能应该占主导地位。在这里,唯一重要的是现存的事物状态的关系。一首抒情诗,按它的性质说,主要是征兆。诗人首先想使读者知道的不是天空是蔚蓝色的,太阳照耀着,鸟儿在啁啾地叫;他特别是要传达他自己的感情。一道军令差不多全是召唤:"起步走!"①陈述对于听话人的效能显然与人们所期待的不同,或甚至不产生效能。从原则的观点看,事情并不重要。布勒的图式中用他的术语指出的(绝不是说话人的意图或听话人决定的态度),只是这样的功能——所指的东西。

布勒用如下图形说明他的语言模型:

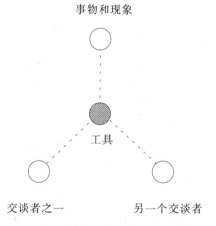

事物和现象

工具

交谈者之一　　　　　　另一个交谈者

布勒的术语:"Die Dinge"=事物和现象;"einer"=交谈者之一;"der andere"=另一个交谈者。

另一个更详细的图式把各种因素的语言状况表达得更加清楚(见下页):当中的小圈儿象征着具体的音响现象(音浪)。三角形的三边由三种功能把它们和所指事物的各自领域联系起来,一方面,占有比小圈儿小的地位。这可以象征这样一个事实:不是音浪的所有因素都被牵连到三个功能之一里面(适切原则,principe de pertinence)。另一方

---

① 在这些劝告或命令的词里,象征功能大大缩减以至它们的语音形式可能改变样子,或减到最小程度,而不致妨碍对它们的理解。

面,三角形超越小圈儿,这意味着一定的音浪事实上应该用感知来补充,一般是往客观的数据加上某种东西。听话人"听到"的比声谱里真正找到的要多。

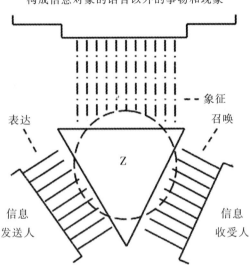

作者术语:Gegenstände und Sackverhalte=构成信息对象的语言以外的事物和现象;Ausdruck=表达;Sender=信息发送人;Empfänger=信息收受人。

布勒也研究语言符号的性质,并且就此写成他的《抽象的适切原则》(*Prinzip der abstrakten Relevanz*)。依他看,符号就是"某种代替其他事物的事物"。布勒认为,任何这种用来代替的"某种事物"都可以从两种观点来考虑:要么把它看做一种具体的东西,带有它的一切特性,即把它看做就是它本身(für sich);要么把它当作一种"抽象",它的区别只在于与符号功能相联系的特性,而且只有凭借这些特性才可能有功能。对符号的功能来说,只有后者是适切的。

布勒在一篇关于语音学和音位学的论文(载 *Travaux du Cercle linguistique de Prague*,[布拉格语言学会集刊],1,1929)里亲自把这一般的说法应用于语言的声音,所以一方面可以把这些声音看做它们本身(für sich),即声学现象或生理过程,另一方面又是 sub specie ihres Berufes,即单纯由赖以在语言中执行它们区别意义功能(Beruf)

的品质构成的复合体。语言中的"声音符号"（或音位）的语义功能在人们叫做词的复杂现象中是"区别性"的。音位是自然的符号，人们赖以认识音流中在语义上重要的单位，并使它们保持着区别。布勒用他的"抽象的适切原则"给音位学派的基本原则下了一个哲学-心理学的一般定义。在布勒看来，语音学依赖于音位学正如音位学依赖于语音学。

布勒的"工具模型"真正为建筑在纯粹语言学基础上的结构语言学分析建立了一个重要的和必要的补充。我们曾经说过，语言的常体（invariant linguistique）如音位等，可以或是就意义的作用通过把内容和表达加以比较来确定，或是单纯通过分布的研究来确定。可是无论如何必须有一个明确的衡量标准。假如我们把 p 和 b 确定为两个音位，因为可以用来表明意义上的差别（如法语的 pain"面包"—bain"洗澡"），那必须确定意义的概念。如果作为确定的准则，我们选定表达方面的代替会导致内容方面的改变（或相反）这一事实，那么就应该能够指出这一改变涉及的是什么。又如果我们确定一个语言单位是一个已经出现过的单位的重复，那也应该能够明确指出这两种用法在哪个观点上是相同的（因为它们永远不会是在各个方面都相同的），等等。按刚才所说的布勒的模型来说，应该很清楚地看出，近代语言学分析，原先只考虑而没有讨论布勒叫做象征功能的是什么。法语 pain 和 bain "指的"是不同的事物，那只是说它们有一个不同的象征功能。

法语语音的其他差别——哪怕从传统的音位学观点看是不适切的——也可以起征兆功能或信号功能的作用（或二者兼而有之）。例如 r 的不同发音可以理解为来源于方言的征兆，某些元音的音色也是这样。这个问题是因音位学而引起的。特别是，如果要描写一种语言的节律要素，尤其是句子的语音要素（语调、重音和句子的韵律），那么明确指出与各种语音现象相联系的语言功能是非常重要的。如果说句子的语音现象在古代语音学看来似乎难于理解，那一方面是由于人们完全不考虑语言的各种功能（按布勒的意见），另一方面是对适切原则和音位原则一无所知，分不清变体和常体。换句话说，要素太多，不能进行系统化和合理地分类。

可是从语言学的观点看，人们不能不对布勒的图式颇有微辞。分别称为征兆功能和信号功能的语言功能，一方面可以由那些从语言系统获得其功能价值的现象去执行，另一方面又可以由一些语言外的现象去执行。如果说，在西班牙语中，元音的延长可以很容易用来表示强调语气或表达情感，那是因为这种语言的元音系统在象征功能方面没有长短音的对立。语调和重音的大多数差别（一种陈述的价值，甚至它的信号功能和征兆功能都可能因之而改变），是随语言的不同而不同的，而且是跟一定的语言系统相联系的。这一段话同样适用于为这些功能服务的语法和词汇辅助手段（词序的改变、古词语、方言词语和俚语词语的使用等）。换句话说，这些表达方式，正如其他任何方式一样，都因为有一种约定俗成的系统而取得语言学上的价值。

但是征兆功能和信号功能同样也可能由于一些不与一定语言相联系的陈述特点而得到保持。有些有关构成音响或声音的特点可以用做个人特色的征兆。某些音响的效能（语调方式、声音的音色等），不管被哪种语言利用，往往带有一定的表达价值。哪怕不懂说话人的语言，有时也可以从他的声音或腔调听出说话人是否深受感动或悲伤。这就是跟语言的一定"模式"没有关系的效能的问题。这样的现象不属于语言学意义上的语言，而且它们的研究超出了语言学的范围。

从语言心理学的观点看，刚才做出的区别不会使人发生什么兴趣。心理学家注意的是交际时刻说话人或听话人方面所发生的一切。他研究与言语事实活动有关的心理机制。接触是依靠确定的表达系统用语言上约定俗成的辅助手段进行的，或者是借助于其他效能进行的，这从心理学的观点看并不重要。对语言学家来说，区别是有决定意义的。这正是把语言学的领域和其他科学的领域截然分开的分界线。

还必须提防不要把布勒的语言功能和某些语法范畴混为一谈。任何功能都可以用任何语法形式来完成。Un incendie a éclaté（发生了一场火灾）从形式上看是一件事实的确认，但是对一个被封闭在一间火光熊熊的屋子里的人来说也可以用作信号。Allez au diable!（见鬼去吧!）用的是劝诫的形式（命令式），但也可以仅仅表达说话人的愤怒或恶劣情绪。在此要顺便指出，这些例子提醒我们：借助意义确定语法范畴是多么困难。

布勒的图式对原文分析的任何形式来说都是基本的。为了理解一个陈述,心里必须常常记着三种功能的区别。"语义"分析完全是以这种区别为基础的。不指明考虑的是象征功能而去谈论一个词的意义,那是徒劳无功的。同样,不做出同样的限制,就不可能讨论例如有不同风格价值的词(法语说 vélocipède,bicyclette,bécane"自行车")之间的同义性问题。次要的意义(内涵)对一个陈述的信号功能可能是有决定意义的。说话人或写作者在许多情况下选择用什么词、形式,以及结构,正是为了他所要得到的效能。对于任何说教的和宣传的形式,如果我们想要获得为自己确定的效能,那么认识信号的效能——无论是专门语言的或非语言的——都是非常重要的。许多关于口头或书面陈述的误解,都来自信号的效能和所预想的不同,或者是由于对征兆功能的解释错误。

近代语言心理学通过对布勒的上述类型的研究,也为所谓"风格学"的科学奠定了一个稳固的基础。一个作家或一类文学的风格是指把语言系统的效力应用于这两种情况的特殊方式。例如法国拉丁语学家和风格学家马卢佐(Jules Marouzeau)认为,风格就是一个作家在语言向他提供的各种可能性中进行选择(*Traité de stylistique appliquée au latin*[应用于拉丁语的风格学纲要],1935,和 *Précis de stylistique française*[法语风格学概要],1941)。① 风格分析也可能带有比较狭窄的性质,主要涉及一个作家对于词、形式、句法表达手段、形象和修辞格②以及——尤其是抒情诗诗人——对于语音效能的使用。它还可以扩展到涉及一部文学作品的整个内容,从而包括动机、主题和意念。作为这种扩大意义的风格分析的例子,我们可以举出索伦森(Hans Sørensen)的《保罗·瓦雷利的诗歌,关于小巴尔克的风格研究》(*La poésie de Paul Valéry,étude stylistique sur la Jeune Parque*,1944)和《让·吉罗杜的戏剧》(*Le théâter de Jean Giraudoux*,1950)。

---

① 又参看克雷索(Marcel Cressot)的《风格及其方法》(*Le style et ses techniques*)第 6 版,1969。

② 参看杜布瓦(J. Dubois)等的《普通修辞学》(*Rhétorique générale*),1970。

奈尔特(Pierre Naert)在他的一篇题名 *Stilen i Wilhelm Ekelunds essayer och aforismer*(《威廉·埃克伦德的论文和格言的风格》,1949。埃克伦德是瑞典的作家和哲学家,写过一篇很有个人风格的散文)的论文中,从对索绪尔关于语言和言语的区分进行评论出发,曾下定义说风格是个人对于语言的使用,而风格学是"个人对于语言使用的语言学",这跟语言的普通语言学和特别是语言系统的普通语言学相对立。后者是"语言的语言学",前者是"言语的语言学"。

塞德勒(Herbert Seidler)在《普通风格学》(*Allgemeine Stilistik*,1953)中对风格学问题做了综合的阐述。这本著作虽然材料很丰富,但是从理论的观点看难以令人满意。塞德勒在语言中区分两类结构:Sachdarstellung(事物阐述)和 Sprachkunst(语言艺术)。在第一类里,语言是手段,在第二类里是目的(Zweck an und für sich)。但是,无可否认,语言始终是某种事物的中介,不管这"某种事物"位于说话人之外,还是涉及他的特性和情感等等。语音和韵律的象征体系的风格手段,以及从风格学上对社会语言特点和方言特点的利用,在塞德勒的著作中都有详细的阐述。

瑞士的巴利(Charles Bally),西班牙的阿隆索(Amado Alonso)和德国的罗曼语学家施皮策(Leo Spitzer),列尔赫(Eugen Lerch)和哈茨菲尔德(Helmut Hatzfeld)也都对风格学理论做出过重要的贡献,后者还是《新风格学评论书目》(*A Critical Bibliography of the New Stylistics*,1953)一书的作者。近代风格学刚刚度过了关于风格或语言的美学方面的推理性评论和试验,今天已取得了严格科学的性质。人们日益对数量的各个方面(音位或词的频率等)发生兴趣,甚至求助于各种电子仪器。例如我们可以参看塞比奥克(Thomas A. Sebeok)主编的《语言中的风格》(*Style in Language*,1960),关于此点还可参看本书第 265 页关于马尔科夫过程的脚注。

凯恩茨(Friedrich Kainz)完成了一部处于语言学和心理学共同边界上的大作。他的《语言心理学》(*Psychologie der Sprache*)现在共分四部分(1941—1956)。作者在一本规模较小的著述《语言心理学导论》(*Einführung in die Sprachpsychologie*,1946)里总结了他对这个问题的看法。

凯恩茨的语言心理学和布勒的很相似,但有较多的细微差别。在比如"对话"中所采用的语言里,即作为接触的工具,凯恩茨和布勒一样都分出三种功能,分别叫做 Kundgabe(表达),Auslösung(召唤、发动)和 Bericht(信息)。他认为第一个功能的特征是 ich-zu-gewandt("转向我")。它应有一个用陈述来消除或"抵销"的紧张状态。第二个是 du-zu-gewandt("转向你,转向另一个人"),就是说,这里要想到一种事态,即应该用语言手段达到对交谈者的认识。

可是语言除开它的对话功能以外,还有另一种功能——"独白"。表现这种功能的情况是没有或不需要有任何交谈者。凯恩茨认为语言有一种纯粹主观内部的用法,特别是他称为"纯粹表达"(der reine Ausdruck)的用法。此外,在这种表达里面,他还区分出一种以词为中介的表达和一种可以表现为脸红、哭泣或本能地发出声音的本能表达。他还谈到一种例如可能在干重活时发出的"内部呼唤"。末了还有一种与信息相对应的东西,它既是语言的作用,又是"思想的辅助手段"。凯恩茨认为,思想内部的语言表达和言语的外部表达,增加了思想的严正性,促进了它们迅速联系。凯恩茨把对话功能和独白功能都说成是"主要"功能。

语言还有"次要"功能,它们可能带有例如"伦理"性质或"美学"性质。同一个事态,一方面表以粗暴的、残酷的和粗鲁的形式,另一方面加以委婉的和温情脉脉的描写,这就是伦理上的差别。比方一个诗人,他首先想到的不是客观的内容,而是元音的音色、押韵和节奏,那就是美学观点在起作用了。

凯恩茨说,在这些情况下,拿来思考并发生独立效能的不只是词的本义(Zeichengehalt[符号的内容]),而且是它们的音响性(Zeichengestalt[符号的外形])。这可以证明词是一种很特殊的象征(symbole)并以此区别于其他各种象征,在语言的词里有一种意义和音响的结合,这种结合使词的音响不单纯是内容的约定俗成的简单符号,而是多出了某种东西。有些心理学家曾因此想避免用象征这个术语来指语言的符号(例如彻里[Colin Cherry]的《论人类交际》[*On*

Human Communication］,1957）。词不只是事物、动作等的名称,而且在某种程度上是这些事物的特征。然而,凯恩茨保持着象征和符号这些术语,但是强调语言的符号在许多方面和其他符号和象征有所区别。

旧时心理学把联想看做语言现象的主要解释,凯恩茨认为它不知道思想内容的结构和语法结构的关系比因接触而引起联想更为复杂。词的意义并不像内容和表达的关系那样由我们随便处理,而是结合的产物。凯恩茨还说,"格士塔"（Gestalt［完形］）的概念已代替联想的概念成了心理学的口号。

"格士塔"心理学可以解释清楚许多语言现象。凯恩茨认为,它对于理解"句子"的概念是极端重要的。他总是认为,句子是言语表示完整意义的基本单位。凯恩茨使人想起冯特已经为句子下过的定义（如整体支配局部）,这是很符合"格士塔理论"（Gestalttheorie）的精神的。冯特还反对保罗（H. Paul）的观点,后者在句子中只看到表象结合。语言病理心理学也告诉我们,句子不只是带有意义的、孤立的、并列的单位的重复,而是由一个包括句子全部并且一开始就在说话人的脑子里定型的图式决定的。病人可能丧失这个整体,并且因而损及句子的形成,但是他们完备地运用每个孤立语言成分的能力却并不受影响。实际掌握一种语言,不一定要掌握许多孤立的语法变格和变位形式（通常说话人并不能单独复述这些形式）而只要掌握一堆形态和句法的"完形"类型就行了。局部是要受整体（句子、句号）支配的。我们可以说,"词"本身对它所由构成的局部来说也形成一个整体,这主要采取许多语音表现形式（元音和谐与辅音和谐、词内语音倒置,以及缩短局部使长词的音响完形接近于短词的音响完形的趋向,等等）。这是柯林德（Björn Collinder）在 *Språkvetenskapliga sällskapets i Uppsala förhandlingar*（1937—1939）里说明得很清楚的。

卡西勒尔（Ernst Cassirer）在《语言心理学》（*Psicología del lenguaje*,布宜诺斯艾利斯,1952）论集的一篇论文中已总结了他在他的大作《象征形式的哲学》（*Philosophie der Symbolischen Formen*）中关于语言在我们周围世界的结构中所起作用的看法。语言在人类各种形式的活动中的中心作用不只与外部世界的接触有关,也不只与信息、情感或意志的传达有关。语言既转向内部，也转向外部。克拉拉和斯特恩(Clara et Wilhelm Stern)在 *Die Kindersprache*（《儿童语言》第 4 版，1928)中表明儿童是"自我中心的"(égocentrique)，他最先的语言表达是受情绪和直接需要（布勒的征兆功能和信号功能），而不是受交际的欲望制约的。而且按照卡西勒尔的意见，语言会始终保留着，对想象和一切精神活动都是必不可少的。

卡西勒尔从这些思考出发提出了一个既属于语言理论范围，又属于认识论范畴的问题。如果说事物、表象和知觉真的都要依存于语言，如果说除非依照语言给它加上的形式，我们真的不能达到我们之内或之外的任何东西，那么，毫无疑问，语言一方面是一切认识的不可缺少的条件，但是另一方面又使我们不能深入到语言后面，它会给我们加上一些使我们无法摆脱的妨碍。换句话说，"事物本身"(Das Ding an sich)将是无法达到的。诗人们往往提出这个问题。他们虽曾想但不能摆脱语言力量的束缚。卡西勒尔援引席勒(Schiller)的诗句说：

> 为什么活生生的精神已不能在精神中表现？灵魂说话呀，哎哟，灵魂已不能说话。

卡西勒尔在《词》杂志（第 1 期，1945)上的一篇题名《近代语言学中的结构主义》(*Structuralism in Modern Linguistics*)的论文里——这篇论文是作者于去世前仅几天寄去付印的——提出了几个有关语言学和方法论的问题。他说，结构主义是近代语言学思想最有特性的倾向之一。他把它和自然科学领域内的精神活动相比，并发现其间有惊人的类似。他援引法国生物学家居维叶(G. Cuvier)的话说："整个有机物形成一个整体，一个独一无二的和封闭的系统，其中的各个局部互相对应，而且通过相互反应共同起着相同的决定性作用。没有任何局部起变化不致引起其他部分也起变化。"卡西勒尔指出，在这段话里，如果用语言学术语代替每个生物学术语，那么出现在我们眼前的就是近代结构主义的纲领了。

在讨论这个问题的时候，卡西勒尔竟然发问，在这些情况下，语言是不是有机体，语言学是不是自然科学而不是 Geisteswissenschaft（精神科学）。卡西勒尔回答说，语言不是由孤立的、没有相互关系的现象构成的，在这个意义上它是"有机体"。它形成一个整体，其中各个局部都互相依存。在这个意义上，我们也可以说一部文学作品、一件艺术作品或哲学体系都是有机体。但是语言并不因此而是有机体。在近代科学中，"形式主义者"反对"唯物主义者"。后者认为只有弄明白了的东西才是存在的。可是人类语言唯一可以捉摸的现实是什么呢？声音。语言是由声音构成的。他们的对手——形式主义者——断言作为纯粹物理现象的声音不会使语言学家发生兴趣，声音应该有意义。甚至音位也是"意义单位"，并且"意义"不是弄明白了的东西。对这一点，卡西勒尔回答，如果我们不把 Geist（精神）变成一个与称为 materia（物质）的概念相对立的抽象概念，语言学就是一门"精神科学"。言语是用声音表达的意义（meaning）——某种非物质的东西——，而声音是物质的。只要把 Geist（精神）用于"功能的"意义（正如这个名称对任何由人类文化世界构成的功能都普遍适用那样），那么这个术语还是正确的。

卡西勒尔接着说，依我看，要回答"语言学是不是自然科学"这个问题是很简单的。自然科学是研究物质对象的科学。我们可以把语言看做其中之一。我们可以把声音单纯看做空气的振动，或者我们可以描写产生语音的器官的活动。但是这样做我们没有越过语言和物质世界的分界线。语言是"符号形式"。它由符号构成，而符号不属于物质世界。物质的东西和符号不能用一个共同的名称。语言学是"符号学"（Semiotics）的一部分，不是物理学的一部分。[①]

语言心理学特别应用于儿童语言发展的问题。儿童语言实际上可以解释清楚语言学问题，例如儿童的交际需要和表达比之有教养的成年人的更为原始。同样，原始民族语言的研究也可以解释清楚语言的基本特性，文化的普及已把这些特性推到后面去，已差不多不能成为直接分析的对象了。毫无疑问，儿童在某些方面，也会经历人类在其完全掌握一种语言的进程中所经历的那些阶段，尽管显然不能设想这二者

---

① 斯特劳斯（Cl. Lévi-Strauss）在 1945 年第一期《词》（Word）杂志上的一篇文章里，声称结构语言学是用来更新社会科学的，正如核物理更新了精密科学一样（35 页）。

会完全相同。人类应该是一点一滴地建立一种表达手段，而儿童却是逐渐吸收一种已经构成的语言系统。可是这个重要的差别不应该妨碍语言学家在儿童语言中寻求关于语言原始阶段的材料。

关于儿童语言心理学最值得注意的研究，我们可以举出瑞士心理学家皮亚杰（Jean Piaget）的《儿童的语言和思想》（*Le langage et la pensée chez l'enfant*，第 3 版，1948）。他简单描绘了语言发展的最初阶段，并分析了它们的特征，例如"自我中心主义"（égocentrisme）和儿童与他周围的人的关系的许多方面。格雷古瓦（A. Grégoire）的《儿童对语言的学习》（*L'apprentissage du langage chez l'enfant*，Ⅰ，1937，Ⅱ，1947）是一部经典著作。还有上面援引的著作：克拉拉和威廉·斯特恩的《儿童语言》以及布勒的《儿童的智力发展》。叶斯泊森对儿童语言也很有兴趣，他的许多论文以及综合性著作《儿童语言》（*Børnesprog*，1923）证明了这一点。意大利人弗隆札洛里（P. Fronzaroli）对这问题也出版了一部近代的专论《儿童语言》（*Il linguaggio del bambino*，1957）。奥地利著名语病医生弗洛舍尔（Emil Fröschels）在美国工作多年，他在几篇论文中曾深入研究过儿童语言，并把它和失语症病人以及其他病理学病例中表现的现象做了比较（例如《言语的心理学要素》[*Psychological Elements of Speech*]，1932）。英国语病医生摩尔雷（Muriel E. Morley）在《童年的言语发展和错乱》（*The Development and Disorders of Speech in Childhood*，1957）中曾对儿童正常的和变态的语言特点做过深透的分析。埃干和昂时列格（H. Hécaen et René Angelergues）在其语言病理学著作《语言和言语行为》（*Langue et langage*，1965）中也用近代的眼光对病理学问题做了概述。

可是大多数从前关于儿童语言的研究，特别是纯粹心理学的，都显示了一个空白，缺乏语言学基础，因此它们的观察往往是不适宜的。例如研究儿童掌握语音时忽略了应用语音学观点。因此对许多重要的现象都仍然是视而不见。凯恩茨在其大作的第二卷，对有关儿童语言在语言学和心理学方面的问题做了详尽的阐述，并备有丰富的书目。

"儿童双语现象"（Le bilinguisme chez les enfants），无论是从心理

学观点看还是从语言学观点看,往往都是科学描写的对象。利奥波尔德(Werner F. Leopold)在他的大作《一个双语儿童的言语发展》(*Speech Development of a Bilingual Child*,I—IV,1939—1949)中搜集了广泛而宝贵的文献,并用语言学方法加以分析,它用日记的形式一步步地观察注意一个同时学习德语和英语的儿童的进展。研究一个学龄前的儿童,在被迁移到一个语言和他自己的不同的环境后,怎样吸收这个新环境的语言,无论是语言学家还是心理学家对此都非常有兴趣。埃尔沃特(W. Theodor Elwert)在《操双语者》(*Das zweisprachige Individuum*,1960)中对双语问题的研究做出了很重要的贡献。

本文作者若干年前曾有机会天天跟着一个四岁的芬兰小女孩,仔细观察她怎样由芬兰语过渡到瑞典语,并利用这个机会搜集了一些很有趣的材料。后来只用通俗的形式发表了(例如在《北方语杂志》[*Nordisk tidskrift*],1945)其中一些简短的概要。值得注意的是,那小孩在她学习新语言的过程中,总是从她的母语的语音、形态和句法的系统出发,并且在一个相当长的期间,事实上流露出一些底层语言现象。芬兰语的音位结构以声音代替或结合简化的形式(例如芬兰语所没有的词首辅音群)转而出现在她的瑞典语里,确实是相当正常的。比较令人惊奇的是,那小孩还全部或部分地保存着她母语的内容的结构,尽管语音、词和形式都或多或少变成了瑞典语的。例如那小女孩能够把瑞典语收-s尾的属格和芬兰语的后置词(在芬兰语支配属格)结合起来说 pappas kanssa 表示 med pappa 的意思(芬兰语 papan kanssa "跟爸爸")。她不说 under vagnen("在车下")而说 vagnens under,在这里,所有成分——音位、词和形式——都是瑞典语的,而内容的结构却仍然是芬兰语的(芬兰语 vaunun alla 用实词 vaunu 的属格,受后置词 alla "在下"支配)。

举出这种类型的许多事实是很重要的,主要是为了制定语言教育的教学理论。从这个观点出发,今天,特别是在美国,人们对语言心理学所获得的结果给予很大注意。可惜在本文的范围内,我们不能在各种形式的应用语言学和语言心理学上再多费篇幅。我们也不能再讨论语言的"心理病理学",尽管在这个研讨的领域内,心理学家、语病医生和语言学家已经有了许多值得注意的发现。正是因为这门科学应用了近代结构观念才能对解决有关语言的结构本质和功能的纯语言学问题上真正做出贡献。

＊　　　　＊　　　　＊

我们曾几次谈到或多或少直接影响到狭义的语言教学，即现代通用外语教育（例如与语音学、音位学[①]、语义学、语言统计学[②]、结构分析有关的）的方法和结果。下面，我们将从方法论观点简要地指出，近代语言学一般（不只是语言心理学）为外语教育（而且在某些方面也为母语教育）带来了些什么。

首先，我们可以说，当前对语言系统和语言功能的共时分析的偏爱，已使语言学接近语言的实际教育。当代语言学家差不多人人都研究的问题，比上个世纪语文学家和语言学家所研究的，更使教师发生兴趣。这些新关系的例子，在前面的各页里，都很容易再找到。

近代语言心理学和哲学同功能观念和结构观念结合起来，对语言教育实际方法的改善也同样做出了许多贡献。布勒和凯恩茨提出的对语言的功能进行分析和分类，在这一点上也是头等重要的。学生和他自己的语言系统的关系以及和后者的表达手段的关系，对教师来说，跟这个面临外语系统的学生的反应一样重要。近代对于双语现象不同形式或不同程度的研究，为教师带来了宝贵的资料。例如我们搜集的关于一个芬兰小女孩学习瑞典语的材料为语言教育的直接方法或语法方法的制订提供了有趣的提示。从同样的观点看，具有对研究言语错乱的语言学和心理学领域的可靠知识，将会有很大用处，因为口头表达上的任何困难或弱点到一定程度就可以和通常在语言实践中表现出来的

---

① 作者的一本关于外语发音教育的理论和方法的著作已用瑞典文发表（*Uttal sundervisning-teori och metodik*，1967）。

② 初学者学习外语的课文，已逐渐根据用统计方法确定的中心词汇编成。在这一点上，丹麦的延森（Arthur M. Jensen）是一个先驱者。他在他的"自然法"（Méthode Nature）中很早就应用了这个原则（起初用于英语，其后用于其他语言），完全根据不受母语干扰的教学体系。一切词或句子都用上下文来解释，不存在翻译的问题。

错乱或缺点相比较。就语言学习来说，正常和异常之间的界限并不是全和无之间的界限。①

＊　　　　　　＊　　　　　　＊

有一个往往迷惑着心理学家和语言理论家的问题，那就是语言的"起源和史前史"的问题。近些年间，有许多研究——其科学价值大不相同——专门讨论过这个很古老的问题。我们在这里不想试图加以报道。这个问题之所以往往以非科学的方式进行讨论，而且一切讨论，在某种程度上都仍然是毫无效果，理由之一就是探讨者并不是从语言本身的共同的和明了的定义出发。其实，我们如果想对语言的起源得到一些确实的论据，绝对必须知道语言"本身"是什么。必须给这类争论确定的出发点是语言的内部本质，而不仅仅是它的外部表现。例如如果我们想要（像耳喉科医生内古斯［V. E. Negus］那样）用我们生物学祖先（猴子和其他动物）的所谓发音器官的比较解剖学研究来解释人类语言的发展，如果我们想要在这些器官的外部构造中找到关于人类之所以不同于马能够说话的事实的解释，那就是把语言和它的纯粹外部的物理表现混为一谈了。人类不是自然具有发音器官的。我们之所以这样称呼是为了适应器官的交际需要，它们的生物学功能是完全不同的（呼吸、进食等等）。我们首先用脑子，而不是用所谓发音器官说话。使人能够说话的是人类智力的发展，而不是某些周围器官的构造。我们也许可以用"发音器官"的特点来解释为什么语言表达恰恰接受了使它具有特性的外部形式（我们为什么用声音来使人了解我们，而且恰恰用了这样的声音），但是解释不了交际功能本身的起源和发展。这二者不容混淆。斯坦恩（Leopold Stein）所著《言语的幼年时期和幼年时期的言语》［*The Infancy of Speech and the Speech of Infancy*，1949）中提出的理论虽然很有意思并且内容很丰富，但是我们从中有时还可以见到这种混淆，作者在书里试图描绘出个人和人类语言各个阶段的

---

① 要想知道语言学在教学上和其他方面的应用，或有关的著作，可参考凯马达（B. Quemada）出版的《应用语言学研究》（*Etudes de linguistique appliquée*）杂志（Ⅰ，1962 和以后各期）。

特性。

语言的起源,在语言学家当中(除了上一代的叶斯泊森),成了长期禁忌的主题,现在又成了探讨和思考的对象①,这在我们的时代是很有意义的。结构主义的观念已允许我们把这个问题提得比以前更加确切。语言心理学(特别是布勒和凯恩茨对语言功能所进行的分析)已为这一探讨打下了一个更严肃认真的心理学基础。同样,语言社会学在把大家的注意力吸引到语言作为社团交际工具的作用的同时,还对语言环境本身及其条件的分析做出了贡献。近年来关于这个问题发表过的最重要的研究成果中,让我们举出在荷兰工作的匈牙利心理学家雷维斯(G. Révész)的《语言的起源和史前史》(*Ursprung und Vorgeschichte der Sprache*,1946,法译本 *Origine et préhistoire du langage*,1950)。毫无疑问,我们已经提出过的雅可布逊(Roman Jakobson)关于儿童语言、失语症现象和语言原始阶段的著作对于促进我们的认识也做出了贡献(主要参看他的《为什么叫"妈妈"和"爸爸"?》②以及我们献给第九届国际语言学家会议的论文,1962)。③ 当代语言学很有希望在这条道路上前进,并反对 19 世纪以及 20 世纪初语言历史学家的消极态度,他们拒绝把这问题看做属于科学的领域。因此我们可以接受勒南(Ernest Renan)在他的著作《论语言的起源》(*De L'origine du langage*)中所提出的宣言以及雷维诗的宣言:"如果语言是作为一种天赋的才能授予人类,在既没有他、而且是在他之外的情况下创造的,那么科学就没有权利,也没有方法去探求它的起源,但是如果语言是人的本质的作品,如果它是有步骤和有规律地发展的,那么我们就有可能用合理的归纳法一直追溯到它的摇篮时期。"

原载《国外语言学》(现名《当代语言学》)1980 年第 6 期。

---

① 房德里耶斯(J. Vendryès)认为讨论这个问题应该从语言里"符号系统"这一定义出发。

② 中译文见《语言学动态》1978 年第 4 期。——编者

③ 又参看我们的论文《音位结构的原始层次》(*Couches primitives de structures phonologiques*),Phonetica,Ⅺ,1964。

瑞士著名语言学家索绪尔和他的名著 《普通语言学教程》

一

瑞士语言学家费尔迪南·德·索绪尔(Ferdinand de Saussure)是19世纪末至20世纪初西欧一位最有名、影响最大的语言学家。他1857年出生于瑞士日内瓦。他的祖先原来是法国人,但早已入了瑞士籍。他中学毕业后只于1875—1876年在日内瓦大学念了一年书,就转学到德国莱比锡大学去专攻语言学。那时正是"青年语法学派"(又称"新语法学派")建立的初期。他跟这一学派的巨头布鲁格曼(Karl Brugmann)、奥斯特霍夫(Hermann Osthoff)、德尔布吕克(D. Delbrück)和保罗(H. Paul)等都很要好,过从甚密,共同从事印欧系语言的历史比较研究工作。1879年又转学到柏林大学。就在这一年发表了他那篇著名的著作《论印欧系语言元音的原始系统》(*Mémoire sur le système primitif des voyelles dans les langues indo-euro-péennes*),在理论上解决了印欧系语言元音原始系统中的一个疑难问题。那年他只有二十一岁,引起了欧洲语言学界的很大注意。1880年再回莱比锡大学考博士学位。1881年至1891年在法国巴黎高等研究学院(l'École des Hautes Études de Paris)任教。在这十年间,他除了一些读书笔记和札记之类的文章以外,没有发表过什么重要的著作;可是当时法国的社会学学说和在欧洲学术界掀起的一股"格士塔心理学"(Gestal-tpsychologie,又译"完形心理学")思潮却对他发生了很大的影响,使他的语言学观点产生了急剧的转变。1891年回国担任日内瓦大学教授,起初讲授梵语和印欧系语言学,1906年开始讲普通语言学,1906—1907,1908—1909,1910—1911年连续讲了三个教程,都是随时准备随时讲授的,并没有把它写成书籍或讲义,到 1913 年索绪尔逝世后才由他的学生巴利(Charles Bally)和薛施蔼(Albert Sechehaye)根据同学们的笔记把它整理成《普通语言学教程》一书,1916 年在日内瓦出第一版,1922 年在巴黎出第二版,其后还连续出了第三版和第四版,1949 年出第五版,世界上各种重要的语言差不多都有它的译本,成了索绪尔唯一的一本名著。

二

索绪尔是一位著名的语言学家,但并不是多产的作家。他自从 1879 年发表了他那篇引人注意的论文《论印欧系语言元音的原始系统》以后,包括他 1881 年所写的博士论文在内,并没有写过什么重要的著作。1922 年他的学生曾把他发表过的全部论文编成一本论文集在日内瓦出版,全书约 600 页,大都像 1881 年在日内瓦发表的《论梵语绝对属格的用法》那样,不过是一些着重资料和技巧的论著,表现不出他的独特思想。所以我们要研究索绪尔的语言学学说,只好以他的这本《普通语言学教程》为依据。

索绪尔的这本书从序言到索引和目录,共只有 331 页。其中除"导论"外,计分①一般原理,②共时语言学,③历时语言学,④地理语言学和⑤回顾语言学问题等五部分。"导论"简单叙述语言学的历史和它与其他科学的关系、语言学的对象、言语行为的内部要素和外部要素、语言与文字和音位学。一般原理部分主要讲语言符号的性质、符号的不可变性和可变性,以及静态语言学和演化语言学中的种种理论问题。共时语言学分八章,除概说外分别论述语言的具体实体;同一性、现实性和价值;语言价值;组合关系和联想关系;语言的机构;语法及其细分和语法中抽象实体的作用等。历时语言学也分八章,除概说外分别叙述语音的演变;语音演变在语法上的后果;类比作用;类比与演化,流俗词源;粘合作用;历时的部件、同一性和现实性等。地理语言学部分分四章,分别论述语言的差异,地理差异的复杂情况,地理差异的原因和语言波浪的传播。最后,回顾语言学问题部分分五章,分别叙述历时语言学的两个情景,最古的语言和原始型,重建,人类学和史前学中的语言证据,以及语言系属和语言类型。可见这本书的范围是很广泛的,我们没法在这里一一详细介绍,只能把其中一些比较特殊,最能代表作者独特观点的部分提出来谈谈。

索绪尔在《普通语言学教程》中最突出的特点是把语言现象分成言语行为(langage)、言语(parole)和语言(langue)三样东西。关于这三样东西的性质,他说:"整个说来,言语行为是多方面的、纷繁的;它同时跨着几个领域:物理的、生理的和心理的,它属于个人的领域,也属于社会的领域,不容许我们把它归入任何人文事实的范围,因为人们不知道怎样去分解它的整体。"(原书,巴黎,1949 年版,第 25 页)"言语行为的研究可以分成两部分:一部分是主要的,以语言为对象,语言的本质是社会的,离开个人而独立的,这种研究纯粹是心理的;另一部分是次要的,以言语行为中的个人部分,即言语(其中包括发音)为研究对象:它是心理、物理的。"(同上,第 37 页)索绪尔虽然也承认语言和言语之间有密切关系,例如他说:"无疑地,这两个对象是紧密地联系着,而且是互为前提的:要使言语让人听得懂,产生它的效果,必须有语言;要使语言能够建立起来,也必须有言语。"(同上)可是他却坚决主张把它们分开和对立起来,因为据他说,"语言和言语有区别,它是我们可以分开来研究的对象。"(同上)"把语言和言语分开来,一下子就把(1)什么是社会的,什么是个人的,(2)什么是主要的,什么是附属的和多少是偶然的分开来了。"(同上,第 30 页)语言和言语既然各自有别,所以索绪尔认为可以把语言学分为语言的语言学和言语的语言学两种。但是因为二者不能混为一谈,所以他在这书里只讲语言的语言学。

语言学既然是以语言为研究对象,那么语言本身又是怎样的呢?索绪尔断言说:"语言是一种表示意念的符号系统。"(同上,第 33 页)而"语言符号联系的不是事物和名称,而是概念和音响形象。这后者不是物质的声音、纯粹物理的事物,而是这声音的心理印象"(同上,第 98页)。他并且进一步说:"所以我们可以想像有一种研究社会生活中符号生命的科学,它将构成社会心理学的一部分,因此也是普通心理学的一部分;我们管它叫'符号学'(sémiologie)。⋯⋯语言学的确实地位将由心理学家去决定,语言学的任务是在确定全部符号事实中一个由语言构成的特殊系统的东西。"(同上,第 33 页)由此可以很容易看出他所受到的法国社会学家涂尔干(Emile Durkheim)的社会心理学的影响。

关于语言的符号,索绪尔还有一种特殊的看法,就是把语言符号分成符号、所指和能指三样东西,认为"符号联系的不是事物和名称,而是概念和音响形象。这后者不是物质的声音、纯粹物理的事物,而是这声音的心理印象"(同上,第 98 页)。"我们试观察一下我们的言语行为就可以清楚地看到音响形象的心理特性。我们就不动嘴唇,不动舌头,也可以自言自语,或在心里默念一首诗。因为语言的词对我们来说是音响形象,所以必须避免说到它们所由构成的'音位'。"(同上)这样,他就把语言的声音更加心理化了。

语言学的研究对象是语言。由于语言有它的内部要素,也有它的外部要素,所以语言学也可以有内部语言学和外部语言学之分。索绪尔认为内部语言学研究的是语言的机构、语言的系统。但是,除此以外,第一,比方接触到民族学的各点,一切语言史和种族史或文化史的关系,一个民族的风俗习惯对它的语言的反响;第二,语言和政治史的关系,一个民族征服另一个民族并对它进行殖民化等重大的历史事件对许多语言事实的影响,一个高级的文化程度促使某些特殊语言如法律语言和科学术语的发展;第三,语言与各种制度如礼拜堂、学校等的关系,所有这些都与一种语言的文学发展有紧密的联系。文学语言超出了文学为它划定的界限,贵族的客厅、王室的宫廷和科学院都对它发生影响。还有文学语言和地方方言发生冲突的问题。语言学家还应该考察书面语言和口头通用语言的相互关系,因为任何文学语言都是文化的产物,都会脱离口语的自然范围。最后,凡与语言在地理上的扩展有关、与方言的分裂有关的一切都属外部语言学的范围。任何语言的存在都跟地理现象有密切联系,但是实际上并没有触及语言的内部机构。

索绪尔最后断言:内部语言学"不容许有任何的安排;语言是一个系统,只知有自己的安排。我们试把它和下棋比较就更可以感觉到。在这里,比较容易区别什么是外部的和什么是内部的。它是由波斯传到欧洲的,这就是一种外部的事实;反之,凡涉及系统和规则的一切都是内部的。假如我把木头的棋子换成象牙的棋子,这种改变对系统来说是毫无意义的;但是假如我减少或增加棋子的数目,那么这种改变就将会深深影响到'棋法'。同样真实的,要作出这种区别需要一定的注意。所以在任何情况下,都要提出现象性质的问题,而且要解决问题必须遵守一个规则:在任何程度上改变系统的一切都是内部的"(同上,第43页)。

此外,与语言学的分类有关的,索绪尔还提出了共时语言学和历时语言学和是否有泛时观点的问题。

什么叫做共时语言学和历时语言学呢? 索绪尔解释说:"有关我们的科学的静态的一切都是共时的,涉及演化的一切的都是历时的"(同上,第117页)。它们也可以叫做静态语言学和演化语言学,"但是为了更好地表明这两种与同一事物有关的对象的对立与交叉,不如叫做共时语言学和历时语言学"(同上)。在索绪尔看来,这两种语言学的方法和原理都是对立的,重要性也不相等,因为"共时语言学研究的是联系各同时存在并构成系统的要素间的逻辑上的、心理上的关系,这些关系是同一集体意识所感觉到的。相反地,历时语言学研究联系各个不为集体意识所感觉到的相连续的要素间的关系,它们一个代替一个,互相间不构成系统"(同上)。他并且认为"语言中所有历时的一切都只出于言语。在言语中可以找到一切演变的萌芽,起初只由某些个人发出然后变成通用"(同上,第138页)。例如古代德语直到16世纪还说 ich was(我是——过去时),wir waren(我们是——过去时)(英语现在还说 I was,we were),其后变成了 ich war,wir waren,那是因为某些人依照 waren 的形式创造了 war。这就是一种类推作用,而类推作用就是言语事实。这个新形式因为反复多次,为社会所接受才变成了语言事实。但是言语的创新并不是每一个都同样获得成功的。只要它还是个人的,我们就不必加以考虑,因为我们研究的是语言,只有当它为集体所接受才进入我们的观察的范围。由于共时语言学比历时语言学重要,所以索绪尔断言,波·罗瓦雅尔(Port-Royal)语法的方法,虽然在运用上很不完备,却是正确的,因为它究竟企图描写路易十四时代的法语的状态,而不必顾到这种语言在中世纪是怎样的(参看同上书第 118 页)。这显然是针对青年语法学派只注重语言的历史研究而忽视了静态描写来说的。

当然,索绪尔之所以推崇法国 17 世纪的波尔·罗瓦雅尔语法,不是要人们把语言的研究恢复到像它那样忽视确认语言事实,甚至书面语言的词和口语的词不分,一味以语言迁就逻辑,热衷于订立规则和进行规范化,而是要人们认真研究语言于某一时期的系统或机构。

索绪尔认为,在语言的机构中,一切要素都是按照组合关系(rapports syntagmatiques,又译"句段关系")和联想关系(rapports associatifs,又称"聚合关系")运行的。这两种关系相当于我们心理活动的两个形式,并产生各种不同的语言价值。

什么叫做组合关系呢?因为当我们说话的时候,各个词或要素总是连续地发出来的。这样,它们之间结成的关系就叫做组合关系。由组合关系结成的单位叫做组合单位(syntagme,又译"句段")。因此,一个组合单位总是由两个或两个以上相连续的单位构成的,例如法语 re-lire(再念),contre tous(反对任何人),la vie humaine(人生),Dieu est bon(上帝是仁慈的),S'il fait beau temps,nous sortirons(如果天气好,我们就出去),等等。"一个要素,在组合单位中,只因为它和前一个,后一个,或前后两个相对立才取得它的价值"(同上,第 170—171 页)。

什么叫做联想关系呢?因为我们说话的时候,所用的每个词或要素在说话者的记忆里总是跟某些和它有这样或那样共同点的东西互相联系着的,这样,它们之间就会发生各种各样的关系。例如法语 enseignement(教育)这个词,在说话者的脑子里和它相联系的可以有 enseigner(教育——不定式动词),enseignons(我们教育——第一人称、复数、现在时)等等(词根相同),可以有 armement(装备)、changement(变化)等等(后缀相同),也可以有 instruction(教训),apprentissage(见习),éducation(教养)等等(所指相近似)。这种不是在前后相连续的环境中出现,而是在说话者的记忆中出现的联系叫做联想关系(或聚合关系)。

在索绪尔看来,在整个语言机构中不外是这两种关系的运用。他认为传统语法学把语法分成词法(形态学)和句法(造句法)两部分,虽然有它的实际用途,但是与自然的区别不相符,而且没有任何逻辑上的联系。他最后断言:"语法只能根据不同的和更高的原则才能建立起来"(同上,第187页)。

三

索绪尔的《普通语言学教程》自从1916年出版以来,现在已经有了六十多年的历史。在这半个多世纪期间,它的流行之广,影响之深,在语言学史上是罕见的。可是因为它所涉及的范围非常广泛,而索绪尔当时讲授时并没有经过深思熟虑把他所要讲的内容写成书面的讲义;他在一个相当长的期间只凭一些粗线条的提纲随意讲演,有时甚至随便即兴发挥,所以其中多少总不免有些前后矛盾,虽经整理,仍显得顾此失彼,有详略不一致的地方。因此,这本书出版后,即使他的嫡系学生也从来不把它当作不能讨论的教条,而认为只能代表索绪尔对于语言现象的某些观点。

索绪尔于1881年至1891年在法国巴黎高等研究学院任教时培养的学生,以梅耶(Antoine Meillet)和格拉蒙(Maurice Grammont)为最有名。他们都曾受过索绪尔很深的影响,但是所走的方向并不完全相同。梅耶毕生从事于印欧系语言的历史比较研究,在这方面写了许多书,出版了不少著作。他在他的著作中有一句名言:"我们必须提防不要把语言的要素看做孤立的单位。语言系统是一个总体,其中一切都是互相联系着的。"这显然都是索绪尔对他的教导而与新语法学派的观点针锋相对的。但是1916年他在关于索绪尔《普通语言学教程》一书的报告中却指责他的老师"太强调语言的系统方面以致忘却了语言中有人的存在"。格拉蒙的兴趣在于语音和音位方面的研究。1895年他曾利用语言系统在语音演变中起作用的观点研究印欧系语言和罗曼族语言辅音异化的规律写成了他那本出色的《印欧系语言和罗曼族语言中的辅音异化》(*La dissimilation, consonantique dans les langues*

indo-euro péennes et dans les langues romanes），一时声名大噪，1933
年并把他毕生对于语音学研究的成果汇成他那本著名的《语音学纲要》
（*Traité de Phonétique*）。这些都是跟索绪尔对他的教诲分不开的。
但是他对索绪尔在《普通语言学教程》一书中提出的按语音开口度的大
小划分音节界限的办法却不以为然，认为它不能解决比方像法语 il
cria（他喊叫）和 ébahi（瞠目结舌）这样的音节的界限，另提出了一种按
发音时喉部筋肉张弛划分音节的办法，经实验语音学证明是完全正
确的。

　　索绪尔去世后，他在日内瓦大学的学生巴利和薛施蔼等在当地成
立了日内瓦语言学学会，1941 年出版《索绪尔杂志》（*Cahiers
Ferdinand de Saussure*）作为互通音讯、共同研究索绪尔语言学说的机
关刊物。1956 年，日内瓦语言学学会因受第二次世界大战的不良影响
宣布解体，但是《索绪尔杂志》在索绪尔的再传弟子费雷（H. Frei）和戈
德尔（R. Godel）等人的支持下仍继续出版，并就它的编辑委员会组成
"索绪尔小组"（Cercle F. de Saussure），经常开会讨论语言学问题。从
那以后，他们在这刊物上发表了好些与索绪尔的《教程》有关的资料，如
戈德尔的《索绪尔的未刊笔记》（*Notes inédites de F. de Saussure*，1954
年，《索绪尔杂志》第 12 期）和《索绪尔的新文献》（*Nouveaux
documents saussuriens*，1958 年，同上，第 16 期）等等，也刊载了不少阐
发索绪尔的语言学理论和与他人辩论的文章，如薛施蔼的《由音位的定
义到语言实体的定义》（*De la définition du phonème à la définition
de l'entité de langue*，1942 年，同上，第 2 期），布伊森（E. Buysseus）的
《音位学几个基本概念的订正》（*Mise au point de quelques notions
fondamentales de la phonologie*，1949 年，同上，第 8 期）和戈德尔的
《关于符号零的问题》（*La question des signes zéro*，1953 年，同上，第 11
期）等等，以及其他一些著作，对于许多问题和概念的澄清都起过很大
的作用。

　　说到索绪尔的语言学理论，很多人会想起近些年来在欧美各国盛
行一时的结构语言学。这是很自然的，因为这二者之间确实有许多共
同点。比方说，第一点，它们都特别强调语言的静态描写研究而相对地

贬低了语言的历史研究;第二点,它们都特别着重研究语言的机构或系统,而不把语言的各个要素看做各自独立的事实。总之,它们都是以"格士塔心理学"的原理为哲学基础,反对青年语法学派的所谓"原子主义"的,而且其中有许多地方也确实是由于索绪尔的理论发生了影响的结果。但是无可否认,它们因为着眼点不同,各人的体会不同,互相间也自然存在着不少的差别和矛盾。梅耶在他的《历史语言学和普通语言学》论文集第一册绪言中指出过:"每个世纪都有它的哲学的语法。中世纪曾试图在逻辑的基础上建立语法,直到18世纪,普通语法只是逻辑的延长。19世纪把自文艺复兴以来在物理科学和自然科学里所用的观察事实的方法扩展到心理事实和社会事实,以致把每种语言的语法表现为事实的总和。可是直到现在,这些事实差不多还没有整理。索绪尔的《普通语言学教程》的笔记曾向我们指出了怎样去着手整理。但是要用语言本身的观点去整理语言事实还剩下一个很大的工程"(原书,巴黎,1948年版,Ⅷ页)。美国布龙菲尔德也曾公正地赞许过索绪尔"为语言学研究新趋向提供了理论基础",以致欧洲语言学家讨论任何理论问题时都很难不考虑他的意见。(参看索绪尔《普通语言学教程》巴斯金英译本译者绪言Ⅺ页)。事情确实是这样:此书出版后,任何研究语言学理论的都不能不以其中有关的论点为基础去加以修订和发展,其中有待进一步去发现和解决的问题还有不少。

原载《国外语言学》(现名《当代语言学》)1980年第1期。后载入《语言学学习与研究》,中州书画社,1983年8月。

法国著名语言学家房德里耶斯和
他的杰作《语言》

　　约瑟夫·房德里耶斯（Joseph Vendryès）是法国著名语言学家。出生于 1875 年。长大后在巴黎从梅耶（A. Meillet）和格拉蒙（M. Grammont）等老前辈学习语言学，精于希腊语、拉丁语等古典语言和克勒特语，先后写过《关于语言定律的意见》（*Réflexions sur les lois phonétiques*）、《论专有名词研究的困难》（*Sur quelques difficultiés de l'étude des noms propres*）和《论静态语言学的任务》（*Sus les tâches de linguistique statique*）等论文，刊登于《梅耶纪念论文集》（*Mélanges Meillet*, *Paris*, 1902)、《克雷尔蒙费兰文学院文学纪念论文集》（*Mélanges littéraires publiés par la Faculté des Lettres de Clermont Ferrand*）等刊物，1924—1948 年还与梅耶合作写过一本《古典语言的比较语法》（*Grammaire compáee des langues classiques*）。1907 年起担任巴黎大学教授，其后并兼大学院院长和语言学研究所所长，法国和伊兰、荷兰、丹麦等国的科学院院士，事务日繁，梅耶等老前辈年老多病，体力日渐衰弱，许多任务如巴黎语言学会的行政管理和国内外同行进行学术交流等等都落在他一个人肩膀上。年老退休后于 1960 年在巴黎病逝，终年 85 岁。

＊　　　　　＊　　　　　＊

　　房德里耶斯平生著作不多。除上述与梅耶合作的《古典语言的比较语法》和 1952 年把他已发表过的论文辑成《语言学和克勒特语研究选集》（*Choix d'études linguistique et celtique*）在巴黎出版以外，唯一最重要的著作就是《语言》（*Le langage*）这本书。

　　房德里耶斯的这本著作本来是巴黎"人类进化丛刊社"主任贝尔（Henri Berr）邀请他编写的。该社所编的整套丛刊共十九册，自成一个体系。《语言》是其中第一组"导论和史前史"的第三册，编写时自然不能完全脱离它的体系,所以或多或少总会受到一些牵制。房德里耶斯起初不免有些踟蹰。后经梅耶极力鼓励和布洛克(J. Bloch,)等一些友好答应鼎力协助,他才毅然把这些担子挑了起来。经多年苦心耕耘于 1914 年完稿,不料第一次世界大战突然爆发,没法付印,只好暂时把它搁置下来,战事结束后直到 1920 年才拿去付印出版,距离原稿完成时已经相隔了七年。

＊　　　　　＊　　　　　＊

《语言》一书的内容,除开头有一个"绪论"阐述语言的起源,末尾有一个"结论"讨论语言的进步以外,全书共分五编十八章。第一编语言,第二编语法,第三编词汇,都是讲的语言的内部结构,不只描写它们的静态状况,而且讲到它们的历史演变。第四编语言的构成,特别讲到什么是一般语言,什么是具体语言,什么是方言、特殊语言、共同语以及语言的接触和混合、语言的亲属关系和比较法等等。这些都是语言和社会的联系问题。第五编文字。这本来和语言有密切的关系,但是鉴于世界上的文字并不都是拼音文字,此外还有许多其他类型,它们的产生和发展的情况都各不相同,所以另立一篇专门介绍和讨论。最后结论专讲语言的进步。各家意见极为纷歧。作者认为这和绪论中所讲的语言的起源都是语言学中难以解决的问题,所以,只好特别抽取出来另行处理。由此可以看到法国社会学派语言学的根本特点。他们是很重视语言和社会的关系的,而房德里耶斯的这本书就是他们的一部极好的代表著作。

＊　　　　　＊　　　　　＊

房德里耶斯的这本《语言》开始出版于 1921 年。那是法国语言学最鼎盛的时期。此书一问世,社会上争相购阅,先后译成了好几种语言,特别是当 1925 年美国加利福尼亚大学人类学系副教授腊丁(Paul Radin)译成英语,1936 年苏联莫洛索夫(V. C. Morozov)译成俄语之后,更引起了许多人的注意,就在我国,在好些方面也深受它的影响。

当然,这不是一本十全十美的著作。正如作者自己所说的,他写的是一部普通语言学的书。要写好像这样的一本书,对全世界人类的语言都应该有相当深刻的认识,可是现在世界上还没有这样的一个人,所以每个人只能就他所熟悉的部分提供一些可靠的资料,以备将来集腋成裘,成为一本完整的著作。

这本书内容的安排是经过一番仔细考虑才决定下来的。比如说,作者为什么一开始就谈语言的起源,最后并殿以语言的进步呢?因为他认为这些都不是语言学本身所能解决的问题。语言是把人类区别于其他动物的一个重要标志。语言的起源其实就是人类起源的问题。过去虽然有许多哲学家或其他各种学者像煞有介事地对这问题大发议论,但是其中没有一种是在语言学上站得住脚的。关于语言的进步问题也是这样。那应该用什么做准则呢?就形态方面说,是由简单变复杂还是由复杂变简单呢?也一直找不出一个令人信服的客观标准。所以作为一本可靠的论著,与其信口雌黄,多占篇幅,不如存而不论,当作一种悬而未决的疑案。

其次,从第一编到第三编和第五编,作者确实煞费苦心从世界上各语系语言中搜集了许多不同时期的材料,按语音、语法、词汇和文字方面做了分类研究,并参照各家的学说提出自己的见解和理论,其牵涉范围之广,钻研程度之深确是足以令人咋舌的,特别是第四编关于语言的构成各方面的叙述更是他们这一学派的最突出的特点。

如上所述,房德里耶斯的这本著作,在战后的一个很长时期流传到了世界上的许多地区,与当地的语言学说互相交流,但结果是各不相同的,这要看当地情况是否相同和所持观点有没有接近的可能。例如法国社会学派语言学特别重视语言历史的研究。这在许多有悠久书面历史的民族看来非常重要,但是在一些历史很短的人民来看却觉得格格不入。

房德里耶斯在原书第二编第三章把句子分成名词句和动词句两大类。这对我国汉语语法研究曾发生很大影响。大家知道,他所谓名词(nom)包括实体词(substantif)和形容词(adjectif)两个词类。名词句就是以实体词或形容词为谓语的句子,与以动词为谓语的动词句相对立。以名词(实体词)为谓语的句子叫做名词谓语句,其职责在于判断主语是什么,所以又称判断句。以形容词为谓语的句子叫做形容词谓语句,其职责在于描写主语怎么样,所以又称描写句。以动词为谓语的句子叫做动词谓语句,其职责在于叙述主语做什么,所以又称叙述句。所有这些都是从房德里耶斯的关于句子的理论引伸出来的。

此外,房德里耶斯还把名词句分为两类:一类是带系词的一般名词句,另一类是不带系词的他叫做纯粹名词句。这在好些语言里往往可以同时并存,其差别只在于语气上略有不同。这同德国的一些老一辈的语言学家效法逻辑上的某些理论认为系词是联系"主词"和"宾词"必不可少的成分,并把它叫做实体动词的论调相比显然大大跨进了一步。

可是在某些地方,房德里耶斯也曾有过一些或大或小的失误。例如他在《语言》第二编第一章里提出了 sémantème(义位)和 morphème(形位)这两个术语。Sémontème 源出于法国布雷阿尔(M. Bréal)所创制的 Sémantique(语义学)。词根 sémant-是"语义"的意思,后缀-ème是"单位"或"要素"的意思。结合起来即"语义单位"或简称"义位"。morphème 源出于德国大文豪兼自然科学家歌德(J. G. Goethe)仿效植物学或动物学定出的 morphologie(形态学)。词根 morph-是"形态"的意思,加上后缀-ème 即"形态单位"或简称"形位"。房德里耶斯认为任何一个句子里都包含"义位"和"形位"两部分:"义位"表示词汇意义,"形位"表示语法意义。根据这一点,我国也有人把 morphème 译为"语法形态"。可是语言中表示语法意义的并不只限于房德里耶斯所说的"形态",此外,语言中的虚词和词序等也可以表示语法意义。那怎么办呢?他只好说语法形态有广义的和狭义的两种;包括虚词和词序等的是广义的语法形态,不包括虚词和词序等的才是真正狭义的语法形态。其实歌德当初所定的形态并不只限于表示语法意义,实际上也可以表示词汇意义。所以后来有人把它译成"词素"是很有道理的。欧洲的好些国家的语法学家都是这样处理的。后来美国有些语言学家以美洲印第安语的语法结构特殊为借口又提出了异议。他们认为印第安语在世界语言分类上属"多式综合语"(又称复综语)类型。它们的每一个句子虽然也有表达意义的成分,但是不能构成词。所以与其叫做"词素",不如叫做"语素"。其实什么叫做"语素"呢?如果认为是"构成语言的要素"是很费解的。研究语法不能没有词的概念。美洲印第安语的句子不是也有人把它叫做"句子词"(sentence-word)吗?为了解决这个语法上的纠纷,房德里耶斯的继承人巴黎大学语言学研究所所长马迪内(A. Martinet)近年来特从瑞士语言学家弗雷(Henri Frei)那里借用了monème 这个术语来代替房德里耶斯的"义位"和"形位",那确实是"词素",或"词位"的意思了。①

*　　　　*　　　　*

房德里耶斯的这本书内容丰富,体制严密,有好些地方写得非常生动活泼,使人读了好像阅览文艺作品,耐人寻味。这书出版后他在巴黎高等师范学院和文学院语言学研究所授课时一直把它采用为课本。但是由于种种原因,他从未全面修订过,只在每次重印的书末补上一个"增订",把一些新的情况和意见补充进去。再有,这本书不是语言学的一般入门书,作者处处要照顾到读者对语言学做进一步深入研究的特殊需要,所以他从该书的第一版起就不惮烦地于书末附有一个非常详尽的参考文献书目,里面除各种有关期刊以外,并包括用法、英、德、意和丹麦文五种文字的专著,查考十分方便。近些年来,罗马尼亚格拉乌院士还编了一份自本世纪 50 年代以来出版的补充参考文献目录,对以语言学为专业的研究人员非常有用。

末了,应该指出,房德里耶斯在他的这本书里所搜集的材料虽然遍及全世界的各个语系,但是多偏重于印欧系的各种语言,其他语系的比较少。比方全世界说汉语的人最多,文献也很丰富,但是他自己不懂,只依靠伯希和和布洛克等汉学家向他提供一些资料,无论数量上或质量上水平都不很高。这不能不说是它的一大缺点。但是想要补救这一缺点,只靠他一个人的努力恐怕是不行的了。

原载《法国研究》第 4 期,1986 年。

---

① 参看 André Martinet：*Element de linguistique générale* 的有关章节。

马迪内和他的《普通语言学纲要》

一

安德列·马迪内（André Martinet）是法国当代著名语言学家。1908 年出生于萨瓦省奥特维尔（Hauteville）城附近，父亲是一位小学教师的管家人。他的童年就在这里的一个小乡村度过。他从小就学会两种语言：法语和他的家乡话。这对于他后来研究语言学很有帮助。小学毕业后到巴黎念中学，接着在巴黎大学文学院准备取得教授英语的资格（agrégation d'anglais），同时到高等研究学院听莫塞（Fermand Mossé）和房德里耶斯（Joseph Vendryès）关于日耳曼语的课程。他读的第一本关于普通语言学的入门书是丹麦语言学家叶斯泊森（Otto Jespersen）所著的《语言——它的本质、发展和起源》（*Language：Its Nature，Development and Origin*）。后来到柏林大学学习了一年（1932—1933）才到巴黎法兰西学院受业于法国语言学大师梅耶（Antoine Meillet）门下，专攻历史比较语言学。他的博士论文《日耳曼族语言中起源于表情的叠辅音》（*La gémination consonantique d'origine expressive dans les langues germaniques*）曾得到梅耶的赏识和耐心指导。可是等到 1937 年他正式提出论文进行答辩时，他这位未挂名的导师已经去世一年多了。

自 1932 年起，马迪内与布拉格语言学会的几个领导人，特别是与特鲁别茨科伊（N. S. Troubetzkoy）一直保持着频繁的接触，同时，由于他曾几度到丹麦小住，与哥本哈根语言学会重要成员叶尔姆斯列夫

(L. Hjelmslev) 的关系也很密切,一步步注视着他的"语位学"
(glossematique)①理论的建立。马迪内考获博士学位后,自 1938 年起
在巴黎高等研究学院担任音位学指导教授。1946 年到美国,主编纽约
语言学会机关刊物《词》(Word)。头两年还负责"国际辅助语协会"的
领导工作,企图根据应用语言学的方法和原则创制一种新的"国际辅助
语",但是没有获得成功。1947 年受聘为哥伦比亚大学教授兼语言系
主任。1955 年回国继房德里耶斯之后担任巴黎大学语言学研究所主
任,讲授普通语言学,并兼高等研究学院教授,先后出版《巴黎语言学研
究所集刊》和《语言学》两种杂志,阐发他的语言观点。

二

马迪内经历第二次世界大战西欧局势非常动荡不安的时期;一向
没离开过教学研究工作,但有时在硝烟弥漫中四处流浪,萍踪遍及欧美
各地。所写的书稿和论文,不管是否已经发表,多已荡然无存。根据他
的友好专为他编印的《语言学研究》(*Linguistic Studies*, *Presented to
André Martinet*)所载,共计约二百七十种,其中比较重要的,按年代顺
序列举如下:

(一)《日耳曼族语言中起源于表情的叠辅音》。这是作者的博士
论文,1937 年在哥本哈根出版。

(二)《当代法语发音》(*La prononciation du français
contemporain*)。这是第二次世界大战期间,作者被俘后在德国纳粹俘
房军官营里向 409 名难友进行语言调查的成果。1945 年在巴黎出版,
1971 年再版。

(三)《萨瓦·奥特维尔法兰西·普罗旺斯土语音位描写》(*La*

---

① 此词来自希腊·拉丁语的 gloss(a)语言＋em 要素,最小单位＋aticus 学,正如
Phonématique 之为"音位学"一样原是'语位学'的意思。近人把希腊语 glossa 中的两个
s 割裂开来,认为是由 glos 语言＋sem 符号＋aticus 学构成,误译为"语符号"。这不符合
这个术语所代表的内容。

description phonologique du parler franco—provençal d'Hauteville [Savoie]）。这是作者对自己的家乡话萨瓦省奥特维尔城法兰西·普罗旺斯土语的音位描写。1945 年在巴黎出版，1956 年在日内瓦修订重印。

（四）《实用英语入门》（*Initiation pratique à l'anglais*）。运用语言学知识解决学习具体语言——英语——实际问题的小册子。1947年在里昂出版。

（五）《音位学是功能语音学》（*Phonology as Functional Phonetics*）。原是作者在牛津大学所作学术演讲的记录。主要强调重音在语言结构中的特殊作用。1949 年伦敦牛津大学出版部出版。

（六）《语音变化的经济》（*Economie des changements phonétiques*），附题是《历时音位学纲要》（*Traité de phonologie diachronique*）。这是作者最重要的关于历时音位学的一部著作。1955 年在瑞士伯尔尼出版。

（七）《普通语言学纲要》（*Eléments de linguistique générale*）。系作者最重要的理论性著作，偏重于音位学原理的阐述。1960 年在巴黎出版。1970 年和 1973 年一再重印。

（八）《语言的功能观》（*A Fuctional View of Language*）。作者1961 年在牛津大学的演讲集，包括《现实主义对形式主义》、《功能句法的展望》、《语言类型学》、《语言的差异》和《语言的演化》五篇论文。1962 年在牛津出版。1969 年译成法文易名为《语言和功能》（*Langue et fonction*），在巴黎出版。

（九）《共时语言学》（*La linguistique synchronique*）论文集。约收论文二十篇，1965 年在巴黎法国大学出版社出版。

（十）《实用德语入门》（*Initiation pratique à l'allemand*）。系与上述《实用英语入门》同一类型的有关具体语言的初级课本。1946 年开始准备。迟至 1963 年出版。

（十一）《不加粉饰的法语》（*Le français sans fard*）。一本实用的有关法语的论文集。1969 年巴黎法国大学出版社出版。

（十二）《功能句法研究》（*Studies in Functional Syntax*）。论文集。1975 年在慕尼黑出版。内有一篇《研究语言本身的语言学》（*A*

Linguistic Science for Language and Languages），1979 年由周绍珩译成汉语，收入北京中国社会科学出版社同年出版的《语言学译丛》第 1 辑。

以上所列并非全是专著。如《音位学是功能语音学》和《语言的功能观》都是马迪内 1949 年和 1961 年在牛津大学的学术演讲录，各收若干论文。其他如 1965 年出版的《共时语言学》是 1939 年至 1949 年发表的约二十篇文章的汇集；1969 年出版的《不加粉饰的法语》收集了约十篇集中讨论关于法语分析和应用问题的文章。并加上好些关于从功能观点改革法语正词法的未刊稿，以及讨论法语口语动词形式经济问题的阐述。最后，1975 年出版的《功能句法研究》也收集了《研究语言本身的语言学》和《语格或功能》等论文。1955 年出版的《语音变化的经济》是马迪内一本关于历时音位学的最重要的专著，其中也收入了一些发表过的论文作为第二部分，所占篇幅竟达 189 页。可是不管是专著、演讲集或论文，其中观点都是一致的。

三

马迪内的著作大致可以分为两大类：一类是纯粹理论性的，一类则偏重于实用方面。

马迪内的理论性著作以 1960 年出版的《普通语言学纲要》为最有名，最受读者欢迎。里面共分六章：一、语言学、言语行为和语言；二、语言的描写；三、音位分析；四、带意义的单位；五、惯用语的差异和语言的使用；六、语言的变化。谈的都是些基本原理，显然是一本比较重要的语言学入门书。另一些包括《音位学是功能语音学》、《语音变化的经济》、《语言的功能观》、《共时语言学》、《功能句法研究》等，虽然也是理论性的，但是内容都比较专门，范围也比较广泛；其中有好些项目和题材未见于《普通语言学纲要》，但都是其内容的进一步发展。

马迪内堪称语言学界功能主义的倡导者。他有好几本著作如《语言的功能观》、《音位学是功能语音学》以及《功能句法研究》等等，都是以"功能"为标榜的。其实自古至今，各知识部门的作家在他们的著作中采用"功能"这个名词的不乏其人。过去许多哲学家和心理学家从说话者的观点和听话者的观点出发就提出过语言的表达功能和交际功能，后来德国的布勒(K. Bühler)并且提出过阐述功能。到 20 世纪 30 年代，布拉格学派诸学者使用"功能"的名词更为频繁。雅可布逊(R. Jakobson)根据信息论的理论，以发出者和收受者的情况为出发点，更把语言的功能分为所指的(或指示的)、表情的、意动的、交流感情的、后语言的和诗歌的六种①。最特异的是，丹麦语言学家叶尔姆斯列夫于本世纪 50 年代建立他的"语位学"，企图把语言研究弄成一种"语言代数"，竟然把一个要素对另一个要素的依存关系也叫做功能，实际上即等于数学上的函数，这些都不是马迪内所说的语言的真正功能。

马迪内认为谈到语言的功能，我们必须承认语言是有关人群的一种交际工具，例如法语是法兰西人民的交际工具，汉语是汉族人民的交际工具。同一语言社会的人都使用这种交际工具，互通音讯和交流感情。但是语言的功能并不止这一种。此外，人们还常使用语言来进行思维和表达思想。这就是语言的表达功能。语言也可以说还有一种美学功能，但这种功能经常同交际功能和表达功能融合在一起，不容易加以分析。归根结底，可以作为语言的中心功能的实际上只有交际功能，而语言分析就是要揭示语言单位在完成语言交际时所体现的各种功能。

语言学一般分语音学、语法学和语义学等几部分，按理说，作为功能语言学，语言学的这几部分都应各有从功能观点去进行研究的，如马迪内所说，功能语音学就是音位学。但是实际上，马迪内认为，近些年来大家从功能观点去进行研究的实只有语音学，即音位学。语法学方面，马迪内在他的著作中只提到"功能句法"，并认为那完全是新的，似乎有许多问题还有待研究。至于语义学方面，他在任何地方都没有直接提到，显然感到用功能观点对语义进行分析研究特别困难，比音位学和功能句法还更困难。可是他虽然不把语义的研究看做特别溺爱的宠

---

① 参看拙著《雅可布逊和他对语言学研究的贡献》的有关部分，见《国外语言学》1983 年第 2 期，第 59 页。

儿,但也从来不把它当作不可向迩的圣地。他认为语言学家大可不必佯为对他们所分析描写的语言一点也不懂得,但在接触语义问题时必须谨慎,不要忘记在语言学中任何意义事实都是同一定形式联系着的,因此在他的著作中致力最多、考虑最周详的还是音位问题,其次是句法问题,语义问题只是在考虑音位和句法问题时附带提出来的。我们这里只好专就《普通语言学纲要》一书谈谈他的各种理论。

四

马迪内认为人类语言都是由许多分节的要素结合起来构成的。我们可以利用一种"双重分节法"(La double articulation)把它分析成各个单位。"第一分节法"(La première articulation)首先把语链分切成一系列独立的要素,如词、词根、词缀、词尾等。各个独立的语言要素各自依照一定语言共同体的成员所承认的约定俗成的系统构成种种"陈述"(énoncé)进行交际。这些单位中,每一个都具有一个意义和一个语音形式。我们不能把它再分成更小的具有意义的相连续的单位。例如法语的 tête[tɛːt]是"头"或"脑袋"的意思。我们不能说 tê[tɛː]或 te[t]有什么意义,而是整个 tête[tɛːt]才具有"头"或"脑袋"的意思。但是语音形式却还可以再分成一连串单位,其中每一个都有助于把 tête[tɛːt]区别于例如 bête[bɛːt](野兽)或 terre[tɛːr](地)等。这就是语言的"第二分节法"(La deuxième articulation)。

这种"双重分节法",在马迪内的语言分析中是带根本性的。在他看来,任何陈述,用其中"第一分节法"分析所得的结果都叫做 monème[1],再用"第二分节法"加以分析,所得的结果就是 phonème。phonème 是"音位"的意思,那不成问题;可是 monème 是什么呢? 在这里须要详细加以解释。

马迪内在所著《普通语言学纲要》第一章第九节中说:"人们把像(法语)j'ai mal à la tête(我头痛)这样的陈述,或者像 j'ai mal(我痛)或

---

[1] 这个术语借自瑞士语言学家弗雷(H. Frei),并非马迪内所首创。

mal(痛)这样的构成意义的一部分陈述叫做语言符号。一切语言符号都有一个所指，即它的意义或价值(如上所述法语的 J'ai mal à la tête, J'ai mal, mal)和一个能指，即符号赖以表现的声音(如/ze mal a la tɛːt/, /ze mal/, /mal/)。在日常语言中，人们常保留'符号'这个名称用来表示能指。"用"第一分节法"分出的单位，连同它们的所指和能指都是符号，而且是最小的符号，因为其中任何一个都不能再分成连续的符号。这些单位没有普遍承认的术语。我们在这里就采用了"monème"①。由此可见马迪内所说的 monème 实际上是指用"第一分节法"把"陈述"分析成同时具有"所指"和"能指"两方面的语言最小单位。

马迪内在该书同一章里具体说明了 monème 的性质。他说："我们刚用过的'J'ai mal à la tête'这个陈述里有六个 monèmes，恰好跟人们在日常语言中所称的词暗合：J(代替 Je), ai, mal, à, la, tête。但是我们不能断定 monème 只是与'词'相等的专门术语。在像 travaillons(我们工作)这样的一个词里，有两个 monèmes：travaill-表示某一类动作和-ons/ɔ̃/表示说话者和一个或几个别的人。人们在传统上把 travaill-和-ons 区别开来，说前一个是 sémantème，而后一个是 morphème②。这两个术语使用起来十分不便，因为会使人想起只有 sémantème 具有意义，而 morphème 没有意义。这是不正确的。假如一定要加以区别，倒不如把那些只在词汇中而不是在语法中找到它们的地位的 monèmes 叫做 lexèmes，而把 morphème 保留来表示像-ons 这样只在语法中出现的 monème。至于像 pour(为了)或 avec(跟、同)这样的 monème 既可以在词汇中出现，又可以在语法中出现，就把它们归入 morphème 一类。不过要注意，一个像 travaill-这样的 lexème，传统上是以 travailler 的形式出现的，即常披上不定式 morphème 的服装"。③由此可见马迪内所说的 monème 不仅包含词汇意义，而且包含语法意

---

① André Martinet：*Eléments de linguistique générale*，Paris，1973，p. 14.

② 参看 J. Vendryes：*Le langage*，Paris，1921，p. 85。

③ A. Martinet：*Eléments de linguistique générale*. p. 16.

义,其实就是我们一般所说的"词素"①。任何语言用"第一分节法"分析出来的词素都是无限多的。因为它们具有表示意义的功能,所以又叫做"表义单位"。用"第二分节法"分析出来的单位(即音位)却有一定数目。它们没有表示意义的功能,而只有表示区别的作用,如法语 tête [tɛːt]的/t/和 bête[bɛːt]的/b/,所以可以叫做"表示区别单位"。"表示单位"和"表区别单位"之间常有极其密切的关系。

五

以上是马迪内根据他的"双重分节法"把语言中的"陈述"加以分析而得出的各种单位,一般只限于元音和辅音及其组合。他坚决认为不能把"韵律事实"列入音位的范围,因为据他说,这些事实不能用"第二分节法"加以分析。他所谓"韵律事实"就是指发音中的声调、轻重音和长短音等等。它们在某些语言中虽然也可以有表区别的性质,但是所表示的多只是一些语气上的区别,例如法语的 Il pleut[il plɸ](下雨)念降调表示直陈,念升调表示询问等等;个别语言并且可以用来区别不同的意义,例如汉语的|li|念升调是"梨"的意思,念降调是"栗"的意思,但其来源都只是由于发音时声带的松紧张弛所造成的旋律曲线不同,不能像一般音位那样用"第一分节法"和"第二分节法"加以分析,所以充其量只能在"韵律学"(prosodie)中作为"韵律单位"(prosodème)来研究,而不能与真正的音位等量齐观。这和有些国家的音位学家把它们统称为"非音质音位",其中包括音高音位、重音音位以至接合音位等的做法大不相同。

在音位学其他方面,马迪内还有好些独到的见解常为他人所引述。例如关于塞擦音问题。英语(名词)chip[tšip](碎片)的[tš]和西班牙语 mucho[mutšo](许多)的[tš]都是由塞音[t]和擦音[š]构成的,但是英语的[š]没有前面的[t]还可以存在,如 ship[šip](船),可是西班牙语[tš]中的[t]和[š]却是不能分开的。所以我们可以把英语的[tš]看做

---

① 最近有人译作"符素",不独造词生硬,而且不符合它所代表的内容。

由[t]和[š]结合构成的塞擦音,而西班牙语的[tš]实际上只是一个单一的音位[č]。同样,英语的 gin[dzin](杜松子酒)的[dz]表面上看来是[tš]的浊音,可是其中的[z]不能离开前面的[d]而单独存在,所以也只能看做一个单一的音位[ǧ]。

关于音位和音位变体问题,马迪内把西班牙语两个元音间的 d 如 nada(没有什么)念成[ð]叫做"结合变体","结合变体"所处的地位叫做"补充分配",这没有什么特异处。可是比法语的音位/r/,有些人念成颤音,有些人念成强喉音,他认为这就是个人变体;有些演员在舞台上念成颤音,在日常生活中却念成强喉音,这可以叫做随意变体。有些法国人把 très(很)的/r/念成颤音,fer(铁)的/r/念成强喉音,那就是个人变体和结合变体的混合。

在有些语言如德语、俄语里,清浊辅音的对立在大多数的词里是可以有区别意义的作用的,但是浊辅音不能在词末出现。例如德语 Rad 是"车轮"的意思,Rat 是"劝告"的意思,单读都念成[ra:t]。可是放在句子如 Zum Rade verdammen(判决在车轮上受拷打)或 meinem Rate folgen(听从我的劝告)中,前一句的 Rade 要念成[radə],后一句的 Rate 要念成[ratə]。二者不能相混。这种清浊辅音的区别在词末消失的现象,音位学上就叫做"中和现象"(neutralization)。

音位学中的"中和现象"在不同的语言学家或学派中有不同的理解和处理的方法。有的认为在上述例子里,那是因为音位/t/经常出现于德语 Rad 和 Rat 二词的末尾,Rad 的/d/变成了/t/,所以会产生这种现象。如果不是在词末,如上述 Rade 的/d/和 Rate 的/t/就不致发生这种现象。这既涉及语法形态变格的问题,又涉及音位变体的问题,语言描写中应该有一个特殊的部门专门从事研究这里面的关系。这一特殊部门就叫做"形态音位学"(morpho[pho]nemics)。美国语言学家大致都属于这一派。马迪内和布拉格学派诸语言学家却不以为然。他们认为语言中有些音位的对立能够"中和化",有些不能。这正好说明语言中有两种不同的音位。例如上述德语 Rad 的/d/和 Rat 的/t/,它们在词末无疑都已"中和化",变成相同的/t/,但是在语法上所表示的变格并没有发生变化。所以马迪内和布拉格学派的诸语言学家主张用一个大写的字母把 Rad 标成/raᴅ/以示别于把 Rat 标成/rat/,其他如德语的 Tod(死)也可以标成/toᴅ/。这大写的音位就叫做"大音位"(archiphonème)。马迪内进而断言这实际上是语法的变格问题,不能把它与音位学上的变体问题混在一起叫做什么"形态音位学"。[①]

关于语言变化的问题,本属历时语言学研究的范围。可是马迪内在《普通语言学纲要》第六章中也谈到了一些这方面的问题,并且企图用人类语言变化中"用力少收效大"的经济原则加以解释。例如试就/p/—/t/—/k/这三个辅音音位来说,它们的差别只在于发音部位的不同(/p/是双唇音,/t/是舌尖音,/k/是舌根音),其他如清浊和发音方法都是相同的。假如我们加上一个清浊的差别,这一系列就变成了/b/—/d/—/g/,即由四种差别得到了六个音位。就所得结果再加上一个塞音和鼻音的差别,就在这语音系统中增加了/m/—/n/—/ŋ/三个音位。若再加上塞音和擦音的差别,就可以得到/f/—/θ/—/X/和/V/—/ð/—/r/等六个音位。那就是说,由于六种发音差别已可以得出十五个音位。这从经济观点看,无论如何要比另一个音位数目相同而要求更多的差别如/p/—/t/—/k/+/f/—/ð/—/g/等系统优胜得多。这无论从共时研究方面或历时研究方面都可以有许多证明。

这在词语的使用上更为明显。例如法语的 machine 是"机器"的意思,laver 是"洗涤"的意思,使用的范围都很广。"洗衣机"最初在法国出现时,人们把它叫做 machine à laver,这两个词的关系无疑发生了变化,不过它们都是法语所原有的,把它们结合起来使用可以避免整个法语词汇多出一个新成员。这可以说是"聚合经济",其后洗衣机的数量越出越多,牌号越来越纷繁。比方某先生家里买了一个 laden 牌的。他家里的人常用 laden 来代替 machine à laver,这样他就用 Laden 一个词代表 machine à laver 三个词素,用两个音节和五个音位代表五个音节和十个音位。这可以说是"组合经济"。

有些事物的简称也可以减轻脑力的负担而收到相同的效果。例如法语的 chemin 是"路"的意思,chemin de fer 是"铁路"的意思,

---

① 参看 A. Martinet: *Eléments de linguistique générale* pp. 99—100。

métropolitain 是"祖国首都"的意思。法国首都巴黎最初铺设地下铁路的时候人们把它叫做 le chemin de fer métropolitain，即"祖国首都的铁路"的意思，现在都简称为 métro 了。

马迪内这部著作出版于 1960 年，到现在已再版多次。每次重印都按实际情况做了大量的补充修改，不独读者非常欢迎，作者也十分自信。可是其中有许多地方，如"双重分节法"的设想，韵律单位的处理以及对"形态音位学"的看法等，与其他国家的语言学家比较起来还有各种大大小小的分歧。这只好留待在实践中去考验。无论如何，这是现代普通语言学中一部重要著作，特别是功能主义语言学一个很好的代表，可以帮助我们扩大眼界。

原载《法国研究》第 3 期，1983 年。

雅可布逊和他对语言学研究的贡献

一

　　罗曼·雅可布逊（Roman Jakobson）原是俄国的语言学家。1896年出生于莫斯科。1914年进莫斯科大学专攻斯拉夫语文学和历史比较语言学。1915年聚集一班志同道合的同学成立"莫斯科语言学小组"，计划调查研究莫斯科的民俗和方言，建立莫斯科语言地理学。同时，他对诗歌语言也很感兴趣，时常与校中"诗歌语言研究会"的成员在一起讨论关于诗歌语言的问题。

　　十月革命期间，他于1920年离开俄国到捷克斯洛伐克，在布尔诺（Brno）大学担任教学工作，同时从事诗歌韵律问题和斯拉夫语言的历史比较研究，开始与当时居留在奥地利首都维也纳的俄国语言学家特鲁别茨科伊（Nikolay Serguey Trubetzkoy，1890—1938）结识，共同研究音位学问题，其后，他们的学说发展成了结构主义音位学。1921年发表《俄国近代诗歌研究》，1923年发表《捷克斯洛伐克诗歌和俄国诗歌的比较》，把音位学原理应用于诗歌语言的研究，为"布拉格语言学会"的成立铺平了道路。

　　1926年，捷克斯洛伐克语言学家马泰修斯（Vilem Mathesius）和特尔纳卡（Bohumil Trnka）等发起在首都建立"布拉格语言学会"，特邀请雅可布逊和特鲁别茨科伊参加，从此他们两人的关系更加密切，共同从事音位学、文学语言和语言修养等问题的研究。1928年，第一届语言学家国际会议在海牙开会，他们在会议上提出了好几篇主要由雅可布逊和特鲁别茨科伊起草的有关音位学的重要论文，其中包括由卡尔采夫斯基和特鲁别茨科伊联署的《什么是最适宜于对任何语言的音位学做完备的和实际的阐述的方法？》（*Quelles sont les méthodes les mieux appropriées à un exposé complet et pratique de la phonologie d'une langue quelconque?*），引起了各国语言学家的极大注意，称他们为"布拉格音位学派"。1929 年起开始出版《布拉格语言学会会报》（简作 TCLP）作为他们学会的机关刊物。第 1 期上登出的《纲目》就是他们的工作纲领。其中许多项目如"语言及其结构新方法"、"语言的功能及其与文学语言和诗歌语言的关系"等等，都是由雅可布逊提出经过大家讨论决定的。整个三十年代，他主要考虑的都是与音位学有关的问题，如"关于语音学和音位学的区分原则"、"音位的区别特征及其对立关系""语义分析在确立语法范畴上的作用"以及"语言功能的观念"等等。在这些问题的处理上，他不仅把"系统"的观念和"结构"的观念应用于共时语言学，而且应用于历时语言学，例如他于 1931 年在《布拉格语言学会会报》第 4 期上发表的《历史音位学原理》（*Prinzipien der historischen Phonologie*）①就是一篇非常重要的著作。

1938 年，德国法西斯军队占领捷克斯洛伐克，雅可布逊逃到斯堪的纳维亚半岛，起初在丹麦首都哥本哈根，随后到挪威首都奥斯陆和瑞典乌普萨拉担任教学工作，和当地许多语言学家结识。那时，"哥本哈根语言学会"刚成立不久，雅可布逊利用他们的丰富的图书设备和实践经验做了许多有关儿童语言和失语症（aphasie）、错语症（paraphasie）等病害的研究工作。

1940 年纳粹军队占领丹麦和挪威，雅可布逊是犹太人，被迫又于 1941 年再由瑞典迁移到美国。1942—1943 年在纽约一所由法国逃难学者创办的"高等研究自由学院"（Ecole libre des Hautes Etudes）里任教，跟他们一起成立"纽约语言学会"并筹办了一份语言学杂志《词》（*Word*）。1943—1949 年任哥伦比亚大学教授，1949—1957 年任哈佛大学教授，1957 年起在麻省理工学院讲授普通语言学和斯拉夫语文学。在这期间，他的工作主要还是研究音位学理论并使它形式化。他的关于儿童语言和失语症的干扰等方面的研究也得以进一步深入。在斯拉夫语领域内他偏重于俄罗斯史诗，口头上的和书面上的传统文献

---

① 其后译成法文 *Principes de phonologie historique*，1949 年在巴黎出版。

的注释和重建,借以确定斯拉夫语诗歌形式中的印欧基础语的词根。最后他还研究语言的一般理论,语言与其他符号系统的关系、语言学和人类学、神经学等的相互关系,语言学中印欧系语言和比较神话的关系等等。

二

雅可布逊毕生从事教学研究工作。他的著作丰富,而且牵涉的范围很广。根据 1966 年他的友人和门生为了庆祝他的七旬寿辰而编印的纪念论文集《祝贺罗曼·雅可布逊》(*To Honor Roman Jakobson*, *The Hague*,1967)所载,他发表过的著作不下 475 种,中专著和论文 374 种,报章杂志的评论、序言和诗歌等共 101 种。按内容看,直到 1939 年,四分之三以上是关于文学和诗歌的,语言学著作不及四分之一。1941 年他到美国后,情况略有改变,语言学著作逐步增加,但篇幅还是不很大,数量也不很多。例如 1941 年在瑞典乌普萨拉出版的《儿童语言、失语症和一般语音规律》(*Kindersprache*, *Aphasie und allgemeine Lautgesetze*)①只有 83 页,1953 年与范特(Fant)和哈勒(Halle)合写的《言语分析初探》(*Preliminaries to Speech Analysis*, MIT Press) 只有 64 页,1956 年与哈勒合写的《语言基础》(*Fundamentals of Languages*,The Hague, Mouton)也只有 87 页,尽管这些都是他的重要著作。

除此之外,他还在各种刊物上发表了一系列有关音位学和形态学等方面的文章。与音位学有关的如《关于辅音音位分类的观察》(*Observations sur le classement phonologique des consonnes*,SW,I, pp. 272—279),《关于音位的结构》(*Zur Struktur des Phonems*,SW,I, pp. 280—310)等等;与形态学有关的如《格的一般理论》(*Beitrag zur allgemeineh Kasuslehre*,TCLP,VI,1936 年),《动词的范畴》(*Les*

---

① 英译本为 *Child Language*:*Aphasia and Phonological Universals*,The Hague,Mouton, 1968;法译本为 *Le langage enfantin et aphasie*,Paris,Ed. de Minuit,1969。

catégories verbales，Genève，*Cahiers Ferdinand de Saussure*，IX，1950)等等,不独篇幅较短,质量也略有逊色。1963 年他还把他自到美国后所写的有关普通语言学的论文 11 篇编成一本《普通语言学论文集》(*Essais de linguistique générale*)出版在巴黎半夜书店(Edition de Minuit)。1973 年他把他于 1962 年所写的另外 4 篇论文加以补充修改,编成《普通语言学论文集》第二册,副题为"语言的内部关系和外部关系",仍在巴黎出版。从此以后,他还写了许多各种各样的论文、传记和杂感等等,1971 年编成《选集》(*Selected Writings* 简称 SW)四卷,并另编有一本《罗曼·雅可布逊的著作总目》(*Roman Jakobson：A Bibliography of His Writings*),由荷兰语言学家顺威尔德(C. H. van Schooneveld)为它写前言,在海牙出版。这些论文绝大多数都是很短小的。因此有人认为雅可布逊在学术上习惯于做一些零敲碎打的工作,缺乏像他的前辈惠特尼(Whitney)、布龙菲尔德、萨丕尔,甚至叶斯泊森以及特鲁别茨科伊那样把自己的学说或主张汇合起来熔炼成一部皇皇大作的魄力。

此外,雅可布逊早年还有一种习惯,就是许多工作喜欢与别人合作,而不大愿意单干。由上面所举的例子我们可以看出,好些作品不是他与范特和哈勒合写的,就是单独与哈勒合作的。还有,比方他 1949 年在《词》杂志第 5 期发表的《关于法语音位模式札记》(*Notes on the French Phonemic Pattern*)是他与洛茨(John Lotz)合写的,1953 年在美国《语言》杂志第 29 期上刊登的《从音位方面对语言作逻辑描写》(*Toward the Logical Description of Languages in Their Phonemic Aspect*)是他与车里(E. C. Cherry)和哈勒合写的,就是那篇把他的风格理论加以妙用写成的《沙尔·波德莱尔的猫》(*Les chats de Charles Baudelaire*，L'homme，Ⅱ，1962，pp. 5—21)也是由他和斯特劳斯(Lévi-Strauss)共同署名的。有人对他的 30 篇文章做过统计,其中与他人合写的就有约 20 篇。这些文章中谁出的力最多,很难估计。有些他虽然花了很大力气,例如 1928 年提交海牙第一届语言学家国际会议的有关音位学研究的提案和《纲目》以及 1929 年提交第一届斯拉夫语文学家会议的论文,都是他亲自草拟的有关学科的非常重要的文献,但是据说当时假如没有特鲁别茨科伊和长期在日内瓦从事研究工作的卡尔采夫斯基不断向他提供资料和意见,相信他是很难完成任务的①。

三

话虽这样说,可是雅可布逊学问渊博,勤奋用功,兴趣广泛,这是谁也不能否认的事实。以学科言,除语言学,特别是音位学和诗歌语言的研究是他毕生始终不渝的工作以外,其他如人类学、民俗学、风格学、语言病理学以至信息论、量子论等等,他都曾下过苦功钻研。就人物说,除库尔德内、索绪尔、梅耶和特鲁别茨科伊曾对他发生很大影响以外,其他如胡塞尔(Husserl)、门捷列夫(Mendeleïev)和爱因斯坦(Einstein)诸人都是他极其仰慕,奉为师表的。他本人除俄语和英语外,还精通多种外语,经常用英语、德语、法语和俄语写作,好些作品出版后还译成了其他语言,因此他与其他国家学术界交流的机会很多。他晚年曾经表示过要像门捷列夫处理化学元素那样,发现一种普遍适用的音素表,要像爱因斯坦那样建成一种"语音相对性"的理论。他梦寐以求的不是建立"普通语言学"而是要造成一种"普及语言学"。经过半个多世纪的孜孜不倦的努力,他对语言学研究的贡献是多方面的。比较突出的有以下几点:

(一)确立音位的区别特征 雅可布逊的全部语言学研究工作,致力最多和应用最广的首推音位学,而音位学中又以确立音位的区别特征为最特出。

什么叫做音位的区别特征呢?所谓区别特征是指的使一个音位区别于另一个音位的基本特征,例如英语 bit(一点)的/b/和 pit(陷井)的/p/,因为英语的这两个音段之所以能成为具有不同意义的词,就依靠这两个音位来加以区别。可是这样只看到音位间的相异,而看不到音位间的相同,只代表音位学中一种比较陈旧的看法。到了布拉格音位学派,他们认为从声学观点看,在一种语言的音位系统中,各个音位

---

① 参看 George Mounin *La linguistique du xxe Siècle*,1972,Paris, p. 142.

间不仅有它们的相异点,而且有它们的相同点。例如上述英语/b/与/p/的差异只有清浊的不同,但它们都是辅音中的塞音和双唇音。若与 mit(一种连指手套)的/m/相比较,它们又有一种口音和鼻音的差异。除辅音外,元音也是这样。例如试把/i/、/e/、/a/、/o/、/u/这几个元音相比较,它们都是各不相同的,但/i/和/e/都是前元音,/o/和/u/都是后元音,/a/是央元音,又各有它们的相同处。若把/i/和/y/相比,它们又有圆唇音和非圆唇音的差异。这种对区别特征的划分,本来在特鲁别茨科伊的《音位学原理》一书中已见其端倪,但多语焉不详,到1950 年雅可布逊在范特和哈勒的帮助下在美国麻省理工学院出版部出版《言语分析初探》才把各种语言音位的发音特点,根据声学的原理确定为十二种对立的区别特征。[①] 这些区别特征据说可以适用于世界上任何语言的音位的描写,并且可以根据各种语言音位的实际情况绘成相应的矩阵图。

　　以上这些是雅可布逊在音位学研究中的一大发现。其特点有三:一是尽量利用近些年来实验语音学研究的成果,一切以声学原理为基础,有些地方分得很细密;二是广泛采用二分对立面的方法,具有二元选择的性质;三是无论在取材方面还是应用方面都极力兼顾到尽可能多的范围,因此具有普遍性。

　　过去一般从事音位研究的人总以为音位就是语言中能区别意义的最小单位。有了雅可布逊等的这种区别特征才开始懂得就是音位也还可以进一步分析成各种有关的区别特征。当然,我们不能把这些特征看做独立的语音最小单位。它们只是结合起来构成各个音位的因素,因此任何音位都可以说是由若干区别特征联合起来构成的。

　　雅可布逊的音位区别特征的理论自问世后就不断遭受好些人的怀疑和反对。这种人直到现在也还不能说完全没有,但是经过多年的实践,大家可以看到,它不仅可以用于各种语言音位的分析和描写,而且可以用来解决语法学和词汇学上的许多问题;不仅可以应用于共时语言学,而且可以用于历时语言学;不仅可以用来解决语言学上的问题,

---

① 参看吴宗济的介绍(《国外语言学》1980 年 1 期)和王力的翻译(同刊 1981 年 3/4 期)。

而且可以用来解决许多语言病理学上的、信息论和计算机上的编码和译码的问题……。所以尽管它在分类甚至命名方面还存在若干值得讨论和修改的地方，但是总的说来，它的前途是无可限量的。

（二）澄清了共时语言学和历时语言学的相互关系　自从索绪尔在他的《普通语言学教程》中提出语言的系统性问题以后，共时语言学和历时语言学的相互关系如何，曾在许多语言学家当中引起了一场相当大的风波。有的人说：历时语言学是研究语言的变迁发展的。可是任何语言的发展，每一次都只涉及其中个别的几个要素，不能成为系统，所以不值得研究。这可以说是一个莫大的歪曲和误会。索绪尔因为不满意新语法学派不适当地尽量提高历时语言学的地位，忽视共时语言学的重要性，特别是反对保罗（H. Paul）的在语言学中只有历时研究才是科学研究的看法，不惜挺身而出，极力为共时语言学的重要地位辩护，但是他从来没有说过可以不要历时语言学。凡对索绪尔略有了解的人都知道，他最喜欢把语言比之于下棋。他曾不止一次地指出，人们下棋时所用棋子是木头制的还是用象牙做的无关紧要，但是假如少了一个棋子或多出一个棋子，那么整个棋局就将大不相同。他所说的棋局就是指的系统。语言的变化每次虽只涉及个别的几个要素，但是这几个要素的变更或消失哪能说对整个系统不发生影响呢？

雅可布逊对这问题的看法是很精明的。他于 1929 年在所写的论文中说："作为功能系统的语言观念，无论是为了重建，还是证明它的演变，在对过去语言状态的研究中同样是要考虑的。我们不能像日内瓦学派那样在共时方法和历时方法之间架上不可逾越的障碍。我们在共时语言学中用功能的观点考察语言系统的要素，也不能把受过变化影响的系统置之不顾而去判定语言所曾经受过的变化。认为语言变化只是一种偶然的破坏性的伤害，与系统的观点毫不相干的想法是不合逻辑的。语言变化往往以系统、系统的稳定和系统的重建等等为目标。所以历时的研究不独不排斥系统和功能的观念，而是恰好相反，不考虑到这些观念就是不完备的。"（原载 *Change*，Ⅲ， pp. 23—24。根据 Georges Mounin *Roman Jakobson* 所引，见 *La linguistique du XXe siècle* p. 145）。我们在雅可布逊的许多著作，例如 1931 年在《布拉格语言学会报》第 4 期上发表的《历史音位学原理》中，都可以很明显地找到他的这种观点。

（三）儿童语言和失语症的研究　这是雅可布逊在斯堪的纳维亚居留期间从事语言学研究的一个重要项目。其目的是要把结构主义音位学的基本原理应用于儿童学习语言和语言在一定情况下遭受干扰以至丧失的规律。研究结果见于他 1941 年在瑞典乌普萨拉出版的《儿童语言、失语症和一般语音规律》一书。其后还写过《儿童语言的语音定律及其在普通音位学上的地位》(*Les lois phoniques du langage enfantin et leur place dans phonologie générale*, *SW*, *I*, pp. 317—327)、《失语症损害的语言学分类》(*Toward a Linguistic Classification of Aphasic Impairments*, *SW*, *II*, pp. 289—306)和《失语症的语言学类型》(*Linguistic Types of Aphasia*, *SW*, *II*, pp. 307—333)等文，都是讨论同一类问题的。研究的结果他认为语言中区别最大的音位，如开口的元音/a/和闭口的塞辅音/p/、/t/、/k/，或最开的元音/a/和最闭的前元音/i/或后元音/u/等，都是最普遍和最原始的。许多介乎它们之间的差别，如各种开度不同的元音和圆唇的元音，以及某些塞辅音和擦辅音，则不及它们普遍，而且处于比较进化的状态。雅可布逊对儿童语言、患失语症病人的语言和现存的各种语言系统做过深入研究后，相信可以把它列成如下的一条一般规律：极端原始的语言区别，在现有的任何语言中都可以找到，在儿童语言中最先习得，在患失语症病人的语言中最后消失。反过来，其他比较细致的特别区别，在现存的语言中就显得不那么普遍，在儿童语言中习得得比较晚，在患失语症病人的语言中也消失得比较快。雅可布逊的这一论断，后来经丹麦语言学家阿伯拉罕姆斯（Henrik Abrahams）对丹麦、英国和法国的许多小孩和患失语症病人所做的调查研究表明，基本上是符合实际情况的。

　　儿童语言和失语症及错语症的探讨不是纯粹的语言学研究，它涉及许多神经学、心理学和哲学中认识论的问题，但是它们确实也跟语言、语言的性质和语言的结构等有极其密切的联系。据说雅可布逊自研究过儿童语言和失语症的问题后曾不止一次在一些演讲会和讨论会上亲自对人说过，假如他是一个初露头角的年青学者，他将会花大工夫系统地研讨患精神分裂症病人的语言，因为那可以使我们获得关于语言的复杂结构和精神分裂症混乱诊断的新的、实质性的见解。[①]

（四）关于语言的功能问题　语言的功能问题是语言学中一个复杂的问题。过去一般哲学家和心理学家从说话者的观点出发和听话者的观点提出了表达功能（又称职能）和交际功能，后来德国的布勒（K. Bühler）又提出了阐述功能，其间关系如何，迄无定论。等到信息论学说兴起后，以发出者和收受者的情况为研究主体，语言的功能问题又起了变化。雅可布逊以信息论于 1948 年提出的传达消息的模型为依据，推断语言有六种功能：①如果所进行的交际主要指向所指之物，那就是语言的所指（referential）功能或指示（denotative）功能，如大多数报导外部世界或我们的意念的消息；②如果同时或主要指向发出者对于信息的态度，那就是表情（emotive）功能，如感叹词或英语用长元音表示强调；③如果所进行的交际指向信息的收受者，让他自己行动，那就是意动（conative）功能，如用呼唤词和命令词所表示的；④如果发出的信息含有某些要证实管道作用良好，或唤起收受者注意的因素，如信息未发出前先喊一声"喂！"或"你听见吗？"那就是交互表情（phatic）功能；⑤至于有些信息是含有解释代码的意图的，如在信息中插入一句"法语的'frire'（油炸）是一个不完全动词"那就是后语言（metalinguistic）功能；⑥如果信息的目标全部集中于提炼自己的某种特殊形式，那就是诗歌的（poetic）功能。[②]

由此可见，雅可布逊提出的这些语言功能的看法，有些是很能引人入胜的，但是有些却很难令人满意。例如因为他一向深受俄国形式主义诗歌学派的影响，平素喜欢研究诗歌语言，在这里第（六）项当中只提语言的诗歌功能，而对于语言的美学功能不赞一词，仿佛那只是文艺学管辖的采地，与语言学不发生任何关系似的。这显然是他的一种偏见。但是假如在这些地方向他责备求全，那么语言的功能就不止六个，似乎

①　参看 L. R. Waugh：*Roman Jakobson's Science of Language*，Lisse，1976，p. 102。

②　参看 L. R. Waugh：*Roman Jakobson's Science of Language*，1976， p. 25 和 George Mounin *La linguistique du XXe siécle*，1975， pp. 147—148.

可以增加到七个或八个。可是,这又是不必要的。雅可布逊提出这六个语言的功能,并没有完全采用语言的准则,而只是根据一些心理上的、语义上的,或文化上的指标来加以区别,实际上已经超出了语言学的范围。因此,雅可布逊的这些语言的功能,与严格规定的交际功能不一样。它们在语言学上既说明不了语言的功用,也解释不了语言的演变。

雅可布逊是美国当代一位著名的语言学家。他博学多能,交际广泛,影响遍及全世界。特别是美国和西欧各国受他的影响最大。最近遽尔溘逝,这无疑是国际语言学界的一个巨大的损失。

原载《国外语言学》(现名《当代语言学》)1983 年第 2 期。后载入《语言学学习与研究》,中州书画社,1983 年 8 月。

维尔纳和"维尔纳定律"

卡尔·维尔纳(Karl Verner)是丹麦著名语言学家。1846年生于奥尔胡斯(Aarhus)。幼年时体弱多病,使他养成了一种非常孤僻的习性。其后入哥本哈根大学,喜欢独自潜修,很少与人交往。大学毕业后,1876—1882年到德国哈莱大学图书馆工作。1883年返哥本哈根大学继史密斯(C. W. Smith)之后任斯拉夫语讲师,1886年升教授,除俄语外也教过一些有关古保加利亚语和波兰语的课目,听课的学生很少,通常只有一两个人,最多不超过四人,但是他处之泰然,毫不介意,尽力帮助他们学习。

维尔纳对许多印欧系语言都有很深的造诣,特别是对当时印欧语言学研究的动态跟得很紧。那时正是德国语言学家格里姆(Jakob Grimm,1787—1863)出版他的名著《德语语法》(*Deutsche Grammatik*)之后不久,大家对印欧系语言的语音演变规律发生极大兴趣的时候。

格里姆在他的著作中把希腊语或拉丁语的清塞音 p,t,k 变成峨特语的送气清音 f,ł[θ],h①,浊塞音 b,d,g 变成峨特语的清塞音 p,t,k,送气清音 f,th,ch② 变成峨特语的浊塞音 b,d,g,称为第一次语音演变;接着,峨特语的送气清音 f,ł[θ],h 变成高地德语的浊塞音 b,d,g,清塞音 p,t,k 变成高地德语的送气清音 f,z[ts],ch[x],浊塞音 b,d,g 变成高地德语的清塞音 p,t,k,称为第二次语音演变。无论是第一次语音演变或第二次语音演变,据说都有很严格的演变规律。格里姆的这个发现当时在西欧语言学界引起了很强烈的反响,有的人就把它跟自然界的规律相比附,因而提出了"语音演变规律不容许有任何例外"的口号。可是随着研究的逐步深入,人们发现有些事实却并不尽然。例如

---

① ② 格里姆把峨特语和高地德语的这些音统称为送气清音是不符合语音学原理的。

希腊语的 pater(父亲)和 frater(兄弟),拉丁语的 pater(父亲)和 frater(兄弟),其中都有一个 t,为什么希腊语的 pater 和拉丁语的 pater,峨特语变为 fadar,高地德语变为 Vater,而希腊语的 frater 和拉丁语的 frater,峨特语却变为 broɵar,高地德语变为 Bruder 呢?当时这在许多语言学家的脑子里凝结成了一个疑团,令人百思不得其解。

维尔纳在一个相当长的时期,也为这一疑团折磨得废寝忘食。有一天,他正在他的卧室里没精打彩,想要午睡,可老是睡不着,于是随便从桌子上拿起一本书看,希望可以帮助早一点把他送入梦乡,想不到拿起来看的恰好是德国语言学家博普(Franz Bopp,1791—1867)于 1833 年出版的那本《梵语、禅德语、亚美尼亚语、希腊语、拉丁语、立陶宛语、古斯拉夫语、峨特语和德语比较语法》。刚好看到梵语用重音符号标明的那段:——pitár(父亲)和 bhrátar(兄弟)二词赫然映入他的眼帘。奇怪!梵语的这两个词里也各有一个 t,而 pitár 的 t 在重音之前,拉丁语变成 pater,峨特语变成 fadar,高地德语变成 Vater;bhràtar 的 t 却在重音之后,拉丁语变成 frater,峨特语变成 broɵar,高地德语变成 Bruder。梵语的一个 t,在日耳曼语和高地德语里有两种变化,莫非是重音的前后位置在里面起了决定性的作用?他想了很久,最后决定把这一件事的始末和他自己的想法写一封长信给当时担任科学院院长的汤姆逊(Vilhelm Thomsen)征询他的意见。汤姆逊看信后认为那是一个很重要的发现,恳切地敦促他把有关材料写成一篇论文拿去发表。维尔纳平时不喜欢发表文章,经汤姆逊再三催促后才决定用德文写成《第一次语音演变的一个例外》(*Eine Ausnahme der ersten Lautverschibung*)一文寄给《比较语言学杂志》(*Zeitschrift für vergleichende Sprachforschung*)的主编库恩(Ernst Kuhn),于 1875 年 7 月刊登在该杂志第 23 期,立刻引起了西欧语言学界很大的轰动,有人甚至认为这跟哥伦布第一次横渡大西洋发现美洲新大陆一样重要。他所发现的这个规律因而被人称为"维尔纳定律"。

维尔纳的论文发表后,立即由德国柏林科学院授予博普奖章,几年后并由海德堡大学给予荣誉学位。那年冬季,他每周都到莱比锡去和青年语法学派诸学者布鲁格曼(Brugmann)、奥斯特霍夫(Osthoff)、莱斯金（Leskien）、许布诗曼（Hübschman）、勃劳恩（Braune）等在"咖啡树"（Caffeebaum）酒店聚会，共同讨论有关语言学问题，在他们所掀起的新运动中起过很大作用。

就在他发表他的著名论文的那一年，他得到哥本哈根大学给他的一笔旅行奖学金，准备到卡尔特壕斯（Karthaus）去调查研究卡舒布人（Cashubs）的残余语言。这种语言，据施莱歇尔（Schleicher）说，是西部斯拉夫语唯一残存的土语，里面还保存着古代的自由重音，但是已经变成了一种特殊的波兰方言。他到那儿去什么证件也没有带，每天从早到晚老坐在一间小菜馆的犄角儿静听当地的土人土里土气地说话。他一边听，一边用一个本子记录，跟谁也没有打过招呼，谁也不知道他在干什么。后来有人怀疑他是间谍或什么探子，把他抓到官府去。他有口难辩，只得写信回哥本哈根叫人补办一个护照来，经核实后才把他放了出来，让他继续做他的调查研究工作。调查研究完毕后，正要离境回国，忽然收到德国著名语言学家缪伦霍夫（Müllenhoff）自柏林寄来的一张明信片，说他寄赠的邮件已经收到，表示感谢。维尔纳认为这是一个极其友好的表示，决计绕道柏林亲自去看看他，增加的费用可以改乘四等硬席以资弥补。他在小乡村住了这许多时候，洗刷不便，弄得蓬头垢面，衣服褴褛。他不顾这些，到柏林后找到缪伦霍夫的住宅，把门轻轻敲了一下，低声问道："缪伦霍夫教授在家吗？"缪伦霍夫的女儿开门一看，以为是一个来打秋风的叫化子，赶快把门关上回答说："不在！不在。"他只好在门外告诉她是哥本哈根的维尔纳博士。缪伦霍夫在里面听得清楚，立即开门延请他进去，招待得十分周到，致使他的女儿大为惊异。

维尔纳平时对于业务精益求精，对于许多语言的发音都用留声机片对着练习了一遍又一遍，特别是对于俄语发音中的每一个细节都能区别得非常清楚，充分掌握，但是他从来不以这一点自我夸耀。德国青年语法学派成员莱斯金也是俄语专家，他深知维尔纳对斯拉夫语的重音系统研究得十分精细，且曾答应为撒克逊科学院的会刊撰写一篇与这一方面有关的论文，屡以私人的名义劝他早日完成，使大家得以先睹为快，结果还是落了空。维尔纳平生最不愿意做的事情是发表他自己认为还不够成熟的作品,哪怕是一篇小小的文章,不经过几次易稿,决不轻易拿去付印。

维尔纳于1896年11月5日在哥本哈根病故,终年仅50岁。死时他的大衣口袋里还藏有好几篇未发表的手稿,其中有些已修改过不止一两次了。

原载《国外语言学》(现名《当代语言学》)1981年第1期。后载入《语言学学习与研究》,中州书画社,1983年8月。

岑麒祥先生生平与学术活动年表

1903.7.15	生于广东省（现广西壮族自治区）合浦县廉州镇。
1911.9—1915.7	合浦县廉州镇模范小学。
1915.9—1917.7	合浦县廉州镇高等小学。
1917.9—1921.7	广东省立廉州中学。
1921.9—1922.7	上海商务印书馆附设函授学校英语科。
1922.9—1924.7	国立广东高等师范学校英语正科，文史副科。
1924.9—1926.7	国立广东大学高师部英语系学习，毕业后曾担任广州知用中学英语和国文教师。
1926.7—1928.7	中山大学英语系学习和毕业，获文科学士学位。
1928.9—1929.9	法国格勒布尔大学补习法语。
1929.9—1931.7	法国里昂大学现代外国语言文学系研究生。
1931.9—1933.11	法国巴黎大学文学院语言学研究所研究生，获法国政府颁发的法国国家文科硕士学位。
1934.1—1934.9	国立中山大学文学院副教授。
1935.1—1942.7	国立中山大学文学院教授兼《语言文学专刊》主编。
1936	被聘为中英庚款留英学生考试委员，推选为华南地区方言和少数民族语言调查研究负责人。
1937—1946	抗战期间，根据工作需要分别奔波于云南澂江、粤北坪石、连县三江等地，曾任中大文学院中文系主任、中华文化学院教务主任、中大连县三江分教处秘书长，1944 年曾到广西调查少数民族语言。

1946.9—1952.7	国立中山大学文学院语言学系主任、文学院代院长、院长和文科研究所所长，参加中央民族访问团访问粤北和海南少数民族，调查瑶、黎、苗语言状况。
1952.9—1954.7	国立中山大学筹备委员会委员兼管教务处工作。
1954.9—1989.12	北京大学中文系教授、语言学教研室主任、北京大学学术委员会委员、北京大学中文系学术委员会委员、中国语言学会理事、北京语言学会顾问、中华世界语协会名誉理事、北京世界语协会理事、北京中山大学校友会孙中山学说研究会顾问和武汉大学《法兰西研究》杂志顾问。
1989.12.20	卒于北京大学校医院。

岑麒祥先生著作目录

（一）著作

1. 广州语发音实验录（法文）　　1934 年，《中法年鉴》出版。
2. 国际音标用法说明　　　　　　1937 年 2 月，上海商务印书馆出版。
　　　　　　　　　　　　　　　1957 年修订。1974 年商务印书馆
　　　　　　　　　　　　　　　（香港）再版。
3. 欧美现代作家自述　　　　　　1938 年 7 月，上海商务印书馆出版。
4. 语言学　　　　　　　　　　　1938 年，广州心声社印行。
5. 方言调查方法　　　　　　　　1938 年，中山大学（语言文学专刊），
　　　　　　　　　　　　　　　第 1 卷，第 1 期。1956 年 9 月，文字
　　　　　　　　　　　　　　　改革出版社再版。
6. 语音学概论　　　　　　　　　1939 年，上海中华书局出版。1959
　　　　　　　　　　　　　　　年 9 月，科学出版社再版。
7. 语言学概要　　　　　　　　　1942 年，贵阳文通书局出版。
8. 广州音系概述　　　　　　　　1947 年，广州蔚兴印刷厂印行。
9. 广州音和国音的比较　　　　　1949 年 3 月，中山大学图书供应社。
10. 语法理论基本知识　　　　　　1955 年，北京《俄文教学》第 10—12
　　　　　　　　　　　　　　　期。1956 年 8 月，时代出版社出版
　　　　　　　　　　　　　　　单行本。
11. 普通语言学　　　　　　　　　1957 年 3 月，科学出版社。
12. 语言学史概要　　　　　　　　1958 年 7 月，科学出版社；1988 年 4
　　　　　　　　　　　　　　　月，北京大学出版社；2008 年，岑运
　　　　　　　　　　　　　　　强评注，世界图书出版公司。
13. 历史比较语言学讲话　　　　　1981 年 9 月，湖北人民出版社。
14. 国际音标　　　　　　　　　　1982 年 7 月，湖北教育出版社。

15. 语言学学习与研究　　　　　1983 年 8 月,河南中州书画社。

16. 普通语言学人物志　　　　　1989 年 9 月,北京大学出版社。

17. 汉语外来语词典　　　　　　1990 年 8 月,商务印书馆。

(二)论文

1. 世界语言的统计　　　　　　1931 年,上海《东方杂志》第 28 卷。

2. 音节论　　　　　　　　　　1934 年,中山大学《文史学研究所月刊》第 3 卷第 1 期。

3. 中国语在语言学之地位　　　1937 年,《统一评论》第 1 期。

4. 国语注音符号及其与广州语符号之比较　　　　　　1940 年,云南澂江中山大学《语言学专刊》第 2 卷第 2 期。

5. 历史语言学中的分化作用及统一作用　　　　　　　1942 年,坪石《中山大学学报》第 1 卷第 1 期。

6. 国语注音符号的分析研究　　1942 年,坪石《中山大学学报》第 1 卷第 3 期。

7. 中国语词之词性及位置　　　1942 年,昆明西南联大师范学院《国文月刊》第 12 期。

8. 入声非声说　　　　　　　　1942 年,重庆中央图书馆《图书月刊》第 2 卷第 7 期。

9. 语言与文学　　　　　　　　1943 年,上海《东方杂志》第 39 卷第 15 期。

10. 风格论发凡　　　　　　　　1943 年,《时代中国》第 9 卷第 4 期。

11. 中国语在世界语言中的地位和价值　　　　　　　　1943 年,《时代中国》第 9 卷第 5 期。

12. 广东方言概说　　　　　　　1944 年,韶关《广东年鉴》。

13. 我国古音研究之回顾及前瞻　　　　　　　　　　1946 年,广州《学声月刊》创刊号。

14. 广州音系概述　　　　　　　1947 年,《广东建设研究专刊》第 1 卷第 2 期。

15. 世界语言的系属　　　　　　1947 年,中山大学《文学》第 1 期。

16. 古书倒文释例　　　　　1948 年,中山大学《文史集刊》第 1 期。

17. 语言学与我国的学术独立　1948 年,《国立中山大学校刊》第 12 期。

18. 新文字和我们的任务　　　1950 年 7 月 6 日,香港《文汇报》。

19. 关于广州话拼音方案　　　1950 年 7 月 7 日—11 日,香港《文汇报》。

20. 关于华南少数民族的语言
　　文字问题　　　　　　　1951 年,广州《广东教育与文化》第 3 卷第 2 期。

21. 我国的民族政策和语文
　　问题　　　　　　　　　1951 年,上海《新中华》第 14 卷第 11 期。

22. 调查语言创立文字是发展
　　少数民族文化的先决条件　1951 年 9 月 15 日,海口《新海南报》,1951 年 9 月 19 日,北京《光明日报》转载。

23. 广东少数民族语言调查
　　纪略　　　　　　　　　1952 年,北京《科学通报》第 3 卷第 5 期。

24. 语言在人类认识过程中的
　　作用　　　　　　　　　1953 年,《中山大学周报》第 31 期。

25. 从广东方言中体察语言的
　　交流和发展　　　　　　1953 年,《中国语文》4 月号。

26. 讨论主语宾语问题的几个
　　原则　　　　　　　　　1955 年,北京《语文学习》第 10 期。

27. 关于用汉语拼音字母译名
　　的问题　　　　　　　　1955 年,上海《语文知识》8 月号第 40 期。

28. 推广普通话与语文教育　　1956 年,上海《语文知识》1 月号第 45 期。

29. 关于汉语构词法的几个
　　问题　　　　　　　　　1956 年,《中国语文》第 12 期。

30. 印欧语言历史比较语言学
　　的历史和发展情况　　　1957 年,北京《西方语文》第 1 卷第 1 期。

31. 关于阶级习惯语同行语和客厅语言 　　1957 年,《中国语文》第 5 期。

32. 关于学习语言学的几个问题 　　1957 年,北京《语文学习》第 7 期。

33. 读了《一位生物学家对文字改革的意见》以后 　　1957 年,北京《文字改革》第 8 期。

34. 关于汉语拼音方案 　　1958 年,北京《文字改革》2 月号。

35. 介绍《语言学结构主义和方言地理学研究》 　　1958 年,《中国语文》2 月号。

36. 不应该这样教学外国语 　　1959 年,北京《文字改革》第 15 期。

37. 论语言学中的心理社会学派 　　1959 年,北京大学《语言学论丛》第二辑。

38. 关于构词法问题的一些意见 　　1960 年,《中国语文》第 4 期。

39. 关于威廉·汤姆逊的生平 　　1960 年 7 月,科学出版社《十九世纪以前的语言学史》p. 159。

40. 关于汉语拼音对汉语发展的促进作用 　　1960 年,北京《文字改革》第 5 期。

41. 对王力先生汉语实词的分类的意见 　　1960 年,北京大学《语言学论丛》第四辑。

42. 关于怎样称说数理化科中的拉丁字母 　　1961 年,北京《文字改革》第 2 期。

43. 论词义的性质及其与概念的关系 　　1961 年,《中国语文》第 5 期。

44. 言语是没有阶级性的 　　1961 年 11 月 12 日,上海《文汇报》。

45. 词源研究的意义和基本原则 　　1962 年,《新建设》第 8 期。

46. 谈谈语言学 　　1962 年,北京《文字改革》第 1 期。

47. 语言学和文字改革 　　1962 年,北京《文字改革》第 2 期。

48. 语言学和语文教学 　　1962 年,北京《文字改革》第 3 期。

49. 怎样学习语言学 　　1962 年,北京《文字改革》第 4 期。

50. 世界语和语言学 　　1962 年 10 月 9 日,上海《文汇报》。

51. 关于语言亲属关系的问题　　1962 年 1 月，北京大学《语言学论丛》第五辑。

52. 普通语言学　　1980 年，杭州大学《语文战线》第 2 期。

53. 历史比较语言学　　1980 年，杭州大学《语文学论丛》第 5 期。

54. 瑞士著名语言学家索绪尔和他的名著《普通语言学教程》　　1980 年，北京《国外语言学》第 1 期。

55. 汤姆逊（1862—1927）　　1980 年，北京《国外语言学》第 5 期。

56. 维尔纳和"维尔纳定律"　　1981 年，北京《国外语言学》第 1 期。

57. 《汉语外来语词典》序言　　1981 年，第一版，香港《中国语文研究》第 2 期。

58. 论历史比较语言学中的语音系统研究　　1982 年 6 月，南开大学中文系《语言研究论丛》第二辑。

59. 马迪内和他的《普通语言学纲要》　　1983 年，武汉大学《法国研究》第 3 期 pp.75－82。

60. 我与世界语　　1981 年，北京《世界》双月刊第 2 期。

61. 法国语言学家梅耶和他的业绩　　1984 年，北京大学《语言学论丛》第十二辑。

62. 雅可布逊和他对语言学研究的贡献　　1985 年，《内蒙古大学学报》。

63. 应当学一点语言学史　　1985 年，延吉《汉语学习》第 1 期。

64. 悼念王力同志　　1986 年 5 月 20 日，《北京大学校刊》第 435 期。

65. 历史比较法及其在语言研究中的运用　　1986 年 8 月，中山大学《人类学论文选集》中山大学出版社，第 1 版 pp.334—353。

66. 法国著名语言学家房德里耶斯和他的杰作《语言》　　1986 年，武汉大学《法国研究》第 4 期 pp.53－56。

67. 我作为一个语言学工作者 　　1988 年 4 月,《北京市语言学会通
　　所经过的坎坷历程 　　　　　讯》第 10、11 期。

68. 世界语的过去、现在和未来 　1988 年,上海外国语学院《外国语》
　　　　　　　　　　　　　　　　第 3 期。

69. 关于世界语的几个问题 　　　1989 年,世界语月刊《世界》第 4 期
　　　　　　　　　　　　　　　　(总第 73 期)。

(三) 翻译

0. 快乐和家庭,〔丹麦〕安徒 　　1924 年,《文学周报》第 120 期。
　　生著

1. 历史语言学史的比较方法, 　　1939 年,中大《语言文学专刊》第一
　　〔法国〕梅耶著 　　　　　　　卷,1955 年,科学出版社再版。

2. 格拉乌尔院士在华学术演 　　1956 年,科学出版社。
　　讲集,〔罗马尼亚〕A. 格拉
　　乌尔著

3. 现代欧美语言学唯心主义 　　1956 年,科学出版社。
　　学派批判,〔苏联〕M. M. 古
　　赫曼等著

4. 历史和地理怎样可以解释 　　1959 年,《语言研究》第四期。
　　某些语音上的解释,〔法国〕
　　奥德里古尔著

5. 关于结构主义和语义学的 　　1960 年,《语言学译丛》第 1 期。
　　几点意见

6. 心理学和哲学对语言研究 　　1980 年,北京《国外语言学》第 6 期。
　　的贡献,〔瑞典〕马尔姆贝
　　格著

7. 论汉语中状语的标准,〔苏 　　1956 年,《汉语的主语宾语问题》,中
　　联〕贾布基娜著 　　　　　　　华书局。

8. 个别与一般——偶然与必 　　1956 年 12 月,科学出版社。
　　然,〔罗马尼亚〕A. 格拉乌
　　尔著

9. 词汇中的新的和旧的,〔罗马尼亚〕A.格拉乌尔著　　1956年12月,科学出版社。

10. 关于统一的民族语言,〔罗马尼亚〕A.格拉乌尔著　　1956年12月,科学出版社。

11. 谈谈翻译问题,〔波兰〕夏伯龙著　　1956年,《中国语文》第2期。

12. 汉语的主语和宾语,〔苏联〕宋采娃著　　1956年,《汉语的主语宾语问题》,中华书局。

13. 历史和地理怎样可以解释某些语音上的发展,〔法国〕A.G.奥德里古尔著　　1959年,《语言研究》第4期。

14. 关于结构主义和语义学的几个问题,〔苏联〕B.H.格里戈耶夫著　　1960年,《语言学译丛》第1期。

15. 语言论(世界名著),〔法国〕房德里耶斯著　　1992年4月,商务印书馆,与叶蜚声合译。

16. 国外语言学论文选译　　1992年8月,语文出版社。

(四)参加集体编写

1. 俄汉汉俄语言学名词　　1961年10月,科学出版社。

2. 语言学名词解释　　1962年,科学出版社。

3. 古汉语常用字字典　　1979年9月,商务印书馆。

(五)参加修订

1. 新华字典　　1957年,商务印书馆。

2. 汉语成语小词典　　1958年,商务印书馆。

(六)审订

语言学概要(全国高等学校文科教材)　　1984年11月,北京师范大学出版社。

（七）校订

1. 印欧语言亲属关系研究中心　1960年,科学出版社。
   问题,〔苏联〕A. B. 捷斯尼切
   卡娅著,劳允栋译

2. 普通语言学教程（世界名　1980年11月,商务印书馆,与叶蜚
   著）,〔瑞士〕德·索绪尔著,　声合校。
   高名凯译